Uni-Taschenbücher 136

UTB

Eine Arbeitsgemeinschaft der Verlage

Birkhäuser Verlag Basel und Stuttgart
Wilhelm Fink Verlag München
Gustav Fischer Verlag Stuttgart
Francke Verlag München
Paul Haupt Verlag Bern und Stuttgart
Dr. Alfred Hüthig Verlag Heidelberg
J. C. B. Mohr (Paul Siebeck) Tübingen
Quelle & Meyer Heidelberg
Ernst Reinhardt Verlag München und Basel
F. K. Schattauer Verlag Stuttgart-New York
Ferdinand Schöningh Verlag Paderborn
Dr. Dietrich Steinkopff Verlag Darmstadt
Eugen Ulmer Verlag Stuttgart
Vandenhoeck & Ruprecht in Göttingen und Zürich
Verlag Dokumentation München-Pullach
Westdeutscher Verlag/Leske Verlag Opladen

4.80

Lev Trockij

Literaturtheorie und Literaturkritik

Ausgewählte Aufsätze zur Literatur
Herausgegeben und eingeleitet von Ulrich Mölk
Übersetzt von Thomas Kunke und Ulrich Mölk

Wilhelm Fink Verlag München

ISBN 3-7705-0637-5

Satz und Druck: Presse-Druck, Augsburg
Buchbindearbeiten: Großbuchbinderei Sigloch, Stuttgart
Einbandgestaltung: Alfred Krugmann, Stuttgart

EINLEITUNG

Im romanischen und anglo-amerikanischen Ausland sind Lev Trockijs literaturkritische und literaturtheoretische Arbeiten einem breiteren Publikum bekannt als bei uns. Das war nicht immer so. Vor seiner Verbannung aus der Sowjetunion (1929) war bereits ein wichtiger Teil von ihnen ins Deutsche übersetzt worden – noch nicht ins Französische oder Englische: 1908 hatte die sozialdemokratische Wochenschrift *Die Neue Zeit* Trockijs Aufsätze über Wedekind und Tolstoj veröffentlicht, und 1924, also nur ein Jahr nach der russischen Ausgabe, brachte der Wiener 'Verlag für Literatur und Politik' die deutsche Übersetzung von *Literatur und Revolution* heraus – freilich in einer Auswahl, der, um nur eine charakteristische Lücke zu nennen, das Kapitel über die Formalismuskritik zum Opfer fiel. Der politischen Ächtung Trockijs folgte seine Ächtung als Literaturtheoretiker. Dem trüben Parteikampf gegen den literarischen Trotzkismus in der Sowjetunion und später in der DDR steht seit Anfang der dreißiger Jahre das ständig zunehmende Interesse des westlichen Auslands an Trockijs literarischen Arbeiten gegenüber. Nach einer Unterbrechung von vierzig Jahren erinnerte man sich auch bei uns: 1968 erschien die zweite deutsche Übersetzung von *Literatur und Revolution,* nunmehr endlich ohne Kürzung. Aber nach wie vor fanden Trockijs ältere oder jüngere literaturkritische Aufsätze, d. h. die vor 1907 und nach 1929 entstandenen, keine Beachtung. Was die letzteren betrifft, so mag der Umstand eine Rolle spielen, daß sich Trockij in ihnen zu deutschen literarischen Ereignissen oder überhaupt zu Fragen der deutschen Literatur nicht äußert; das gilt aber nicht für die früheren Beiträge, von denen mehrere der deutschsprachigen Literatur gewidmet waren (Gerhart Hauptmann, Friedrich Nietzsche, Arthur Schnitzler, Hermann Sudermann).

Welchen Stellenwert man auch diesen Arbeiten Trockijs in der Geschichte der literarischen Kritik bzw. der marxistischen Literaturkritik beimißt, für Trockij selbst bedeuteten sie – in den einzelnen Lebensphasen freilich mit unterschiedlichem Gewicht – eine wertvolle Seite seiner intellektuellen Aktivität. Sein ganzes Leben hindurch hatte dieser Mann, der auf seiner ersten Flucht aus Sibirien Homer in russischen Hexametern liest, im Petersburger Gefängnis die europäischen Klassiker, vor allen die französischen Romanautoren, studiert, während des Bürgerkriegs in seinem Kommandozug oder später im Exil die ungestörten Stunden den literarischen Neuerscheinungen zumal aus Frankreich widmet, ein lebendiges persönliches – ästhetisches und pädagogisches, kritisches und schöpferisches – Interesse an literarischen Kunstwerken. *Die Liebe zum Wort begleitete mich seit meiner frühesten Jugend* [...] *Schriftsteller, Journalisten, Schauspieler bildeten für mich die anziehendste Welt, zu der nur die Auserwählten Zutritt hatten,* schreibt Trockij in seiner Autobiographie,[1] und sechs Jahre später notiert er in seinem Tagebuch: *Politik und Literatur bilden ja den eigentlichen Inhalt meines Lebens.*[2] Liebe zum Wort heißt für ihn auch Liebe zum Schreiben. *Seit meiner Kindheit träumte ich davon, Schriftsteller zu werden.*[3] Der Traum erfüllte sich 1900 in der Verbannung: *ich wurde Schriftsteller.*[4] Die ‘Feder’ ist angekommen, begrüßte ihn Lenin 1902 in London, sich des Spitznamens bedienend, unter dem ihm Trockij nach England empfohlen worden war. *Schriftsteller:* so lautet auch die Antwort, die Trockij im Frühjahr 1937 vor der zur Revision seiner Moskauer Aburteilung zusammengetretenen internationalen Untersuchungskommission auf die Frage nach seinem Beruf gibt.[5]

Die gesamte schriftstellerische Tätigkeit Trockijs erstreckt sich über eine Spanne von vierzig Jahren: von 1900 bis 1940. Seine kritischen Arbeiten zur Literatur gehören, wenige Ausnahmen nicht mitgerechnet, folgenden Jahren an: 1900–1902 (Sibirien), 1908–1914 (Wien), 1921–1924 (UdSSR), 1931–1938 (Türkei, Frankreich, Mexiko). Die Aufsätze der ersten Periode wurden in dem sibirischen Provinzblatt *Östliche Rundschau* (Vostočnoe Obozrenie) veröffentlicht, die wichtigsten der zweiten Periode in der liberalen Tageszeitung *Kiever Gedanke* (Kievskaja Mysl') und in der *Neuen Zeit,* die wichtigsten der dritten in der *Pravda* und die Mehrzahl der jüngsten Aufsätze in Trockijs Exilblatt *Bulletin der Opposition* (Bjulleteń Oppozicii). 1921 plante Trockij eine Neuausgabe seiner literarischen Zeitschriftenbeiträge, der er als Vorwort Ausführungen über die zeitgenössische russische Literatur voranstellen wollte. Die Arbeit daran nahm jedoch derart an Umfang zu, daß das ursprungliche Vorwort zu mehreren Einzelstudien anwuchs, die zunächst in der *Pravda* publiziert und dann für den Ersten Teil des Buches *Literatur und Revolution* zusammengestellt wurden; als Zweiter Teil folgten die älteren Zeitschriftenbeiträge. In diesem Zweiten Teil waren jedoch die Aufsätze der ersten Periode nicht mitaufgenommen. Hierfür gibt Trockij im Vorwort von *Literatur und Revolution* zwei Gründe an: erstens entstammten sie einer ganz anderen Epoche (nämlich der Zeit vor der ersten Oktoberrevolution 1905), zweitens sei in ihnen noch zuviel Schülerhaftes. Diese doppelte Begründung wird heute gelegentlich als scharfe Distanzierung von den ältesten literaturkritischen Arbeiten mißverstanden. Der erste von Trockij erwähnte Umstand meint jedoch keine Distanzierung von Inhalt oder Methode der frühen Aufsätze, sondern zeigt lediglich, daß diese wegen der in ihnen behandelten Werke für den Zweck, den Trockij mit seinem Buch im Auge hat, ohne Interesse sind: die zeitgenössische literarische Produktion und Diskussion sind ohne relevante Verbindung mit jenen alten Werken und Dichtern. Deshalb verzichtet Trockij hier z. B. auch auf den Neuabdruck seiner Tolstoj-Studie aus dem Jahre 1908. Und wenn Trockij von dem Schülerhaften seiner frühen Aufsätze spricht, so denkt er nur an den Stil des jugendlichen Kritikers, der er damals war: die unruhige, an Bildern und Exklamationen überreiche Sprache des Zwanzigjährigen, dessen häufiges und umfangreiches Zitieren aus der Sekundärliteratur den Literaten ausweisen soll, jedoch den journalistischen Anfänger nur um so deutlicher kennzeichnet, ist eben nicht mehr die Sprache des reifen Mannes. Über diese ersten Versuche auf dem Felde der literarischen Kritik urteilt denn auch ihr Verfasser 1929: *Schriebe ich sie heute, ich würde sie anders schreiben. Wesentliches aber würde ich daran nicht zu ändern brauchen.*[6] Sämtliche Aufsätze der ersten und zweiten Periode sind drei Jahre nach dem Erscheinen von *Literatur und Revolution* in Band XX der vom Staatsverlag veranstalteten Werkausgabe Trockijs im Neudruck herausgekommen.

Wenn Trockij meint, von seinen frühen literaturkritischen Aufsätzen nichts zurücknehmen zu brauchen, wenn er mehrere Grundgedanken von *Literatur und Revolution* in seiner fünfzehn Jahre später verfaßten Stellungnahme *Kunst und Revolution* aufnimmt und somit auch auf dem Gebiet der literarischen Theorie zu der älteren Schrift steht, scheint jedenfalls in seiner Perspektive seine gesamte literarkritische Arbeit auf einem einheitlichen Fundament zu ruhen, ein Urteil, das zwar im großen und ganzen zutrifft, jedoch nicht darüber hinwegtäuschen darf, daß sich doch während seiner langjährigen Beschäftigung mit Literatur und Kritik sowohl eine gelegentliche Verschiebung seines Interesses als auch eine Erweiterung seines Horizonts feststellen lassen. Darauf wollen wir im folgenden eingehen.

Trockijs Interesse an gesellschaftlich-historischen Fragen und sein Engagement für den sozialen Kampf laufen anfänglich nicht mit der Parteinahme für den Marxismus parallel. 1896 verfaßt der Siebzehnjährige eine Streitschrift gegen die Marxisten, und erst in der Verbannung widmete er sich, jetzt selbst Marxist, der Lektüre der grundlegenden ökonomischen Schriften von Karl Marx. Dazwischen liegen seine Beschäftigung mit dem historischen Materialismus, in den ihn das Studium geschichtsphilosophischer Arbeiten Antonio Labriolas eingeführt hat,[7] und – auf dem Gebiet der materialistischen Ästhetik – seine *Begeisterung*, wie er in der Autobiographie schreibt, für die realistische Kunsttheorie Černyševskijs.[8] Černyševskij also, und nicht schon Plechanov, steht am Anfang seiner eigenen literarkritischen Bemühungen, oder, um zu präzisieren, Černyševskij, Belinskij und Dobroljubov. Es ist jedoch zu beachten, daß es nicht Černyševskijs Dissertation *Die ästhetischen Beziehungen der Kunst zur Wirklichkeit* (1855) ist, von der der junge Kritiker Trockij ausgeht, sondern seine zuerst 1855/1856 im *Sovremennik* als Artikelfolge publizierten *Skizzen über die Gogol'sche Periode der russischen Literatur*. Zwar konnte Trockij aus den *Beziehungen* das materialistische Schema der Determinierung der geistigen Prozesse durch die biologischen übernehmen, indem er es wie Plechanov mit der marxistischen These der Determinierung der psychologisch-geistigen Prozesse durch die sozio-ökonomische Basis zu verschmelzen suchte, aber er hat sich nie auf den Standpunkt der ästhetischen Doktrin gestellt, nach der Kunstwerke, wenn überhaupt, ausschließlich wegen ihres die Realität reproduzierenden I n h a l t s zu beachten, F o r m probleme hingegen irrelevant seien; auch ist er Černyševskij, der Platon über Aristoteles stellte, nie in der Definition der Kunst als inferiorer Nachahmung der Wirklichkeit gefolgt (*Kunstwerke [...] korrigieren die Wirklichkeit nicht, sie verschönern sie nicht, sondern bilden sie nach, dienen ihr als Surrogat*).[9] Die in den *Beziehungen* formulierte Auffassung, nach der der Kunst keine soziale Aufgabe zukomme, korrigiert Černyševskij in seinen *Skizzen* ja selbst, wenn er betont, daß Dichtung als Leben, Leidenschaft und Kampf[10] die fortschrittlichen Tendenzen einer Epoche verdeutliche und daß die Aufgabe der literarischen Kritik gerade darin liege, die seit der 'realistischen' Kunst Gogol's charakteristische Lebensbindung zwischen dem literarischen Werk und der Gesinnung des Autors aufzudecken. Damit hängt Černyševskijs Konzept einer Literaturgeschichte als Geistesgeschichte zusammen, das in dem über Belinskij deutlich hinausführenden Versuch, Gogol's Werk als 'Gesinnungseinheit' verständlich zu machen, eine imponierende Veranschaulichung erfährt. Von hier aus führt ein unmittelbarer Weg zu Trockijs Ansatz einer Kritik literarischer Werke.

1929 stellt Trockij rückblickend fest, daß er in seinen ersten Artikeln nur das eine Thema *Persönlichkeit und Gesellschaft* bearbeitet habe.[11] Seine literarische Kritik ist wesentlich Ideologiekritik. Das literarische Werk stellt sich für ihn als der ideologische Spiegel der Künstlerpersönlichkeit dar, die durch einen ganz bestimmten Standort in der Gesellschaft determiniert und deren Gesinnung nur von dort aus erklärbar sei. Eine ideologische Analyse soll darüber Auskunft geben, ob das Kunstwerk in der gesellschaftsfernen Perspektive des ästhetisierenden Aristokraten konzipiert sei, ob es Elemente der Klassenkritik enthalte oder ob der Künstler ein sozialer Revolutionär sei. Literarische Interpretation als *sozialkritische*[12] Analyse soll einen gesellschaftlichen Nutzen haben. Mit diesem aufklärerischen Konzept stellt Trockij das Geschäft des Literaturkritikers in den größeren Zusammenhang der Gesellschaftskritik und der politischen Arbeit überhaupt. *Die Literaturkritik ersetzte die Politik und bereitete sie vor,* schreibt Trockij 1923 in einer summarischen Würdigung der älteren russischen Literaturkritiker, und es ist deutlich, daß er dieses tatsächliche oder vermeintliche Motiv eines

Belinskij, Černyševskij oder Plechanov durchaus geteilt hat.[13] Tolstojs Hilflosigkeit vor sozialen Fragen, Wedekinds Programm einer sozialistischen Kindererziehung, Ibsens kleinbürgerliche Proteste, Schnitzlers Verstrickung in den Individualismus, aus dem nur das Kollektiv befreien könne – solche Urteile oder Verurteilungen sollen der politischen Aufklärung dienen und damit zugleich der Literatur ihre Relevanz für die Realität bescheinigen, aber – und das muß hier betont werden – sie haben als politische Empfehlung oder Warnung im Gang der Trockijschen Interpretation eher beiläufigen Stellenwert oder sind ein zusätzliches Ergebnis, das die zentrale *literarhistorische*[14] Frage nach der künstlerischen Darstellung der Wirklichkeit bzw. nach dem Charakter des vom Künstler entworfenen Weltbildes abwirft. So zeigt Trockij z. B. Ibsen als den realistischen Darsteller der Kleinbourgeoisie und führt vor, wie tief selbst die Helden, die aus ihr ausbrechen wollen, dem kleinbürgerlichen Milieu und seiner Moral verhaftet bleiben, oder er weist nach, wieweit der Künstlereremit Kramer in Hauptmanns Drama trotz aller Selbstisolierung und Selbstheroisierung die Voraussetzungen seiner Klassenethik teilt usw., wobei die ideologische Analyse gelegentlich bis in die Sprache des Künstlers verfolgt wird (Hauptmann, Tolstoj, Futuristen, Céline).

Persönlichkeit und Gesellschaft: wir haben in den vorausgehenden Bemerkungen den Terminus Persönlichkeit durch Künstlerpersönlichkeit ersetzt. Damit wollen wir ein Problem andeuten, das Trockij übersieht, wenn er – und darin teilt er ein Vorurteil sowohl der zeitgenössischen positivistischen Literaturkritik als auch des Diltheyschen Interpretationsmodells 'Erlebnis und Dichtung' – stellenweise allzu hastig die Person des Autors mit einer Figur des Künstlers bzw. den Erlebnishorizont des Autors mit dem Horizont des Kunstwerks identifiziert. Die hermeneutische Klippe, die in einer unvermittelten Verklammerung von Kunstwerk und Realität liegt, ist für ihn und für zahlreiche marxistische Kritiker immer eine Gefahr gewesen; besonders kraß und geradezu kunstfeindlich zeigt sich das in seiner späteren Arbeit über Malraux. Trockij hätte sich mit dieser autobiographischen Identifizierung auf fast alle von ihm interpretierten Dichter selbst berufen können. Ibsens bekannte briefliche Äußerung, Dichten heiße *Gerichtstag halten über sein eigenes Ich,*[15] ist in gewisser Weise ein Schlüssel für Trockijs ideologische Kritik: er spricht von Stockmann-Ibsen, von einer partiellen Identifikation Solneß-Ibsen, er argumentiert mit autobiographischen Parallelen in Hauptmanns Kramer und Hauptmanns Leben und kann im Sinne seiner Methode nicht nur auf Wedekinds schauspielerische Vorliebe für bestimmte von ihm geschaffene Rollen verweisen, sondern auch die amüsante Feststellung ins Feld führen, daß Wedekind ja schon deswegen Buridan selbst sei, weil dieser von seinem Schöpfer als Verfasser der *Pandora* vorgestellt werde. Freilich sind solche Argumente in Wirklichkeit nur die naive Kehrseite eines interpretatorischen Schemas, nach dem die Lebenseinheit eines Künstlers in der Einheit seines literarischen Schaffens ihr Analogon habe, was auf die These hinausläuft, daß die Werke eines Autors als künstlerische Ganzheit zu verstehen seien. Wie fruchtbar gerade diese Perspektive im Rahmen der marxistischen Literaturkritik ist, zeigt z. B. Trockijs Tolstoj-Aufsatz, wenn wir ihn mit dem im selben Jahr 1908 entstandenen Tolstoj-Aufsatz Lenins vergleichen. Für Lenin ist Tolstoj der 'Realist', in dessen Werk die Widersprüche seiner Epoche eingefangen seien, der einerseits als Künstler bestimmte revolutionär-fortschrittliche Tendenzen 'sehe' und abbilde, andererseits aber dieselben Tendenzen persönlich bekämpfe: *Tolstoj widerspiegelte den siedenden Haß, den herangereiften Drang zum Besseren, das Verlangen, sich vom Vergangenen zu befreien – und die Unreife der Verträumtheit, den Mangel an politischer Schulung, die revolutionäre Charakterlosigkeit.*[16] Trockijs ideologiekritische Analyse, die implizit Lenins konstruierte Interpretation von Grund auf widerlegt, geht vom Gedanken der Einheit des Tolstojschen Werks aus und weist nach, daß sein ästhetischer Pantheismus und sittlicher Fatalismus, seine patriarchalische Gutsherrengesinnung und prinzipielle Geschichtsfeindlichkeit sich wie ein Orgelton durch die Gesamtheit seines literarischen Schaffens ziehen. So nahe Trockij hier bei Plechanov steht,[17] so fern ist er der Leninschen Deutung, die wir in ihrem Kernstück dann bei Lukács wiederfinden. Nun operiert Trockij freilich auch, wenn ihm die inhaltlichen Widersprüche, die er im Gesamtwerk eines Autors beobachtet, nicht als künstlerische Ganzheit begreifbar sind, mit dem von Lenin herangezogenen Axiom der Antinomie von Genie und Intellekt, das, durch Kants

Subjektivierung der Ästhetik begründet, in der deutschen Romantik verbreitet ist und bekanntlich von Marx und Engels in die marxistische Ästhetik hinübergenommen worden ist.[18] Bei Dobroljubov ist dieses Axiom in aller Schärfe formuliert: *In seinen Bildern kann der Dichter, unmerklich sogar für ihn selbst, eine tiefere Bedeutung erfassen und ausdrücken, lange bevor sein Intellekt sie zu definieren vermag. Bisweilen wird der Dichter sogar nicht in der Lage sein, die Bedeutung dessen zu erfassen, was er darstellt.*[19] Trockij hätte es ebenfalls bei Černyševskij belegt finden können (*Die Unbewußtheit des künstlerischen Schaffens ist schon längst zu einem Gemeinplatz geworden*[20]), und Černyševskij ist es auch, der ihm das Modell für den Versuch liefert, den Widerspruch zwischen Gogol's 'realistischer' Kunst und den späten *Ausgewählten Stellen aus dem Briefwechsel mit Freunden* verständlich zu machen. Nach Trockij beruht Gogol's 'Realismus' auf künstlerischer Intuition, ist unreflektiertes Produkt eines schöpferischen Genies; sein Intellekt, der durch einen beschränkten gesellschaftlichen Horizont gekennzeichnet sei und dessen Enge dem reaktionären Moralismus der Altersphase entspreche, versuche, seine früheren Kunstwerke zu rechtfertigen, indem er ihre gesellschaftlich-fortschrittliche Bedeutung herunterspiele oder durch eine didaktisch-allegorische Interpretation aufhebe. Wenn man auch in bezug auf den letztgenannten Punkt Gogol's Selbstinterpretation anders beurteilen kann, so ist doch Trockijs Argumentation, im ganzen genommen, imponierend. Es ist interessant, daß er in Polemik gegen ihm bekannte psychopathologische Erklärungsversuche seine von der kantisch-romantischen Theorie der Genese des Kunstwerks ausgehende Deutung als adäquate Antwort auf eine *literarhistorische*[21] Frage ansieht.

Die *Untergrundtätigkeit des Bewußtseins,* die Trockij im künstlerischen Schaffensprozeß annimmt, läßt sich – auch hier kann er das materialistische Schema eines Černyševskij übernehmen – physiologisch verdeutlichen.[22] Trockijs Wendungen wie *feinnervige* künstlerische Beobachtung oder Realist-Sein *bis in die kleinste Faser des künstlerischen Nervs* verlieren vor dem Hintergrund seiner Auffassung, daß sich die Künstlerindividualität in einer bestimmten *psychisch-chemischen Mischung* von Ererbtem, Nationalem, Klassenspezifischem usw. ausdrücke, ihren formelhaften Charakter.[23]

Es besteht nach ihm ein kompliziertes System psychischer Übertragungsmechanismen zwischen der *Physiologie des Geschlechts* und einem Liebesgedicht, und in seinem Wedekind-Aufsatz macht er den Versuch, die Dramen des Dichters aus der Perspektive der *Physiologie der Altersstufen* zu beleuchten.[24] Künstlerindividualität und Ideologie entwickeln sich organisch-physiologisch auf *molekularem Wege, fast ohne Beteiligung des Bewußtseins*.[25] Es wird nun ohne weiteres verständlich, daß der Marxist Trockij keine Schwierigkeiten hatte, zur Psychoanalyse Freuds als der Wissenschaft von den unbewußten Prozessen einen intellektuellen Zugang zu gewinnen. Es sei gestattet, zu diesem Punkt ein paar kurze Bemerkungen zu machen, zumal in den meisten Arbeiten zum Thema 'Marxismus und Psychoanalyse' Trockij nicht erwähnt wird. Trockij wurde in Wien durch den späteren Diplomaten A. A. Joffe, damals Mitarbeiter an seiner *Pravda*, mit der Psychoanalyse bekannt; durch Joffes Vermittlung, der von Alfred Adler analytisch behandelt wurde, besuchte Trockij gelegentlich die Sitzungen der Psychoanalytiker und studierte ihre Werke. Was Trockij an der Psychoanalyse faszinierte, war der Umstand, daß sie wie die Theorie Pavlovs auf dem Boden eines *physiologischen Realismus* stehe.[26] In seinem Brief an Pavlov vom 7. September 1923 beschreibt Trockij die Psychoanalyse als die Theorie, die über die physiologischen Prozesse einen komplizierten Überbau psychologischer Prozesse errichte.[26] In *Literatur und Revolution* wird mehrere Male auf die Bedeutung Freuds für das Verständnis individualpsychologischer, soziopsychologischer und künstlerischer Tatbestände und Probleme hingewiesen. Mit Karl Radek nimmt Trockij an, daß die Psychoanalyse mit dem Marxismus vereinbar sei;[27] die Rolle des Unterbewußtseins im künstlerischen Schaffen, gesellschaftlichen Verhalten und generell bei der kulturellen Arbeit sind ihm unbestritten. Damit steht im Einklang, daß er fünfzehn Jahre später mit der Aufnahme des von André Breton verfaßten Abschnitts über die Psychoanalyse in das gemeinsam erarbeitete Manifest einverstanden ist.

Trockijs Interpretationsmodell, als dessen Hauptachsen man in der ersten und zweiten Periode seiner literaturkritischen Arbeit die (marxistische) These der Determinierung des Kunstwerks durch die sozio-ökonomische Basis und das kantische Axiom der radikalen

Differenzierung von Genie (Unterbewußtsein) und Intellekt (Bewußtsein) ansehen kann, erfährt Anfang der zwanziger Jahre eine entscheidende Erweiterung und Vertiefung: das geschieht in der Auseinandersetzung mit den russischen Formalisten.[28] Es ist selbstverständlich, daß er die kritischen Bemühungen des 'Moskauer Linguistik-Kreises' (R. Jakobson u. a.) und der Petersburger 'Gesellschaft zur Erforschung der poetischen Sprache' (V. Šklovskij, B. Ejchenbaum u. a.), die die programmatische Isolierung des Kunstwerks aus seinem Lebens- und Kulturzusammenhang zur methodologischen Voraussetzung für eine zunächst nur immanent betriebene Analyse des künstlerischen Stils und der künstlerischen Form machten, vom marxistischen Standpunkt aus angreifen mußte. Und es ist offensichtlich, daß Trockij Šklovskijs Einwände gegen die marxistische Literaturtheorie, die dieser in seinem *Rösselsprung* zusammengefaßt hatte, ebenso sarkastisch wie gründlich hinwegfegte. Aber schon die Wahl dieses Buches als Zielscheibe seiner Angriffe ist bezeichnend: mit ihm hatte er ein leichtes Spiel. Wichtiger ist, daß Trockij – und hier unterscheidet er sich eben prinzipiell von den meisten Parteidoktrinären – die formalistische Methode nicht kategorisch verdammte, sondern bemüht war, ihr den rechten Platz in dem Gesamtkonzept eines literaturkritischen Modells zuzuweisen. Es kann gar nicht übersehen werden, daß einerseits Trockij selbst erst jetzt durch seine Auseinandersetzung mit den Formalisten die spezifischen Formprobleme des Kunstwerks theoretisch reflektierte und daß er andererseits den Formalisten durch seine historische Argumentation entscheidende Anregungen gab. Das zeigt schon Ejchenbaums Antwort auf Trockijs *Literatur und Revolution,* und das machen die späteren formgeschichtlichen und publikumsbezogenen Arbeiten der Formalisten recht deutlich. *Es versteht sich,* sagt Trockij, *daß das soziale Kriterium die formale Kritik nicht ausschließt, sondern mit ihr Hand in Hand geht,*[29] und er findet es *vollkommen richtig, daß man ein Kunstwerk nie ausschließlich nach den Prinzipien des Marxismus beurteilen, ablehnen oder gutheißen kann,*[30] denn *die Produkte künstlerischer Arbeit müssen in erster Linie nach ihren eigenen Gesetzen beurteilt werden, d. h. nach den Gesetzen der Kunst;*[31] *die künstlerische Form ist in gewissen und sehr weiten Grenzen unabhängig;*[32] *aber nur der Marxismus ist fähig zu erklären, warum und woher in einer bestimmten Epoche eine bestimmte Kunstrichtung auftrat, d. h. wer ein Verlangen nach solchen und nicht anderen Kunstformen hatte und warum.*[33] Daß die Zuweisung der ästhetischen Wertung in den Aufgabenbereich der Formkritik und die nahezu vollständige Beschränkung der marxistischen Theorie auf das Problem der historischen Genese des Kunstwerks schematisch sind und daher Risiken bergen, wird hier nicht gesehen. Aber an anderer Stelle betont Trockij die Interdependenz von Geschichte und Formgeschichte, zeigt er – und das ist ein Gedanke, der auch in späteren Aufsätzen wieder auftaucht –, daß die Entstehung von literarischen Stilen und Formen Fragen stellt, die man sowohl vom literarischen Erbe her, d. h. z. B. den durch die neuen Formen ersetzten alten Formen, als auch von der neuen gesellschaftlich-historischen Situation her zu beantworten habe.[34] Diese Feststellungen, die Engels in seiner späten, freilich erst durch die Moskauer Marx-Engels-Gesamtausgabe allgemein bekannt gewordenen Korrespondenz theoretisch vorweggenommen hat und denen Plechanov in seiner praktischen literaturgeschichtlichen Forschung jedenfalls nahe war, hätten Trockij auch im Rahmen einer marxistischen Literaturtheorie zu einer Überprüfung der Frage nach der ästhetischen Wertung veranlassen können, zumal er jetzt die wichtige Einsicht formuliert, daß ein neuer Inhalt eine neue Form, und umgekehrt eine neue Form einen neuen Inhalt, erzeugen kann.

Es ist für einen marxistischen Interpreten wie Trockij klar, daß eine wissenschaftliche Literaturkritik das Faktum des literarischen Publikums einzubeziehen hat. Schon in seinen frühen Beiträgen beschäftigt er sich, z. B. im Zusammenhang mit der Wedekind- und Hauptmannrezeption in Rußland, mit Fragen des Publikumsgeschmacks. In *Literatur und Revolution* wird die Beziehung Künstler–Leser als soziopsychische Einheit definiert. Sofern Künstler und Leser einer selben historisch-gesellschaftlichen Epoche angehören, ist diese These innerhalb der marxistischen Theorie unproblematisch. Aber wie ist es zu erklären, daß ein Leser auch an einem Werk, das aus einer längst vergangenen Epoche stammt, ästhetischen Gefallen haben kann? Es ist bekannt, daß Marx am Ende des ersten Entwurfs für ein Vorwort zur *Kritik der politischen Ökonomie* auf diese Frage zu sprechen kommt. *Die Schwierigkeit,* heißt es da, *liegt nicht darin zu verstehen, daß griechische Kunst und Epos an gewisse gesellschaftliche Entwicklungsformen geknüpft sind. Die Schwierigkeit ist, daß sie uns noch Kunstgenuß gewähren und in gewisser Beziehung als Norm und unerreichbare Muster gelten.*[35] Die ebenso sentimentale wie nichtssagende Antwort, die Marx gibt, zeigt, in welcher Verlegenheit er sich angesichts dieses Problems befindet: *Warum sollte die geschichtliche Kindheit der Menschheit, wo sie am schönsten entfaltet, als eine nie wiederkehrende Stufe nicht ewigen Reiz ausüben? Es gibt ungezogene und altkluge Kinder* [...] *Normale Kinder waren die Griechen.*[35] In seiner am 9. Mai 1924 vor der Presseabteilung des Zentralkomitees gehaltenen Rede wiederholt Trockij die von Marx gestellte Frage. Sein Ausgangspunkt ist die Feststellung eines Parteigenossen, daß der Wert einer Dante-Lektüre allein in dem Verständnis der Psychologie einer bestimmten Klasse in einer bestimmten historischen Epoche liege. Trockij entgegnet:

> Die Frage auf diese Weise beantworten, heißt die *Göttliche Komödie* aus dem Bereich der Kunst eliminieren [...] Wenn ich sage, daß der Wert der *Göttlichen Komödie* darin besteht, daß sie mir das Verständnis der Mentalität bestimmter Klassen in einer bestimmten Epoche erleichtert, verwandle ich sie augenblicklich in ein einfaches historisches Dokument, obwohl sich doch die *Göttliche Komödie* als Kunstwerk an meinen eigenen Geist, meine persönlichen Gefühle wendet und ihnen etwas zu sagen hat. Dantes *Komödie* kann eine deprimierende, niederschmetternde Wirkung auf mich ausüben, meinem Pessimismus oder meiner Melancholie Nahrung geben oder mich im Gegenteil trösten, mir Mut, Enthusiasmus schenken [...] Selbstverständlich bleibt es einem Leser unbenommen, sich wie ein Forscher zu verhalten und in der *Göttlichen Komödie* ausschließlich das historische Dokument zu sehen. Gleichwohl ist es klar, daß beide Tätigkeiten in zwei verschiedenen Bereichen liegen, die zwar miteinander verbunden, aber nicht identisch sind. Wie soll man sonst erklären, daß zwischen einem mittelalterlichen Werk und uns nicht nur eine historische Beziehung, sondern auch eine unmittelbare ästhetische Beziehung besteht? Der Umstand, der uns diese Frage beantworten läßt, ist der, daß alle Klassengesellschaften, mögen sie auch noch so verschieden sein, gemeinsame Charakteristika haben [...] Selbstverständlich ist Dante ein Produkt eines bestimmten sozialen Milieus. Aber er ist auch ein Genie. Seine Kunst führt die Darstellung der Gefühle und Leidenschaften seiner Epoche auf eine kaum erreichte Höhe. Und wenn wir heute andere mittelalterliche Werke lediglich als Studienobjekte betrachten, dagegen in der *Göttlichen Komödie* einen Quell künstlerischer Vollendung sehen, so nicht deshalb, weil

Dante ein florentinischer Kleinbürger des XIII. Jahrhunderts war, sondern obwohl er es war.[36]

Je größer also die zwischen Kunstwerk und Leser bestehende historische Distanz ist, je weniger mithin eine ideologische, d. h. soziopsychologisch fundierte Identifikation des Lesers mit dem Werk möglich ist, desto deutlicher tritt nach Trockij das rein psychologische Interesse des Lesers in den Vordergrund: er genießt die künstlerische Darstellung der menschlichen Persönlichkeit, der menschlichen Gefühle und Leidenschaften und wird durch seine Lektüre menschlich erfahrener und reicher.

Trockijs Ausführungen über das Künstlerische der Kunst und über die Notwendigkeit eines intellektuellen und psychologischen Verhältnisses zur historischen Vergangenheit (pointiert in dem Satz: *Wir Marxisten haben immer in Traditionen gelebt und haben gerade dadurch nicht aufgehört, Revolutionäre zu sein*[37]) sind durch seine Auseinandersetzung mit der sowjetischen literarischen Produktion und Diskussion veranlaßt worden. In zwei Kapiteln von *Literatur und Revolution* kritisiert er die Werke jener russischen Literaten, die, ohne selbst Kommunisten zu sein, mit der Revolution sympathisieren – er nennt sie 'Mitläufer' (popútčik), und diese Bezeichnung wird die übliche; in den drei letzten Kapiteln des Ersten Teils nimmt er zum Problem der proletarischen Kunst Stellung, verurteilt die ästhetische Bilderstürmerei des Proletkults, erweist den Terminus 'proletarische Kunst' als eine contradictio in adjecto und entwirft in kühnen Farben das künftige Bild einer klassenlosen sozialistischen Kunst. Wir wollen hier noch auf ein Problem eingehen, das für die marxistische Ästhetik von erheblicher Bedeutung ist und bei dessen Erörterung Trockij interessante Perspektiven aufweist: die sogenannte Tendenzliteratur.

Trockij macht einen terminologischen Unterschied zwischen der Tendenz als Ideologie und der Tendenz als Engagement des Künstlers.[38] Jedes Kunstwerk offenbart nach ihm in einer ideologiekritischen Analyse seine Tendenz, d. h. ein bestimmtes Verhältnis zu Gesellschaft und Geschichte. Die Tendenz, die das Kunstwerk in sich birgt, kann im Widerspruch zum Bewußtsein seines Schöpfers stehen – und das ist nach Trockij bei fast allen großen bürgerlichen Romanautoren der Fall. Der Schriftsteller kann aber auch in seinem

Werk eine gesellschaftlich-politische Einstellung bewußt und engagiert propagieren – damit läuft er Gefahr, sein Werk zu einem *kulturhistorischen Dokument* ohne künstlerische Bedeutung zu degradieren.[39] Für den marxistischen Interpreten ist der Streit der bürgerlichen Ästhetik um die 'reine' Kunst und die 'engagierte' ('tendenziöse') Kunst irrelevant: denn die eine ist ebenso wie die andere durch eine bestimmte gesellschaftlich-historische Situation determiniert, also genetisch erklärbar. Auch unter dem Gesichtspunkt des Nutzens, d. h. der Erziehung und Erfahrungserweiterung des Publikums, weisen unter marxistischem Blickwinkel 'reine' und 'engagierte' Kunst formale Parallelen auf. Aus dem Umstand, daß die Unterscheidung von 'reiner' und 'engagierter' Kunst für den marxistischen Literaturkritiker auf dem Niveau bestimmter Fragestellungen belanglos wird, ergeben sich aber nach Trockij keine praktischen Konsequenzen für das zeitgenössische 'proletarische' Kunstschaffen selbst, denn der Sieg der proletarischen Revolution habe die psycho-physiologischen Gesetze des künstlerischen Schaffensprozesses noch nicht geändert. Die revolutionäre Literatur ist 'engagierte' Literatur, sie hat eine politische Aufgabe und *muß vom Geist des sozialen Hasses durchdrungen sein*;[40] sie ist aber darum noch keine Kunst. Lukács, der in seinem Aufsatz *Tendenz oder Parteilichkeit* diesen Satz zitiert, sagt ganz richtig, daß nach Trockijs Auffassung revolutionäre Literatur *also Tendenzkunst* sei;[41] wenn er jedoch die diesem Zitat folgende Formulierung Trockijs, *im Sozialismus bildet die Grundlage der Gesellschaft die Solidarität*,[40] mit der Bemerkung 'erklärt', daß Trockij im Sozialismus *also eine reine Kunst* für *möglich* halte,[41] so ist das eine grobe Entstellung. Denn nach Trockij ist 'reine' Kunst ein Begriff der bürgerlichen Kunsttheorie und ein Phänomen der bürgerlichen Kunstpraxis und bedeutet einmal die von gesellschaftlichen Fragestellungen abstrahierende Deutung und Wertung und zum anderen das von Leben und Gesellschaft abgewandte Kunstschaffen selbst. Das Charakteristikum der klassenlosen, also nicht proletarischen, sondern sozialistischen Kultur besteht aber gerade in der harmonischen Durchdringung von Kunst und Gesellschaft; auf die sozialistische Kunst sind beide Termini, 'reine' und 'engagierte' Kunst, schlechthin nicht anwendbar. Für Lukács, der Trockijs Ausführungen über die Überwindung des Streits um die 'reine' und die 'engagierte' Kunst im Rahmen der marxistischen Werkerklärung nicht erwähnt, ist diese 'bürgerliche' Antinomie nun sogar schon für das proletarische Kunstschaffen selbst historisch aufgehoben; denn nach ihm ist im Gegensatz zu Trockij die *ideologische Schranke* zwischen der 'Objektivität' der naiv-künstlerischen Darstellung und dem 'falschen' Bewußtsein des Dichters *für das Proletariat nicht vorhanden.*[42] Der proletarische Künstler, der im Besitz eines 'richtigen' Bewußtseins die *objektive Wirklichkeit* darstellt, braucht dieser objektiven Wirklichkeit keine 'Tendenz' als Forderung gegenüberzustellen; seine künstlerische Arbeit setzt jedoch 'Parteilichkeit' voraus, *Parteilichkeit für jene Klasse, die Trägerin des geschichtlichen Fortschritts in unserer Periode ist: für das Proletariat.*[43] Es ist interessant, daß sowohl Trockij als auch Lukács – freilich auf ganz verschiedene Weise – von Lenins Programm der Parteiliteratur abrücken.[44] Für Lukács ist die Parteilichkeit des Künstlers ein subjektiv-objektives Faktum, keine von außen herangetragene Forderung der Partei, und Trockij lehnt nicht erst in seinem Aufsatz *Kunst und Revolution,* sondern bereits in *Literatur und Revolution* jede wie auch immer geartete Gängelung der Kunst durch die Partei ab: *auf dem Gebiet der Kunst ist die Partei nicht berufen, zu kommandieren* (1923); *eine wirklich revolutionäre Partei ist weder in der Lage noch willens, die Aufgabe einer Lenkung* [...] *der Kunst zu übernehmen* (1938) – selbstverständlich nicht, denn *im künstlerischen Schaffen spielen die unbewußten Prozesse eine erhebliche Rolle* (1924), und *das künstlerische Schaffen gehorcht seinen eigenen Gesetzen selbst dann, wenn es sich bewußt in den Dienst einer sozialen Bewegung stellt* (1938).[45] Lukács' Kritik an Trockij sollte auch nicht darüber hinwegtäuschen, daß ihr ästhetisches Urteil eine weitere bezeichnende Gemeinsamkeit aufweist. Wenn sich Trockij, dem Lukács ja ein Festkleben an bürgerlichen ästhetischen Kategorien vorwirft, in *Literatur und Revolution* gegenüber den Neuerungsversuchen der proletarischen Kunst reserviert zeigt, so gilt dieser Vorwurf erst recht für Lukács selbst: sein literarischer Geschmack und seine theoretischen Forderungen sind vollends an der Kunst des XIX. Jahrhunderts orientiert, und es ist sogar Trockij, der sich in seinem letzten Lebensjahrzehnt neuen künstlerischen 'Verfahren' nicht verschließt.[46]

Trockijs späte Aufsätze und Briefe über literarische Themen sind bisher weder im Original noch in Übersetzungen vollständig veröffentlicht. Einige hat Trockij in sein russisch redigiertes Exilblatt aufgenommen; sie sind – neben anderen – ebenfalls in verschiedenen Zeitschriften und Zeitungen besonders Frankreichs und der Vereinigten Staaten erschienen. Von den linksintellektuellen literarischen Zeitschriften, deren Herausgeber an einer Mitarbeit Trockijs besonders interessiert waren, ist die New Yorker *Partisan Review* an erster Stelle zu nennen. Vormals der kommunistischen Partei nahestehend, distanzierte sie sich in der ersten Nummer nach ihrer Neugründung, dem Dezemberheft 1937, von der stalinistischen Politik und Kulturpolitik und galt dann der kommunistischen Partei auch prompt als Organ des literarischen Trotzkismus. Trockijs erster Beitrag für diese Zeitschrift ist sein Aufsatz *Kunst und Revolution*, dessen Hauptgedanke die bereits in *Literatur und Revolution* hervorgehobene kategorische Ablehnung einer Gängelung der Kunst durch die Partei ist. Dieses Postulat steht auch im Zentrum des Manifests *Für eine freie revolutionäre Kunst*, das die *Partisan Review* im Herbst 1938 in englischer Übersetzung veröffentlicht. Es erschien zunächst auf französisch in Mexiko als Separatpublikation. Trockij und Breton sind seine Verfasser[47]: Trockij und Breton, der Begründer der Vierten Internationale und das Haupt des Surrealismus – eine Koalition der Negation, wie Sartre später findet,[48] ein kulturpolitisches Bündnis, das das surrealistische Lager zu Spaltung und Feindschaft (Eluard) führen wird. Breton hatte Trockij im Sommer 1938 in Mexiko besucht. Ein Ergebnis ihrer Gespräche ist dieser Aufruf zur Gründung einer internationalen Föderation freier revolutionärer Künstler. Breton selbst wollte die neue Bewegung von Paris aus in einer eigenen Zeitschrift (Clé, Bulletin mensuel de la Fédération Internationale de l'Art révolutionnaire indépendant), die es Anfang 1939 indessen nur auf zwei Nummern bringen sollte, unterstützen. Bretons Grußadresse an die *Partisan Review* vom Sommer 1938 hat ihre Parallele in dem Interesse, das diese Zeitschrift für das Manifest, die geplante Föderation und ihr Organ zeigt. Ihre kunstpolitische Gemeinsamkeit ist die Auffassung, die Trockij in seinem letzten theoretischen Aufsatz formuliert hat und die er in seinem Brief vom 22. Dezember 1938 an Breton wiederholt.

Dieser Brief, der im Winterheft 1939 der *Partisan Review* und in der Februarnummer von *Clé* abgedruckt ist, enthält auch Bemerkungen über Malraux. Es heißt da u. a.:

> Ich verfolgte seine (sc. Malraux') ersten literarischen Schritte nicht ohne Interesse. Schon damals zeigte er eine gewisse Pose und Affektiertheit [...] Aber Talent konnte man ihm nicht abstreiten [...] Man hätte erwarten sollen – und ich persönlich erhoffte und wünschte es –, daß der revolutionäre Heroismus tiefer in die Nerven des Schriftstellers eindringe, sich von der Pose reinige und Malraux zu einem herausragenden Dichter der Epoche der Katastrophen mache. Aber was geschah wirklich? Der Künstler wurde ein Reporter der GPU, ein Lieferant des bürokratischen Heroismus.[49]

In dieser Beurteilung lassen sich drei verschiedene Momente unterscheiden: die auch sonst von Trockij erhobene Forderung nach Aufrichtigkeit als Voraussetzung für eine echte schöpferische Arbeit, die jedenfalls anfangs dominierende Wertschätzung Malraux' als Romanautor und die scharfe Kritik an seiner politischen Position. Aus der Schärfe der politischen Kritik spricht zweifellos auch die persönlich Enttäuschung: Malraux hatte sich 1933, als Trockij nach Frankreich kam, energisch für seinen Schutz eingesetzt, hatte ihn in Saint-Palais bei Royan besucht[50]; in den folgenden Jahren hatte er jedoch deutlich für Stalins Politik und Kulturpolitik Partei ergriffen, auch während der Moskauer Schauprozesse, wie seine Propagandareise durch die Vereinigten Staaten zeigt, auf der er, für eine Unterstützung der spanischen republikanischen Armee werbend, in mehreren Reden Stalin als Kämpfer für die Würde des Menschen gepriesen und den Terror der Moskauer Säuberungen, und somit auch Trockijs Schicksal, bagatellisiert hatte.[51] Das ist jedoch in unserem Zusammenhang weniger wichtig. Interessanter ist, daß die in dem zitierten Brief erkennbare Vermischung der politischen mit der künstlerischen Beurteilung bereits für Trockijs Aufsatz über Malraux' *Les Conquérants,* seiner schwächsten literaturkritischen Arbeit, charakteristisch ist. Wenn Trockij hier die Frage der korrekten Berichterstattung und der politischen Interpretation der Kantoner Ereignisse in den Mittelpunkt seiner Kritik stellt, geht er an Malraux'

Roman als Kunstwerk absolut vorbei. Diese inadäquate, im Ansatz verfehlte Perspektive ist in seinem zweiten Beitrag, der Entgegnung[52] auf Malraux' Antwort[53], wohl noch deutlicher, und es ist kurios, festzustellen, daß sich Malraux in seinem späteren Nachwort zur Neuausgabe seines Romans (1949) mutatis mutandis auf dieselbe Ebene begibt. Gleichwohl ist Trockijs Kritik an *Les Conquérants* nicht ohne Einfluß auf den Künstler Malraux geblieben. Trockij hebt ja hervor, daß Borodin in Wirklichkeit kein Revolutionär, sondern ein stalinistischer Bürokrat sei. Nun ist es interessant, daß der Borodin von *La Condition humaine* (1933) wirklich der Bürokrat geworden ist, als den ihn Trockij einschätzt.[54] Und dieser Umstand hat wohl auch Trockijs enthusiastische Empfehlung des neuen Romans, den er in einem Brief *ein vom Anfang bis zum Ende wahrhaftes Kunstwerk* nennt[55], mitmotiviert. Vielleicht mag es verwunderlich erscheinen, daß sich Malraux in der Charakterisierung einer seiner Hauptfiguren von Trockijs Kritik hat anregen lassen. Aber wir können auf einen zweiten Punkt hinweisen, der beweist, daß Malraux Trockijs Ausführungen zu *Les Conquérants* sehr ernst genommen hat: die endgültige Fassung dieses Romans (1949) zeigt an verschiedenen Stellen Textveränderungen, darunter an solchen, die Trockij beanstandet hatte.[56] So ließe sich denn die Ausstrahlung der literaturkritischen Arbeit Trockijs, soweit erkennbar, wenigstens bei Malraux bis in das literarische Konzept und die Redaktion eines großen Autors verfolgen.

DAS LETZTE DRAMA HAUPTMANNS UND STRUVES ERLÄUTERUNGEN DAZU

Im zweiten Heft der Zeitschrift *Žizń* des laufenden Jahres befindet sich eine außerordentlich schlechte Übersetzung von G. Hauptmanns letztem Drama *Michael Kramer.*[1] Im ersten Heft des *Mir Božij* ist ein prätentiöses Feuilleton von Herrn Struve abgedruckt, betitelt *Zu verschiedenen Themen,* das sich unter anderem mit diesem Drama befaßt.[2] Ich werde mir erlauben, die Aufmerksamkeit des Lesers auf diese beiden selbstverständlich nicht gleichwertigen literarischen Erscheinungen zu lenken.

Ich vermag nicht zu sagen, was Herr Struve im gegenwärtigen Augenblick eigentlich will, und ich tröste mich damit, daß es auch ihm offensichtlich nicht ganz klar ist, wenn er auch stolze Sätze über Religion, religiösen Traum und religiöses Bewußtsein wiederholt und dabei vergeblich versucht, den Bodensatz seines vagen Enthusiasmus auf den Kohlen des Mystizismus und der idealistischen Metaphysik aufzuwärmen.

Mit Sicherheit kann man nur feststellen, daß Herr Struve bei seiner tiefsinnigen Definition der sozialen Frage 'Sozialfrage ist Magenfrage' auf Schäffle zurückgeht.[3]

Der soziale Kampf unserer Zeit hat sich die Befreiung des Menschen von der sklavischen Unterwerfung unter materielle Bedingungen zur Aufgabe gemacht, die Befreiung von Hunger, Kälte und jeglicher Not. Wenn darin das Glück liegt, fährt er in einem Ton offensichtlichen Zweifelns fort, *dann ist der soziale Kampf gewiß ein Kampf für das Glück. Jene Bedingungen, die wir unter der Bezeichnung 'materieller Wohlstand' zusammenfassen,* sagt Herr Struve weiter, *sind zweifellos als Mittel für einen weiteren Aufschwung des Menschen und der Menschheit unerläßlich. Die Bürgerlichkeit beginnt erst dort, wo dieses Mittel zum Kultobjekt wird, wo es sich in das oberste Ziel, den höchsten Wert verwandelt, wo es, mit einem Wort, das religiöse Bewußtsein der Menschen erfüllt. Leider stellt diese bürgerliche Kultur die charakteristischste Besonderheit, gleichsam das geistige Wesen des gegenwärtigen Menschen dar. Davon sind sowohl diejenigen betroffen, die mit unserer Zeit zufrieden sind, als auch die, die nicht von ihr befriedigt werden. Letztere müssen begreifen, daß Wohlstand ein Mittel, kein Ziel ist, daß das Ziel weiter, viel weiter entfernt ist.*[4]

In dieser dem Augenschein nach ganz ordentlichen Betrachtung konzentriert sich so viel Falschheit verschiedener Art, daß man nicht weiß, von welcher Seite man ihr beikommen soll.

Das Bestreben, *von Hunger, Kälte und jeglicher Not* zu befreien – sogar wenn es von nichts anderem bestimmt wird und nur sich selbst genügt –, kann schon deshalb nicht bürgerlich genannt werden, weil es genetisch dem Entstehen der bürgerlichen Schicht vorausgegangen ist. Dieses Bestreben ist allgemein menschlich, mehr noch, es ist allen Kreaturen eigen. Es nimmt bürgerliche Formen an, wenn es durch den Hang zur Rente, zu Kapitalgewinn geprägt wird. Aber die *Unbefriedigten,* von denen Struve spricht, sind als gesellschaftliche Gruppe mit bestimmten geschichtlichen Tendenzen nicht vom Rentenstreben befallen. Zu sagen, daß diese *Unbefriedigten* ihrem Geist nach bürgerlich sind, ist ein leichtfertiges Spiel mit Worten: der Terminus *Bürgerlichkeit* hat einen ganz bestimmten historischen Sinn. Aber Struve entleert diesen Begriff seines gesellschaftlich-historischen Inhalts. Er dehnt ihn so weit aus, bis er den Umfang einer rein logischen, universellen Kategorie angenommen hat, und versucht, die ganze zeitgenössische Wirklichkeit darin zu ertränken.

Außerdem ist die Behauptung Herrn Struves entschieden falsch, der materielle Wohlstand sei für die *Unbefriedigten* (auch wenn er nicht die bürgerliche Form der gesicherten Rente trägt) der *höchste Wunsch,* das *oberste Ziel,* ein *Kultobjekt.* Dies zu beweisen, ist, glaube ich, nicht die Aufgabe von Leuten, denen der dichte Nebel der Metaphysik den Blick für die realen gesellschaftlich-historischen Perspektiven verdeckt.

Gewiß, *der Mensch lebt nicht vom Brot allein,* das ist eine heilige Wahrheit.[5] Aber wie konnte Herr Struve sich beeilen zu vergessen, mit welchem Ziel und durch wen gerade eine solche These bei den gegenwärtigen gesellschaftlichen Bedingungen ausgebeutet wird?!

Ja, wenn die *Unbefriedigten* in ihren äußerst dringlichen Forderungen hinsichtlich des angeblichen bürgerlichen *Wohlstandes* schon befriedigt wären und, hierüber beruhigt, einem kollektiven Quietismus verfielen – oh, dann wären wir bereit, Fichte und Nietzsche und selbst Herrn Struve zu Hilfe zu rufen, mit seinem ganzen archaischen Gesindel verschimmelter Dogmen! Aber solange im Leben der beharrliche, verschärfte Kampf um die minimalsten Bestandteile eben dieses Wohlstandes andauert, haben die Vorwürfe Struves den Charakter eines starken, unverzeihlichen Mißklangs, einer groben gesellschaftlichen Taktlosigkeit, nicht der ersten und, wie man annehmen muß, nicht der letzten in dem literarischen Katalog von Herrn Struve. Gerade in diesem Punkt hätte Struve keinen Fehlschluß zu ziehen brauchen, wenn er sich zurückgewandt hätte ... zu Lassalle, zu demselben Ferdinand Lassalle, an den zu wenden er uns heute erfolglos aufruft: Lassalle wurde nämlich nicht müde zu wiederholen, daß man die Deutschen (die, unter denen er arbeitete) immer wieder aufrütteln müsse, damit sie lernen, das Fehlen eines *Wohlstandes* bei sich zu erkennen. Und da beeilt sich Herr Struve, daran zu erinnern, daß nicht im Wohlstand das *Glück* liegt.

Herr Struve war also augenscheinlich enttäuscht von den alten Kampfmethoden gegen die *Bürgerlichkeit* und fordert uns auf, neuen Führern zu folgen: vor allem Nietzsche, *der nicht seinesgleichen unter den Kämpfern gegen die bürgerliche Kultur hat,* und dann Hauptmann, in dem allerdings viel weniger Kraft und Gehalt stecken als in Nietzsche.

Der geneigte Leser wird sich erinnern, daß wir in diesen Spalten bereits auf Nietzsche zu sprechen kamen.[6] Sehen wir nun, was uns Hauptmann in bezug auf den Kampf mit der Bürgerlichkeit in seinem letzten Drama bietet.

Aber zuvor in zwei Worten der Inhalt des Dramas selbst. Der Maler Michael Kramer hat einen Sohn Arnold und eine Tochter Michaline; beide sind Maler wie der Vater. Die Tochter ist ihrer Natur nach ganz der Vater; gleich ihm setzt sie sich eher aufgrund ihrer Beharrlichkeit als mittels ihres Talents durch. Der Sohn ist ein Scheusal, sowohl physisch als auch moralisch. Er besitzt ein großes Talent, dessen er nach den Worten der Schwester nicht würdig ist. Seiner seelischen Veranlagung nach ist er zärtlich, krankhaftempfindsam, aber völlig willenlos.

Der Vater, von starker herrischer Natur, unterwirft alle seinem Einfluß, mit denen er näher zusammentrifft, ist aber außerstande, der Seele des Sohnes Herr zu werden. Der Zwist zwischen Vater und Sohn, ihr gegenseitiges Nichtverstehen und ihre Entfremdung stellen das zentrale Moment des Dramas dar.

Arnold Kramer hält sich mit Recht für sehr viel höherstehend als die Masse der abgeschmackten Bonvivants der jeunesse dorée. Dennoch unterliegt er ihren ständigen Spötteleien wegen seines unglücklichen Äußeren und seiner nicht weniger unglückseligen Armut, die ihn außerdem noch daran hindert, seinen Lebensdurst zu stillen. Dies verbittert ihn gegen alles auf der Welt, einschließlich der eigenen Familie.

Er verliebt sich in die Tochter eines Gastwirts; diese jedoch ist kaum geneigt, dem armen buckligen Jüngling ihre Aufmerksamkeit zu schenken. Er rächt sich an den Stammgästen der Schenke für ihren groben Spott mit bösartigen Karikaturen.

An einem besonders unglückseligen Tag, nach heftigen Auseinandersetzungen mit dem Vater und neuerlicher Abweisung durch die Wirtstochter Liese wird Arnold Kramer von einer Gesellschaft betrunkener Taugenichtse verlacht und sogar verprügelt. Einer von ihnen, der sich als Liesens Bräutigam ausgibt, zeigt dem unglücklichen Maler ein Strumpfband seiner Braut. Arnold flieht aus der Schenke und nimmt sich das Leben.

Der Vater findet auf dem Gesicht des toten Sohnes (wie, kann ich nicht sagen) jene guten Züge seines Charakters, die zu seinen Lebzeiten in ihm verborgen geblieben waren, aber jetzt durch den Tod ans Tageslicht traten. Er findet sie und versöhnt sich mit dem Sohn. Dies ist das Handlungsgerüst des Dramas.

Hauptmann verleiht dem Maler Kramer eine gewisse moralische Größe. Aber Größe wird erst dann erkennbar, wenn es die entsprechenden Taten gestatten. Im Drama Hauptmanns begeht Kramer jedoch keine Taten, die ihn als einen ungewöhnlichen Geist charakterisieren würden; statt dessen charakterisieren Kramer andere handelnde Personen in ihren Reden. Ihnen, den anderen Personen, hilft Kramer auch selbst. Er hält seinen Mitmenschen ständig Moralpredigten und schmückt seine Reden mit Worten wie *Hörn Se, Sehn Se, Verstehst du,* die offensichtlich das Ziel haben, die Aufmerksamkeit der Zuhörer auf die Tiefe der Worte des alten Malers zu lenken. Es ist natürlich unnötig zu sagen, daß ein Konzept, demzufolge die Hauptperson, die dem Stück seinen Namen gibt, nicht handelt, sondern räsoniert und ihre moralischen Ansichten vor den Zuschauern hauptsächlich mit Hilfe der Reden anderer Personen erklärt, für die Bühne ungeeignet und sogar unkünstlerisch ist. Schon dieses Konzept allein ist geeignet, das Drama zum Scheitern zu bringen.

Lassen wir aber diesen groben künstlerischen Defekt beiseite und sehen wir, wie sich Michael Kramer als Ergebnis der allgemeinen Bemühungen, seine geistigen Umrisse zu zeichnen, dem Leben darstellt.

So wird der alte Maler von seinem ehemaligen Schüler, dem Maler Lachmann, in einem Gespräch mit Michaline charakterisiert: *Überhaupt, du, wenn ich nicht ganz versumpft bin – denn wirklich, ich halte mich immer noch –, hauptsächlich verdank' ich das nur deinem Vater. Was er einem gesagt hat und wie er's tat, das vergißt sich nicht. Einen Lehrer wie ihn, den gibt's gar nicht mehr. Ich behaupte, auf wen dein Vater einwirkt, der kann gar nie gänzlich verflachen im Leben* [...] *Er hat uns alle so durchgewalkt, uns Schüler, so gründlich, von vornherein, von innen heraus alles umgekrempelt! Die Kleinbürgerseele so ausgeklopft. Man kann darauf fußen, solange man lebt.*[7] *Vaters großer Ernst*, sagt Michaline, *mir ist er mein bester Besitz geworden. Auf fadeste Dummköpfe machte er Eindruck.*[7]

Mit einem Wort, Sie sehen, daß Sie es bei der Figur des Kramer nicht mit einem gewöhnlichen Menschen zu tun haben. Der Autor unterstreicht das eifrig sogar durch seine Beschreibung des Äußeren Kramers, die er mit folgenden Worten beendet: *Er ist alles in allem eine absonderliche, bedeutende, nach dem ersten Blick eher abstoßende als anziehende Erscheinung.*[8]

Nun hat Hauptmann – nach der Auslegung von Herrn Struve – in dieser Gestalt des Malers, des nicht alltäglichen, *absonderlichen, bedeutenden* Menschen, seinen Protest gegen die *bürgerliche Kultur* verkörpert, die die zeitgenössische Gesellschaft durch und durch prägt.[9]

Ah! Das ist interessant und lehrreich zu hören!

Erfolgreich gegen den Geist der *bürgerlichen Kultur* kämpfen kann man nur dann, wenn ein organisierter Kampf gegen die sozialen Grundlagen dieses *Geistes* geführt wird. Vereinzeltes Aufglimmen lyrischen Protestes mag sehr effektvoll sein, ist aber fruchtlos. Die Zählebigkeit des bourgeoisen gesellschaftlichen Organismus macht betroffen, seine Anpassungsfähigkeit ist beispiellos. Das isolierte Bemühen um eine persönliche Selbstbefreiung aus den Fesseln des bourgeoisen Systems erinnert immer an die lustige Geschichte des Baron von Münchhausen, der sich selbst an den Haaren aus dem Sumpf gezogen hat. Dabei ist es gleich, von welchen dramatischen Accessoires dieses Bestreben begleitet wird.

Michael Kramer steht als Sonderling da. Und Hauptmann wie Herr Struve und, versteht sich, Kramer selbst glauben, daß darin seine Stärke besteht. Wir zweifeln nicht einen Augenblick daran, daß dies seine größte Schwäche ist.

Als der Berg nicht zu Mohammed kommen wollte, ging Mohammed zum Berg. Das gleiche geschieht mit den isolierten *Kämpfern gegen die bürgerliche Kultur*, sogar mit den aufrichtigsten und begabtesten. Außerhalb der von ihnen verneinten Gesellschaft können sie nicht leben. Da sich die bourgeoise Gesellschaft ihnen nicht unterwirft, passiert es ihnen nicht selten, daß sie sich, ohne sich dessen bewußt zu werden, der bourgeoisen Gesellschaft unterordnen. All dies illustriert Michael Kramer vorzüglich durch seine Person, wenn auch im Gegensatz zu den offensichtlichen Absichten des Autors und des Kommentars von Herrn Struve.

Beginnen wir mit Kramers Familie. Ihre Struktur ist rein kleinbürgerlich. Der Vater ist der Herr, ein mehr oder weniger uneingeschränkter Herrscher. So die Mutter: *Wir leiden auch alle unter Papa.*[10] Der Vater schlug den Sohn, als er schon fünfzehn Jahre alt war, wahrscheinlich, um ihm nach dem bildhaften Ausdruck Lachmanns die *Kleinbürgerseele auszuklopfen.*

Die Mutter der Familie ist eine *unruhige und sorgenvolle* Frau, die, wie es sich gehört, ständig mit den Aufgaben des Haushalts beschäftigt ist.[11] Sie hat eine gute Seele, steht für Familie und Tugend ein, deren Wahrung ihrem Weltverständnis nach der Polizei obliegt. *Die Polizei, die duldet ja das!*, beklagt sie sich kummervoll und weist auf die allgemeine Lasterhaftigkeit hin.[12] Dem Sohn droht sie: *Und wenn ich so'n Frauenzimmer ausfindig mache, das schwör' ich dir zu, und Gott ist mein Zeuge: die übergeb' ich der Polizei!*[13]

Offensichtlich hat Hauptmann selbst Mühe, die Beziehungen zwischen Kramer und seiner Frau darzustellen: es ist bemerkenswert, daß er sie während des ganzen Dramas nicht einmal zusammenführt.

Es scheint, daß eine solche Familie einem so außerordentlichen, hervorragenden Mann, der Kramer nach der Absicht des Autors ist, kaum Anlaß zu einer Idealisierung des 'Familienprinzips' geben kann. Nichtsdestoweniger sagt Kramer zu Lachmann: *'n Mann muß Familie haben, Lachmann. Das ist ganz gut, das gehört sich so.*[14] Warum dies nun so gut ist und warum es sich so gehört, sagt Kramer nicht, aber sein eigenes Familienleben kann dieser Behauptung nur als Gegenbeispiel dienen. Der Leser gewinnt zwingend den Eindruck, daß Kramer lediglich kleinbürgerliche Sentenzen zum Thema 'die Vorzüge der Familienbande' wiederholt. Wie kann man da, oh, Herr Struve, einen Kampf gegen die *bürgerliche Kultur* sehen?

Nicht besser sind die anderen Lehren (Kramer lehrt beständig) des alten Malers: *Ach, hörn Se, es wird zu viel gesündigt.*[15] *Immer arbeiten, arbeiten, arbeiten, Lachmann. Hörn Se, wir müssen arbeiten, Lachmann. Wir schimmeln sonst bei lebendigem Leibe* [...] *Hörn Se, Arbeit ist Leben, Lachmann!* [...] *Ich bin bloß 'n lumpiger Kerl ohne Arbeit. In der Arbeit werd' ich zu was* [...] *Wäre mein Sohn 'n Schuster geworden und täte als Schuster seine Pflicht, ich würde ihn ebenso achten* [...] *Pflichten, Pflichten, das ist die Hauptsache. Das macht den Mann erst zum Manne, hörn Se.*[16] *Die Lotterbuben von heutzutage, die denken, die Welt ist 'n Hurenbett. Der Mann muß Pflichten erkennen, hörn Se.*[17] Schließlich sagt Michaline Kramer, die sich die ganze Philosophie des Vaters zu eigen gemacht hat, indem sie sich auf die väterliche Autorität beruft: *Sich abfinden, Mutter, ist Menschenlos. Sich halten und zu was Höh'rem durchwinden, das hat jeder gemußt.*[18]

Erlauben Sie, erlauben Sie! All dies ist sehr wohlgesittet und verdient jeden Ansporn. Aber wo ist hier der Kampf gegen die *bürgerliche Kultur*, wo das *Ausklopfen der Kleinbürgerseele?* Alle diese Reden haben wir zur Genüge gehört.

Spricht nicht Smiles, das gedrechselte, trübsinnige, von süßlicher Moral triefende, gesittet-muffige Orakel der Kleinkrämer, dieser erleuchtete Prophet der Kolonialwaren-, Galanteriewaren- und

Farbenhändler, spricht er nicht auf Tausenden von Seiten über die heilige, große, unschätzbare, wohltuende Wirkung der Arbeit, der beständigen Arbeit?[19] Lehrt er nicht mittels der überzeugendsten Beispiele, Analogien, Gegenüberstellungen, Texte, Beweise kleinbürgerlichen Geistes und Argumente eines philisterhaften Herzens, daß es jedem Menschen, der ein gewisses Alter erreicht hat, obliegt, eine Familie zu gründen, weil es *sich so gehört?* Fordert nicht derselbe Smiles mit edlem bürgerlichem Enthusiasmus die Verehrung des Schusters – ja sogar des Schusters, wenn dieser ehrlich *seine Pflicht* tut? Können Sie vielleicht behaupten, daß er, Smiles, nicht immer verkündet hat, daß *zu viel gesündigt wird,* und daß er nicht dazu aufgefordert hat, sich unverzüglich zu bessern? Hat er die Menschen nicht zur Erfüllung ihrer Pflichten aufgerufen, ihrer heiligen Pflichten gegenüber sich selbst, der Familie, den Nächsten, dem Staat und Gott? Hat er ihnen nicht empfohlen, sich immer wieder mit den Schlägen des Schicksals *abzufinden, sich zu halten* und sich mit ehrlicher (unbedingt mit ehrlicher!) Arbeit *zu was Höh'rem durchzuwinden?*

Gewiß, vielleicht enthalten solche Reden bei Smiles und seinem geistigen Anhang eine Menge rein kleinbürgerlicher Heuchelei, während Kramer sie mit voller und tiefer Aufrichtigkeit spricht; aber der Umfang des Gedankens ist bei ihm keineswegs größer, und seine Worte sind alte, zu gut bekannte Worte, und – vergleichen Sie Struve! – sie klingen äußerst befremdlich im Munde eines *Kämpfers gegen die bürgerliche Kultur.*

Was ist das in der Tat für ein plumpes Versprechen, sogar den Schuster zu ehren, wenn er nur ehrlich *seine Pflicht tut!* Kann man den Schuster nicht in Ruhe lassen und aufhören, angeblich im Namen einer höheren Moral mit den banalen Forderungen einer ehrlichen Pflichterfüllung an ihn heranzutreten? Man kann, so möchte es scheinen, in dieser Hinsicht beruhigt sein: die Struktur der gegenwärtigen kulturellen bürgerlichen Gesellschaft bewirkt auf dem Wege des Gesetzes von Angebot und Nachfrage und durch unerbittliche Konkurrenz rein automatisch und deswegen fehlerfrei, daß der Schuster ehrlich *seine Pflicht tut,* d. h., daß er für minimale Bezahlung ein Maximum an Energie aufbringt. Dabei kennt die Gesellschaft für Nichterfüllung dieser Pflicht eine in ihrer Wirkungskraft ausgezeichnete Repressionsmaßnahme: den Hungertod. Die Frage ist die, ob die Gesellschaft der *bürgerlichen Kultur* hinsichtlich des Schusters ehrlich ihre Pflicht tut.

Aber der alte Kramer hat neben der Neigung zur feierlichen Verkündung längst lästig gewordener Reden noch einen für uns interessanten Zug, den wir schon nebenbei bemerkt haben und der offensichtlich geeigneter ist für seine Bestätigung als Kämpfer gegen die *bürgerliche Kultur.*

Kramer ist, wie wir schon sagten, ein Einzelgänger. Er gehört nicht zu jenen glücklichen Malern, die in ihrer selbstzufriedenen Einfallslosigkeit bereit sind, für entsprechende Honorierung alles mit ihrem Pinsel darzustellen, was verlangt wird: allerlei Entblößtes für solide Familienväter, moralisch Erbauliches für ihre Kinder, Schlachtengemälde in den Zeiten periodischen Aufwallens des bürgerlichen Chauvinismus, religiöse Bilder für die Augenblicke eines Anfalls bürgerlicher Scheinheiligkeit. Nein, der alte Kramer ist für so etwas untauglich! Der 'Masse', in die er auch die Bourgeoisie einbezieht, begegnet er mit aristokratischer Verachtung. *So müssen die Besten,* sagt er, *beiseite stehn.*[20] *Der Ort, wo du stehst, ist heiliges Land, das muß man sich bei der Arbeit sagen. Ihr andern: draußen geblieben, verstanden? Da ist Raum genug für das Jahrmarktsgetümmel. – Kunst ist Religion.*[21] *Das Eigne, das Echte, Tiefe und Kräftige, das wird nur in Einsiedeleien geboren. Der Künstler ist immer der wahre Einsiedler.*[22] Das ist das Credo Michael Kramers als Künstler. Entrollt sich nicht hier im Bereich der Kunst der Kampf mit dem alles durchdringenden Geist der Bürgerlichkeit?

Klären wir aber zunächst einmal, welchen Ursprungs das Kramersche Glaubenssymbol ist. Auf welche Weise versucht die Kunst, eine rein gesellschaftliche Größe, sich in der Person des Kramer von der Gesellschaft zu befreien, die ihr Leben gegeben hat.

Die reine Kunst erobert das Feld als Ergebnis äußerst vielgestaltiger sozialhistorischer Bedingungen; aber jene Formation, auf die sich Kramer bezieht, wuchs auf dem Boden einer durch den bürgerlichen Staat provozierten Enttäuschung der geistigen Aristokratie.

Während der Entstehungsperiode der bürgerlichen Gesellschaft war die Intelligenz ideologisch mit der Bourgeoisie verbunden; in der Folge wandte sich der beste Teil von ihr ab. Aber auch auf das übrige soziale Feld konnte die Intelligenz nicht mit Freude und Hoffnung blicken: die der Bourgeoisie entgegengesetzten Klassen waren zu unkultiviert, zu weit entfernt von Kunst, Wissenschaft, Philosophie, als daß die Intelligenz ihr eigenes Los mit deren historischem Schicksal verknüpfen konnte. So blieb eins: dem *Jahrmarktsgetümmel* zu entfliehen und sich in der Sphäre der 'reinen' Kunst einzuschließen. Natürlich ist dies auch ein Protest gegen die alles verderbende bürgerliche Kultur; ist er aber nicht zur völligen Fruchtlosigkeit verurteilt?

Alle diese *Einsiedler* brauchten ja unbedingt Mittel zu ihrer Existenz, die sie nur aus dem sogenannten Fonds des 'nationalen Mehrwertes' erhalten konnten. Über diesen Fonds verfügte unkontrolliert die Bourgeoisie.

Die ganze Tragik der Lage von Leuten wie Kramer besteht darin, daß sie, obwohl sie die Bourgeoisie verachten, sich gleichzeitig ihren Marktforderungen unterwerfen müssen. Das gemeine reaktionäre Kleinbürgertum zwingt ihnen direkt oder indirekt seinen Geschmack auf. Sie kommen von der Unterwerfung unter das Kleinbürgertum nicht los, denn das historische Schicksal hat diese Jünger der 'reinen Kunst' mit der tödlichen Schlinge der wirtschaftlichen Abhängigkeit fest an die Bourgeoisie gebunden.

Hören Sie, was Lachmann zu Michaline beim Anblick einer Gruppe prassender Schlemmer sagt: *Und nähmst du Flügel der Morgenröte, so entgehst du doch dieser Sorte nicht. – Himmel, wie fing sich das alles an! – Und heut schneidet man Häcksel für diese Gesellschaft. – Kein Punkt, in dem man so denkt wie sie. Alles hüllenlos Reine wird runtergezerrt. Der schlechteste Lappen, die schmierigste Hülle, der elendeste Lumpen wird heiliggesprochen. Und unsereiner muß doch das Maul halten und rackert sich doch für die Bande ab.*[23]

Wo endet denn in solchem Fall ein künstlerisches Glaubensbekenntnis, das frei von widernatürlichen Banden mit der 'Masse' ist. In der Fiktion, der Illusion, dem Selbstbetrug.

Es kann sich wie ein Papierdrachen bis zu jenen Höhen erheben, von denen aus gesehen alle irdischen Dinge in einer grauen Bedeutungslosigkeit versinken. Aber selbst im Reich der Wolken bleibt die arme 'freie' Kunst immer an ein starkes Seil geknüpft, dessen 'irdisches' Ende die Faust des Kleinbürgers fest umklammert.

Aber uns erwartet noch eine kuriose Überlegung von Herrn Struve. *Wir stellen uns vor,* sagt er, *daß Hauptmann in Deutschland Gott weiß wie populär ist, indessen ist sein neues Stück bei der ersten Aufführung durchgefallen, und bei der zweiten war das nicht sehr große Deutsche Theater nicht einmal voll.*[24] *Hauptmann, so scheint es, wird* (beachten Sie: *wird!*) *uninteressant für das hiesige Publikum. Ich glaube, das ist ein schlechtes Zeichen für das Publikum, nicht für Hauptmann,* bemerkt der Kritiker tiefsinnig und erläutert: *Dieses verehrte Publikum ist offensichtlich zu stumpfsinnig für solche Dinge.*

Man kann nicht sagen, daß es von großem kritischem Scharfsinn zeugt, wenn man den Mißerfolg des Stückes mit dem Stumpfsinn des Publikums erklärt: in dieser Erklärung wird vielmehr ein Fauxpas der verletzten Eigenliebe Struves selbst sichtbar. Das zeitgenössische russische Publikum ist offensichtlich wenig geneigt, Herrn Struve zu folgen, der das Steuer verloren hat und von Marx zu Kant, von Kant zu Lassalle und Fichte, von Fichte zu Nietzsche schwenkt, und dies, wie sich zeigt, natürlich unter Gesichtspunkten, die man ebenfalls stumpfsinnig nennen kann. Aber diese simplifizierende kritische Methode, so schmeichelhaft für die verletzte Eigenliebe des Autors, ist völlig fruchtlos, wenn es darum geht, die Schicksale literarischer Werke zu erläutern.

Nein, nicht der Stumpfsinn des Publikums ist Grund des Mißerfolges von Hauptmanns Drama oder von Struves jetzigen Äußerungen.

Das Publikum hat seine Gründe: das verehrte Kleinbürgertum hegt naturgemäß keine besonders zärtlichen Gefühle gegenüber dem hochtalentierten dramatischen Schriftsteller, der in seinen *Webern* ein so erschütterndes Bild der kapitalistischen Akkumulation der vierziger Jahre des verflossenen Jahrhunderts zeichnete, ein Bild, das seine Bedeutung auch für das Leben unserer Tage noch nicht verloren hat. Das Publikum der *unbefriedigten* gesellschaftlichen Gruppen aber kann und darf Hauptmann nicht verzeihen, daß er von jenem rühmlichen Weg abgewichen ist, den er einst mit dem genannten Stück betrat.

Das Publikum hat doch gesunde Zähne, in seiner Seeleneinfalt beißt es die härtesten Nüsse auf! Segne, Herr, die menschliche Dummheit! Kühn ist es! Man ängstigt es nicht mit lauten Worten; es hält Berge für kleine Hügel und legt so meisterhaft dumm ein Sandkorn auf den Weg, daß der Kluge kopfüber zu Boden fliegt![25]

Als Hauptmann seine *Weber* schuf, schlug sein Herz teilnahmsvoll für die besten Gefühle der arbeitenden Masse. Dann enttäuschte ihn offensichtlich diese Masse, er drehte ihr den Rücken zu und begann, sich in die Aspekte des Seelendramas eines Helden zu vertiefen, der der Menge unverständlich war *(Die versunkene Glocke, Michael Kramer)*, und kam in der Person des alten Kramer zu der Überzeugung, daß der *Künstler der wahre Einsiedler* ist.

Zu Beginn seiner noch kurzen literarischen Karriere suchte Herr Struve ein Betätigungsfeld für seine schriftstellerische Tätigkeit ungefähr an der gleichen Stelle wie Hauptmann, aber äußerst schnell kam er zu der Entdeckung, daß sogar die *Unbefriedigten* vom *Wohlstandskult* und von der *bürgerlichen Kultur* befallen sind.

Hauptmann sucht Erholung für seine Seele in der Kunst als *Religion*, die vom Dichter ein völliges Einsiedlerdasein fordert. Herr Struve fand Ruhe, vielleicht zeitweise, in den Höhensphären der idealistischen Metaphysik.

Hier endet allerdings die Verwandtschaft. Die außerordentliche künstlerische Kraft Hauptmanns und das von ihm durchgemachte innere Drama, künstlerisch verkörpert in seinen Werken, sind imstande, zeitweise die Aufmerksamkeit des Lesers zu fesseln.

Wir werden weder wie Hauptmann auf dem Gebiet der von der Wirklichkeit suspendierten Kunst ein Wirkungsfeld für den Kampf mit der *bürgerlichen Kultur* suchen, noch in der Metaphysik des Transzendenten, wo die enttäuschte Seele Struves in der Gesellschaft einiger vergilbter absoluter Begriffe zeitweise Ruhe fand. Wir finden dieses Wirkungsfeld innerhalb der Gesellschaft selbst und werden uns unsere Waffen nicht aus den Arsenalen der Metaphysik besorgen.

Man sagt, daß große Leute in den Augen ihrer Diener jedes Zaubers entkleidet sind. Dafür machte und macht die persönliche Bekanntschaft mit großen Leuten zum Lakaien. Darüber läßt sich nicht selten anhand der hier zitierten Dokumente urteilen.

Der in seinen *Erinnerungen* von seinen Beziehungen zu Henrik Ibsen erzählende norwegische Schriftsteller John Paulsen stellt keine Ausnahme dieser betrüblichen Regel dar.[1] So zitiert er z. B. in tiefem Mitgefühl die Worte seines Freundes, eines norwegischen Malers, die dieser nach einem Besuch bei Ibsen aussprach: *Ja, siehst du, im Grunde hat er gar nichts gesagt, aber seine Art, wie er mir die Pfeife stopfte, sein Blick, als er sie mir reichte, haben mich zutiefst berührt!*[2] Man kann sich nur schwer ein größeres Maß von Lakaiengesinnung vorstellen.

Im allgemeinen liefern die *Erinnerungen* Paulsens sehr wenig Material zur Aufhellung der eigenartigen Physiognomie des bekannten Schriftstellers. Die von Paulsen angeführten Fakten sind völlig unbedeutend. Sie sind mit kleinen Dosen hausbackener Philosophie und einer gehörigen Portion Unterwürfigkeit vor dem 'großen Landsmann' garniert. Aber eingedenk dessen, daß *la plus jolie fille de France ne peut donner plus que ce qu'elle a,* wollen wir versuchen, das Wenige zu nutzen, was uns die Werke Ibsens selbst liefern.[3]

Wenn Ibsen, dieser große Skeptiker, der alle unsere alten Ideale erschüttert hat (an dick aufgetragenem Pathos fehlt es bei Paulsen nie), *im Gespräch einen provozierenden Gedanken nach dem anderen von sich gab, dann erhob Frau Lie* (die Frau des bekannten norwegischen Schriftstellers), *die in einer alten, gläubigen Beamtenfamilie erzogen worden war, manchmal Einspruch, indem sie sich auf die Heilige Schrift bezog.*[4] Sie hielt Ibsen offensichtlich für einen 'Revolutionär'. Selbst Paulsen findet, daß Ibsen *nur in Diskussionen und in seinen Werken Revolutionär ist, aber keinesfalls in seinem Alltagsleben.*

Ist nun Ibsen wirklich ein 'Revolutionär'?

Die ehrenwerte Dame ging bei ihrer Beurteilung Ibsens von

einer Gegenüberstellung seiner Ansichten mit der Heiligen Schrift aus. Paulsen stellte die *provozierenden Gedanken* Ibsens seinem eigenen dürftigen Moralkodex gegenüber. Wir wollen versuchen, die 'revolutionären' Ideen Ibsens mit den objektiven sozialen und historischen Umständen zu konfrontieren. Die Antwort auf unsere Fragestellung wird sich dann von selbst ergeben.

Im Jahre 1870 schrieb Ibsen an Georg Brandes: *Wovon wir bis heute leben, das alles sind ja doch nur Brosamen vom Revolutionstisch des vorigen Jahrhunderts, und an der Kost haben wir doch jetzt lange genug gekaut und wiedergekäut. Die Begriffe verlangen einen neuen Inhalt und eine neue Erklärung. Freiheit, Gleichheit und Brüderlichkeit sind nicht mehr dieselben Dinge, die sie in den Tagen der seligen Guillotine waren. Das ist es, was die Politiker nicht verstehen wollen, und darum hasse ich sie. Die Menschen wollen nur Spezialrevolutionen, Revolutionen im Äußeren, im Politischen u.s.w. Aber all dergleichen ist Lappalie. Worauf es ankommt, das ist die Revolutionierung des Menschengeistes.*[5] Einstweilen finden wir hier noch wenig Revolutionäres.

Auch Paulsen versteht, daß Ibsen *die Freiheit – wenn sie ihm auch so wichtig wie die Luft ist – weniger im Sinne einer bürgerlichen als einer persönlichen Freiheit begreift. Was hat es in der Tat für einen Sinn, das Stimmrecht zu besitzen,* fügt Paulsen aus eigener Überlegung hinzu, *wenn man sich keine persönlichen Freiheiten erwerben kann?*

Persönliche Freiheit! Revolutionierung des Menschengeistes! Aber erlaubt denn jedes gesellschaftliche System, *persönliche Freiheit* zu erlangen? Kann sich wirklich die *Revolutionierung des Menschengeistes* unabhängig von den äußeren Bedingungen vollziehen? Auf diese Fragen verstand Ibsen nicht zu antworten: mehr noch, er verstand sie nicht einmal zu stellen.

Von Umgestaltung der Gesellschaft hält Ibsen fast gar nichts. Mit der Verachtung eines abseits stehenden geistigen Aristokraten behandelt Ibsen die Parteien, jene großen kulturellen Kräfte der Gegenwart, ohne die man nicht in der gewünschten Richtung auf die Gesellschaft einwirken kann. *Die Parteiprogramme,* sagt Doktor Stockmann, *drehen allen jungen, lebensfähigen Wahrheiten den Hals um.*[6] Und noch stärker: *Eine Partei, die ist wie eine Fleisch-*

hackmaschine; darin werden alle Köpfe zu einem Brei zerrieben; und deshalb sind sie auch alle Schwachköpfe und Flachköpfe![7] Ibsen geht von der Individualität aus und kehrt zu ihr zurück. In den Grenzen der Seele des Einzelnen löst er alle sozialen Probleme oder versucht es zumindest. Er weitet und vertieft diese elastische individuelle Seele bis an die Grenze des Übermenschlichen (*Brand*), ohne dabei die gesellschaftlichen Umstände auch nur mit dem Ellenbogen zu streifen. In der Person des Rosmer möchte Ibsen *alle Leute im Lande zu Adelsmenschen machen* [...] *dadurch, daß ich die Geister frei mache und die Willen läutere.*[8] (Wie unzweifelhaft das klingt!) Aber auch darin verliert Rosmer den Glauben. Er kommt zu der Überzeugung: *Die Menschen lassen sich wohl nicht von außen her adeln.*[9]

In seinem persönlichen Leben beugt sich Ibsen, dieser 'provokative Revolutionär', dieses 'große Minuszeichen', wie ihn seine Landsleute nennen, fügsam den Umständen, die von außen auf ihn einwirken. Mit pedantischer Sorgfalt unterwirft er sich allen heuchlerischen Anstandsregeln des bürgerlichen Milieus. Nur in den Schöpfungen seines Geistes steht er *frei und hoch* da (und auch dies nicht in dem Maße, wie Paulsen und er selbst es sich vorstellen), aber *Ach* [...] *im Alltagsleben, da bin ich für so was nicht zu brauchen,* klagt er über sich selbst durch den Mund des Baumeisters Solneß.[10] Wie dieser Baumeister *getraut er sich nicht* und *kann nicht so hoch steigen, wie er selbst baut.*[11]

Darin liegt nicht nur die Schwäche seiner eigenen Individualität, sondern seiner Propagierung des Individuellen, seiner sozialen Moral überhaupt, oder, wenn die ganze Bedeutung Ibsens nur in dieser Propagierung bestünde, dann – so könnte man kühn behaupten – wäre er gänzlich bedeutungslos.

Ibsen – der Schöpfer großer, neuer Worte und kühner Ideen; Ibsen – der Prophet einer erneuerten Menschheit; Ibsen – der geistige Führer der Zukunft ... und wie man ihn noch tituliert, dieser Ibsen hat nicht ein Hundertstel, nicht ein Tausendstel der Bedeutung, die ihm als Darsteller des kleinbürgerlichen Milieus zukommt. Ibsen als der negierende Künstler, als das 'große Minuszeichen' steht unendlich hoch über dem Symbolisten und prophetischen Führer. Schon seiner Natur nach taugt Ibsen nicht für diese zweite Rolle.

Ich kann mich nicht erinnern, sagt Paulsen, *daß einmal begeisterte, feurige Worte aus Ibsen hervorbrachen, die auf eine besondere Rolle des Gefühls in seinem Seelenleben hätten schließen lassen.* Nein, das ist kein Führer! Wenn man die 'neuen Worte' Ibsens ihrer nebelhaften, symbolischen Hülle entkleidet, die so viele in ihren Bann gezogen hat, dann büßen diese neuen Worte meistens ihre Neuheit und ihren Reiz ein.[12] Das verwundert nicht. In unserer Gegenwart, da das menschliche Denken über ein so kolossales und in seiner Vielfalt unerschöpfliches Erbe und über erworbenes Gut verfügt, kann man ein ernsthaftes, wertvolles neues Wort nur sagen, wenn man auf den Schultern seiner großen Vorgänger steht. Nach den Worten Paulsens las Ibsen jedoch äußerst wenig. *Mit den neuesten Werken der schöngeistigen Literatur und des philosophischen Denkens machte er sich eher durch Gespräche mit anderen bekannt als auf dem Wege eines persönlichen Studiums.* Als genialer Autodidakt ohne systematische Bildung, ohne eine in sich geschlossene Weltanschauung blickte er mit nicht angebrachter Geringschätzung auf die Früchte fremden Denkens.

Der ihm geistig verwandte Autodidakt und Baumeister, der Held des schon zitierten Dramas, das zweifellos autobiographische Bedeutung hat, fragt Hilda, ob sie lese.

Hilda: I nein! Um alles in der Welt nicht mehr – jetzt.
Denn den Zusammenhang kann ich doch nicht herausfinden.
Solneß: Gerade so geht's mir auch.[13]

Diese geringschätzige Einstellung zu Büchern und besonders das Nichtvertrautsein mit ihnen ging – lassen Sie es mich wiederholen – bei weitem nicht spurlos am Schaffen Ibsens vorbei: er gab vieles nicht, was er hätte geben können. Aber verzeihen wir ihm seine Versäumnisse, und sprechen wir darüber, was er gegeben hat, schauen wir, mit welchem Material er operierte. Wenn er viel gab, so, weil er an einem Material arbeitete, das die größte Aufmerksamkeit verdient.

Welches ist der gesellschaftliche Hintergrund, auf dem sich gewöhnlich die persönlichen Dramen von Ibsens Helden abspielen? Es ist das friedliche, regungslose, in seinen alten Formen erstarrte

Leben kleiner norwegischer Provinzstädte, bewohnt von einem durchschnittlichen Kleinbürgertum, ebenso sittlich und wohlanständig wie ordnungsliebend und religiös ...

Oh! Ein bitteres Gefühl ließ diese ausgeglichene provinzielle Wohlanständigkeit in der Seele des großen Dramatikers zurück. Sie werden ihn völlig verstehen, wenn er als Antwort auf die beim Anblick Münchens von Paulsen ausgestoßenen Worte: *Welch riesige Stadt!* voll Bitternis bemerkt: *In einer kleineren kann man auch nicht leben!*

Dort, in diesen großen Zentren des Handels, der Industrie und des Geistes gibt es doch mehr Raum und Luft, weniger Konventionen und vor allem weniger von dieser für die kleinbürgerlichen Städte charakteristischen Sittenstrenge und Wohlanständigkeit, die die Luft vergiften wie der Ruß einer schlechten Lampe, die zäh und klebrig sind wie dicker Zuckersirup, die in alle Poren eindringen und alle Beziehungen durchsetzen – die familiären, verwandtschaftlichen, amourösen und freundschaftlichen.

Das von seiner Routine und ewigen geistigen Trägheit ausgehöhlte Kleinbürgertum der Provinz fürchtet jede Art von Neuerungen bis ins Mark: Irgendeine neue Eisenbahn veranlaßt es, furchtsam in die Zukunft zu blicken; bevor es die Eisenbahn gab, war es *hier doch so ruhig und friedlich,* beklagt sich Frau Bernick.[14] Wenn es schon so mit der Eisenbahn steht, dann ist es mit den neuen Ideen noch viel schlimmer. Wozu braucht sie die Gesellschaft auch? *Ihr ist am besten mit den alten, guten Gedanken gedient.*[15]

Keine Neuerung duldend, erträgt das Kleinbürgertum auch keine Originalität, keine Selbständigkeit, nicht einmal eine einfache Andersartigkeit. Es unterdrückt schonungslos das zaghafteste Auftreten solcher Eigenschaften. *Du hast von Natur den Hang,* belehrt es Doktor Stockmann durch den Mund seines Bürgermeisters, *Deine eigenen Wege zu gehen. Und das ist in einer wohlgeordneten Gesellschaft beinahe ebenso unstatthaft. Der einzelne muß sich durchaus dem Ganzen unterordnen.*[16]

Während die industriellen Feudalherren, in deren Macht sich Zehntausende befinden, die Beherrscher und Gesetzgeber der Börse, die großen 'Erschütterer' des Weltmarktes, während, mit einem Wort, die allmächtigen Diktatoren der gegenwärtigen Handels-

und Industriewelt ihre Macht zu deutlich wahrnehmen, um ihre wirkliche Beziehung zum Leben und zu den Leuten zu maskieren, erträgt das mittlere Bürgertum die Verödung dieser Beziehungen nicht, ist nicht imstande, seiner Lage offen in die Augen zu sehen: es fürchtet die Reibung zwischen den Bestandteilen des von ihm in Bewegung gesetzten bürgerlichen Mechanismus und versucht, diese Reibung zu mildern, indem es das ranzige Fett des heuchlerischen Sentimentalismus als Schmiermittel benutzt. In der amoralischen großen Welt, *was gilt da ein Menschenleben,* fragt der Adjunkt Rörlund, dieses verkörperte Gewissen der örtlichen Gesellschaft, *da rechnet man mit Menschenleben wie mit Kapitalien. Aber wir, sollt' ich meinen, stehen doch auf einem ganz andern moralischen Standpunkt.*[17] Und ob!

Auf der Grenze zwischen den höheren Klassen der Gesellschaft und ihren Niederungen stehend, sind das mittlere Bürgertum und das Kleinbürgertum nicht abgeneigt, sich auf diese niedrigen Schichten zu stützen und in ihrem Namen zu sprechen. Aber dies alles geschieht, versteht sich, nicht im Ernst. *Aber die Erziehung des Bürgers durch die Selbstverwaltung – an die denken Sie wohl nicht,* fragt der Redakteur Hovstad den Buchdrucker Aslaksen.[18] *Wenn man ein bißchen was vor sich gebracht hat, das erhalten sein will, so kann man nicht an alles denken, Herr Hovstad,* antwortet mit größter Offenheit der in der Schule des Lebens weise gewordene Buchdrucker.[18]

Man kann überhaupt bei Aslaksen viel lernen. Seine Devise lautet: *Mäßigung, das ist die erste Bürgerpflicht.*[19] Seine Individualität versinkt völlig im sozialen Typ; er ist stark durch die Kraft der *kompakten Majorität,* er spricht nicht anders als im Namen dieser *kompakten Majorität,* im Namen der Kleineigentümer, im Namen der Hausbesitzer.[19]

Die heuchlerisch-liberalen, gemäßigten Prinzipien, die Aslaksen leiten, durchdringen das ganze Kleinbürgertum. Sie zwingen die kleinbürgerliche Gesellschaft, trotz deren Haß gegenüber allem Neuen, Originellen und 'Nicht Anständigen' geflissentlich die Maßnahmen der nackten Repression zu meiden. Niemals wird man das Mymrecovsche Prinzip *zerren und nicht freilassen* aus dem kleinbürgerlichen Dasein wegstreichen.[20] Das Kleinbürgertum handelt eher indirekt, wenn auch nicht weniger wirkungsvoll. In einer anderen politischen Lage hätte sich Doktor Stockmann als *Feind der Gesellschaft* einer erzwungenen Isolation unterworfen.[21] Das kultivierte Kleinbürgertum geht anders vor. Es boykottiert seinen Feind. Es entläßt ihn aus dem Dienst (der Arbeitgeber und der Arbeitnehmer sind 'frei' in ihren Beziehungen), es nimmt ihm die Wohnung, nimmt seiner Tochter die Unterrichtsstunden, schickt seine Jungen von der Schule weg und entläßt schließlich den Mann von seinem Posten, der zufällig Stockmann seine Wohnung für eine Versammlung überlassen hatte. 'Ohne Knute, ohne Rute' erreicht es sicher sein Ziel. Es isoliert seinen Feind fast mit der gleichen Sicherheit, wie wenn es ihn in irgendwelche entfernte Regionen verbannt hätte.

Wenn der Bourgeois kosmopolitischen Typs Freidenker ist – einen solchen gab es wenigstens noch vor kurzem –, so hielt es der Kleinbürger der Provinz immer für nötig, die Religion zu verteidigen, wobei er gleichzeitig Verteidigung von ihrer Seite erhoffte. Der Pastor nimmt in vielen Dramen Ibsens nicht den letzten Platz ein. Als der Konsul Bernick sich anschickt, eine schändliche Tat zu begehen, indem er seinen 'Freund' auf einem Schiff zurückläßt, dem unvermeidlich der Untergang droht, nur, um sich vor möglichen Enthüllungen zu sichern – da sucht er Trost in der Religion. Und man muß sagen, er findet ihn. Der Adjunkt Rörlund sagt zu ihm, versteht sich, im Namen der Religion: *Lieber Herr Konsul, Sie sind beinahe zu gewissenhaft. Ich meine, wenn Sie die Sache in die Hand der Vorsehung legen.*[22]

All die vielfältigen und nicht selten widersprüchlichen Momente des kleinbürgerlichen Lebens halten sich mit Hilfe eines erprobten, zementierten 'ideologischen' Materials, der Heuchelei, in einem relativen Gleichgewicht. Hören Sie, was ein Mann sagt, der das geliebte Mädchen gegen die Mitgift eintauscht, dabei kaltblütig mit einer unglücklichen Sängerin bricht, die daraufhin von ihrem Mann verlassen wird und im Elend stirbt, der den Freund verleumdet, um seine Finanzen aufzubessern, der bereit ist, diesen Freund zur Festigung seines eigenen Wohls untergehen zu lassen, mit einem Wort, die uns schon bekannte *Stütze der Gesellschaft,* der Konsul Bernick: *Die Familie ist ja doch der Kern der Gesellschaft. Ein gutes Heim, geachtete und treue Freunde, ein kleiner geschlossener Kreis, in den keine störenden Elemente ihren Schatten werfen.*[23] Das Wichtigste ist natürlich, daß es keine *störenden Elemente* gibt.

Was dieses geheiligte kleinbürgerliche Familienhaus darstellt, ist zur Genüge bekannt. Ein Schriftsteller legt scharfsinnig einem Kleinbürger folgende Worte in den Mund: 'Mein Haus ist meine Festung, und ich bin einer Festung Kommandant!'[24] Wie oft geriet Ibsen, nach den Worten Paulsens, selbst in seinen Büchern und Lehren an die strengen Worte des Paulus, die besagen, daß der Mann das Haupt und der Herr sein muß und das Weib seine untertänigste Dienerin.[25] Sogar ein so außergewöhnlicher Mann wie Doktor Stockmann, dieser einsame Kämpfer gegen die Niedrigkeit der kleinbürgerlichen Mehrheit, sagt seiner Frau diese typische kleinbürgerliche Gemeinheit: *Schnickschnack, Käte; – geh nach Hause und kümmere Dich um Deine Wirtschaft und überlaß mir die Sorge um das Gemeinwesen.*[26]

Es ist natürlich unnötig hinzuzufügen, daß das fundamentalste Laster einträchtig mit dem andächtigen Familienkult zusammenlebt, gleichsam als Ergänzung, aber, versteht sich, im Verborgenen. *Wissen Sie,* sagt der Maler Osvald zum Pastor, *wann und wo ich die Unsittlichkeit in Künstlerkreisen gefunden habe?* [...] *Ich habe sie gefunden, wenn mal einer von unseren mustergültigen Ehemännern und Familienvätern nach Paris kam, um sich dort ein bißchen auf eigene Faust umzutun* [...] *Die Herren wußten uns über Orte und Dinge zu erzählen, von denen wir uns nie hatten träumen lassen.*[27]

Um ein letztes Detail dieser flüchtigen Charakteristik der norwegischen Provinz zu geben, zitieren wir hier eine interessante Anekdote, die uns durch Paulsen überliefert ist.

Im Theater eines norwegischen Städtchens trat eine dem Publikum unbekannte Sängerin auf, und das steife kleinbürgerliche Publikum konnte sich trotz seines Entzückens nicht entschließen, ihr Beifall zu spenden. Jeder fürchtete, daß sein persönlicher Eindruck nicht mit dem der Mehrheit übereinstimmte, und alle schauten mit gespannter Aufmerksamkeit auf den Dichter Welhaven, eine anerkannte Autorität, der, um das Publikum zum besten zu haben, in völliger Bewegungslosigkeit dasaß.[28] Dann aber erhob Welhaven die Hände zum Applaus, und der ganze Saal stimmte mit einmütigem Händeklatschen ein. *Das Publikum bekam ein Zeichen, daß es seinem Eindruck trauen und dem Gefühl des Entzückens freien Lauf lassen durfte!*

Das ist die furchtbare, stickige gesellschaftliche Atmosphäre, die gesunde menschliche Lungen nicht einatmen können. Weh' dem, den das Schicksal in diesem Milieu mit einer stark ausgeprägten Originalität, mit weitgespannten Bedürfnissen ausgestattet hat – er ist zu völliger Einsamkeit verurteilt. *Unsere Qual im Leben,* sagt Guy de Maupassant, *rührt daher, daß wir ewig einsam sind, und alle unsere Anstrengungen und unsere Handlungen nur dieser Einsamkeit zu entgehen trachten.*[29] *Der ist der stärkste Mann der Welt,* entgegnet der mürrische Norweger, *der allein steht.*[30] Dieser Widerspruch geht durch das ganze Schaffen der genannten Schriftsteller, die in ihrem Ausgangspunkt ähnlich sind – im Haß gegen das Kleinbürgertum.

Während das Gefühl der Einsamkeit die Grundnote im Wehklagen Maupassants ist, des kranken Sängers der in Auflösung befindlichen bürgerlichen Gesellschaft Frankreichs, verdichtet sich die Mehrzahl der Dramen Ibsens zu einer triumphalen Hymne, einem begeisterten Lied zum Ruhme des *allein Stehenden.*

In einer Gesellschaft der kleinbürgerlichen Unpersönlichkeit und der feigen Heuchelei schafft Ibsen den Kult der energischen Persönlichkeit, eines *vor Gesundheit strotzenden Gewissens* [...] *so daß man sich das getraute, was man am liebsten möchte!*[31]

Der Kult der einzelnen stolzen Kraft nimmt manchmal bei Ibsen geradezu abstoßende Formen an. Er ist bereit, neben den gesellschaftlich naiven Gelehrten Stockmann den finanziellen Abenteurer Borkman zu stellen, dem der Autor keineswegs in ironischer Absicht die Worte in den Mund legt: *Das ist der Fluch, der auf uns einzelnen, auf uns auserwählten Menschen lastet. Die Masse, die Menge, der Durchschnitt – die verstehen uns nicht.*[32]

Ibsen geht es nicht darum, daß die sittliche Kraft wie jede andere durch eine Größe bestimmt wird, sondern durch einen Ansatzpunkt und eine Richtung. Aber für Ibsen wie für jeden Geistesschaffenden ist es charakteristisch, daß seine besonderen Sympathien stets der geistigen Kraft gelten. Wer ist der *gefährlichste Feind der Wahrheit und der Freiheit,* fragt er durch die Person Doktor Stockmanns. *Das ist die kompakte Majorität. Jawohl, die verfluchte, kompakte, liberale Majorität.*[33] Welches ist die tödlichste Lüge? *Es ist die Lehre, daß* [...] *die Masse* [...] *die Unwissenden und Unfertigen innerhalb der Gesellschaft dasselbe Recht haben zu verdammen und anzuerkennen, zu regieren und zu beschließen wie die kleine Zahl der geistig vornehmen Persönlichkeiten.*[34]

Das sind letztlich die Schlußfolgerungen, die *große Entdeckung* des Doktor Stockmann.[33] Muß man beweisen, daß sie keinerlei gesellschaftlichen Wert haben? Wie soll in der Tat ein gesellschaftliches System aussehen, in dem einige wenige *geistig vornehme Persönlichkeiten verdammen, anerkennen und regieren?* Und welcher Gerichtshof wird sich mit der Unterscheidung von *Vornehmen* und nicht *Vornehmen* befassen?

Wenn die 'Masse' herangezogen würde, um über die Richtigkeit dieser oder jener wissenschaftlichen Theorie oder eines philosophischen Systems zu befinden, dann hätte Stockmann-Ibsen tausendmal Recht mit seiner beleidigenden Einschätzung der Handlungsfähigkeit der *kompakten Majorität.* Die Meinung Darwins zur biologischen Frage ist hunderttausendmal wichtiger als die kollektive Meinung von hunderttausend Menschen.

Aber eine ganz andere Sache ist das Feld der gesellschaftlichen Praxis, mit seinem tiefen Gegensatz der Interessen, wo es nicht um die Festlegung wissenschaftlicher oder philosophischer Wahrheiten geht, sondern um ständige Kompromisse zwischen auseinanderstrebenden gesellschaftlichen Kräften. Auf diesem Gebiet ist die Dominierung der Minderheit durch die Mehrheit – sofern sie der tatsächlichen Korrelation der gesellschaftlichen Kräfte entspricht und nicht vorübergehend künstlich hervorgerufen wurde – unvergleichlich höher anzusetzen als die Dominierung der Mehrheit durch eine Minderheit, ein Vorgang, der sich nicht selten im Schutze der Dunkelheit abspielt.

Es versteht sich, daß die arithmetische Lösung gesellschaftlicher Fragen nicht das Ideal gesellschaftlicher Solidarität ist. Aber solange die Gesellschaft in verfeindete Gruppen aufgegliedert ist, behält der Primat der Mehrheit über die Minderheit seine tiefe, lebendige Bedeutung, und dem Appell, vom 'plebejischen Geist' der geschlossenen Mehrheit zum 'geistigen Aristokratismus' einiger weniger Ausgewählter überzugehen, wird durch den höchsten Gerichtshof des Lebens nicht stattgegeben.

In dem zitierten Drama (*Ein Volksfeind*) lassen sich vorzüglich zwei Grundzüge von Ibsens Schaffen erkennen: die geniale Verkörperung der Wirklichkeit und der völlige Mangel an Ressourcen für ein positives Ideal.

Im Lauf des ganzen Dramas verfolgt man mit dem lebhaftesten Interesse, wie die scheinbar rein technische Frage der städtischen Kanalisation an den Besitzverhältnissen der Stadtbevölkerung hängen bleibt, eine Gruppierung der Parteien schafft und Doktor Stockmann zwingt, von der chemischen Erforschung des Wassers zur Analyse des sozialen Milieus überzugehen. Mit angehaltenem Atem beobachtet man die anwachsende Woge der oppositionellen Stimmung in der Brust des ehrenwerten Gelehrten – um am Ende in peinlicher Verlegenheit zu verharren, enttäuscht und verärgert über die magere Lehre vom 'geistigen Aristokratismus'.

Ah! Wir hörten und hören diese erhabene Lehre von verschiedenen Seiten, und nicht nur von Dichtern, sondern auch von Wirtschaftswissenschaftlern und Soziologen ...

Professor Schmoller zum Beispiel steht so zur sozialen Reform: er will die Befriedigung der Forderungen der Arbeiter. Aber aller? Oh, nein! Sehen Sie, es gibt *gerechte* und *ungerechte* Forderungen. Egoistische Klassenforderungen sind sehr weit von der Gerechtigkeit des Professors entfernt. Gerechte Interessen, das sind nicht Klasseninteressen, sondern Interessen außerhalb oder oberhalb der Klassen. Den Klasseninteressen liegt die banale Ökonomie zugrunde. Die über die Klasse hinausgehenden, gerechten Interessen erheben sich zum ethisch-moralischen Prinzip der *verteilenden Gerechtigkeit.*[35] Dieses universale, dem Zugriff des Klassenanspruchs entzogene Prinzip lautet: die Verteilung der materiellen Güter und Ehrenbezeichnungen muß den geistigen Eigenschaften der Menschen entsprechen. Deshalb müssen entweder die Einkünfte der Tugend entsprechend verteilt werden (Herr Schmoller, das ist gefährlich!), oder die Tugend muß bei jenen Personen, die über hohe Einkommen verfügen, auf die entsprechende Prozentzahl erhöht werden (Herr Schmoller, das ist unerreichbar!).

Das Prinzip der *verteilenden Gerechtigkeit*, diese würdige Frucht tiefsinniger Philosophie, wiese folglich recht viele riskante Stellen auf, wenn Professor Schmoller nicht die 'Aristokraten der Bildung und des Geistes', die Vertreter der liberalen Berufe, des Beamtentums usw. zu den Trägern dieses Prinzips gemacht hätte (daran schließen sich natürlich auch die Aristokraten der Lehrstühle).[36] Aber wenn dies einmal vollzogen ist, steht alles zum besten. Die Klassen, die am Prozeß der Güterproduktion teilnehmen und infolgedessen Träger egoistischer Klasseninteressen sind, werden ein für allemal von dem universalen Prinzip ausgeschlossen. Die Klassen der Güterproduktion stehen in dem Maße unter der *verteilenden Gerechtigkeit* wie die echten Träger dieser Gerechtigkeit über der Güterproduktion stehen.

Wenn die 'Aristokraten' der Universitätsbildung und des bürokratisch-professoralen Geistes nicht ihre Korporationsinteressen hätten, dann erwiese sich die Frucht des aristokratischen Geistes von Professor Schmoller tatsächlich als eine ihres sozialen Leibes beraubte Überklassentheorie ... Aber ... Da aber die *verteilende Gerechtigkeit* den 'Aristokraten der Bildung und des Geistes' zur ständigen Verfügung steht, diese ein für allemal von der Teilnahme an der Güterproduktion ausgeschlossen sind und dadurch von der Klasse der materiellen Arbeit ständigen Unterhalt beziehen, erweist sich das Prinzip der *verteilenden Gerechtigkeit* als ein Feigenblatt, das nur schlecht die nackte Schamlosigkeit der bürokratisch-professoralen Korporationsbegierden verdeckt.

Professor Stammler, ein anderer 'Aristokrat der Bildung und des Geistes', der mit seinem Kollegen wetteifert, versucht ebenfalls, sich über die *sozialen Bestrebungen*, die von *subjektiven und nur aus ihrer zufälligen Lage sich ergebenden Triebfedern* bestimmt sind, zu der Höhe der *sozialen Bestrebungen* zu erheben, die *objektiv begründet* und *objektiv berechtigt* sind.[37] Dieses lobenswerte Ziel vor Augen, rüstet sich der Aristokrat Stammler mit dem Ideal der *Gemeinschaft frei wollender Menschen* als dem höchsten Standpunkt in allen sozialen Fragen, als formale Idee, auf deren Grundlage man entscheiden kann, ob der empirische oder der gewollte *soziale Zustand objektiv berechtigt* ist.[38]

In diesem Moment steht Professor Stammler schon über den Klassen. Die Geschichte führt ihn aus der Enge des Lebenskampfes und setzt ihn auf den Richterthron als *frei wollenden Menschen,* um im Vollbesitz des universalen, objektiv patentierten Ideals ein gnadenloses Urteil und eine strenge Bestrafung auszusprechen gegen jene *sozialen Bestrebungen,* die sich *aus einer zufälligen Lage* ergeben haben.

Es ist unnötig zu sagen, daß Professor Stammler sich nicht von seinem Lehrstuhl zu erheben braucht, dieser ist schon Richterthron bezüglich der Teilnahme am groben Vorgang der Güterproduktion. Wenn Professor Stammler zusammen mit Professor Schmoller (oh, welch wunderbarer Traum!) zur Leitung des geistigen Vorgangs der Güterverteilung berufen würde, so könnte man sich dafür verbürgen, daß der *frei wollende Mensch* Stammler und der 'Aristokrat der Bildung und des Geistes' Schmoller so solidarisch und konsequent handelten, daß die Träger der *sich nur aus einer zufälligen Lage ergebenden sozialen Bestrebungen* und die Vertreter egoistischer Klasseninteressen, denen der solide Boden des 'ethisch-rechtlichen' Prinzips entzogen ist, die gerechte Strafe erhielten für ihren Mangel an Stammlerscher Objektivität und Schmollerscher Tugend.

Nein, nicht von einer Korporation geistiger Aristokraten, der es überlassen bleibt, *zu verdammen, anzuerkennen und zu regieren,* ist Rettung zu erwarten.

Wir müssen uns unbedingt noch mit den Frauengestalten Ibsens befassen, dem viele sogar bereitwillig den gesellschaftlichen Titel eines 'Sängers der Frauen' zuerkennen. Und in der Tat widmet Ibsen der Skizzierung weiblicher Charaktere viel Aufmerksamkeit, sie sind in seinen Dramen beachtlich vielgestaltig.

In Ellida (*Die Frau vom Meere*) und teilweise in Martha (*Die Stützen der Gesellschaft*) verkörpert sich der Traum eines Ausbrechens aus dem dumpfen Leben – dorthin, wo *ein größerer Himmel* ist, *die Wolken höher ziehen* [...] *eine freie Luft weht,*[39] ein Ausbrechen, das in fortgeschrittenem Stadium in den Wunsch übergeht, dem *ganzen Schick und Brauch ins Gesicht zu schlagen,*[40] und nicht einmal vor dem Bruch mit der Heimat (Lona und Dina in *Die Stützen der Gesellschaft*) oder mit dem Mann und den Kindern (Nora in *Ein Puppenheim*) haltmacht. An uns ziehen die selbstlosen Frauen Ibsens vorüber, die immer für irgend jemand und nie für sich selbst leben (Tante Juliane in *Hedda Gabler,* Frau Linde in *Ein Puppenheim*), die unglücklichen Sklavinnen der Ehe- und Mutterpflichten (Helene Alving in *Gespenster*), die weichen, krankhaft-empfindsamen, liebenden und verliebten Frauen wie Kaja Fosli (*Baumeister Solneß*) oder Frau Elvsted (*Hedda Gabler*); schließlich die Frau im Stil des fin de siècle, die seelisch gebrochene, dekadentüberspannte Hedda Gabler.

Ein ganzes Spektrum psychischer Nuancen, eine ganze Skala seelischer Stimmungen! Aber trotzdem können wir nicht mit A. Veselovskij sagen, daß *in ihnen alle Nuancen des Lebens, alle Sehnsüchte und Hoffnungen und alle Schwächen der heutigen Frau liegen.*[41] Nein! Bei Ibsen befindet sich auch auf diesem Gebiet ein riesiger weißer Fleck.

Die Wirklichkeit der letzten Jahrzehnte hat eine neue Form hervorgebracht, die nicht nur die Nora, die infolge ihres erwachten Bewußtseins ihrer persönlichen Würde mit ihrem Mann bricht, um dreifache Haupteslänge überragt, sondern auch jene Nora, die ihre Kräfte dem glühenden Kampf um die Emanzipation der Frau widmet.

Diese neue Frau geht weit über die Frage nach der Lage der Frau der privilegierten Klasse hinaus und stellt eine soziale Frage, die Frage nach der Verwirklichung jener Gesellschaftsformen, in denen nicht nur für die Unterwerfung der Frau unter den Mann, sondern auch für die Unterwerfung des Menschen unter den Menschen kein Platz sein wird. Hand in Hand mit dem Mann – nicht in der alten Rolle der Inspiratorin des Gatten, des Bruders oder des Sohnes, sondern als gleichberechtigter Kampfgenosse streitet sie für die Verwirklichung der besten Ideale der Gegenwart. Diese Frau kannte Ibsen nicht.

Inzwischen ist die Zeit des mystischen Kultus Ibsenscher Symbolik vorüber, ebenso wie die frechen, 'kritisch', 'wissenschaftlich-physiologisch' oder anders motivierten Beschimpfungen des großen Norwegers, bei denen es Max Nordau zu einer wahren Meisterschaft brachte.[42]

Die Geschichte des europäischen Gesellschaftsbewußtseins wird nie jene Ohrfeigen vergessen, jene wirklich prachtvollen Ohrfeigen, die Ibsen der sauber gewaschenen, gut frisierten, vor Selbstzufriedenheit glänzenden Kleinbürgerphysiognomie verpaßte. Mag Ibsen nicht die Ideale der Zukunft gezeigt haben, mag sogar seine Kritik der Gegenwart bei weitem nicht immer von den richtigen Gesichtspunkten ausgegangen sein, so hat er doch mit der Hand eines genialen Meisters die kleinbürgerliche Seele vor uns entblößt und gezeigt, wieviel innere Gemeinheit auf dem Grund der kleinbürgerlichen Wohlanständigkeit und Rechtschaffenheit liegt. Wenn man auf die einzigartigen Kleinbürgergestalten schaut, die er in den besten Augenblicken seines Schaffens hervorgebracht hat, dann kommt einem unwillkürlich der Gedanke, der Pinsel hätte an ein, zwei Stellen ein klein wenig fester aufgedrückt, zwei, drei kaum merkbare Striche hätten hinzugefügt werden müssen, und der soziale Typ von höchstem Realismus würde sich in eine tiefsinnige soziale Satire verwandeln.

N. V. GOGOL'

Jetzt, fünfzig Jahre nach dem Tode Gogol's (1852), der sich längst vom verpönten Schriftsteller zum anerkanten 'Ruhmesblatt der russischen Literatur' wandeln konnte und offiziell, von kompetenter Seite bestätigt, in den Rang der 'Väter der realistischen Schule' erhoben wurde – jetzt über Gogol' in einem flüchtigen Feuilleton schreiben, heißt den Autor der *Toten Seelen* zum stummen Opfer einiger Gemeinplätze und banaler Lobsprüche zu machen. Über Gogol' muß man heute Bücher schreiben oder gar nichts schreiben. In der Vorstellung des durchschnittlichen russischen Lesers hat sich um den Namen Gogol's ein Kranz bestimmter Begriffe und Meinungen gewoben: 'ein großer Schriftsteller', 'Begründer des Realismus', 'unvergleichlicher Humorist', 'Lachen unter Tränen' usw. Es genügt, den Namen Gogol's zu nennen, schon taucht er im Bewußtsein auf, umgeben von einem kleinen, aber treuen Gefolge solcher Attribute. Deshalb sollte der Jubiläumsartikel in der Zeitung dem Leser vielleicht nicht mehr als den bloßen Namen des Schriftstellers nennen, dem er gewidmet ist.

Wozu soll man ihn überhaupt schreiben?, wird der Leser fragen. Darauf gibt es mehrere Antworten. Erstens, wie sollte man nicht des großen Schriftstellers gedenken – sei es auch mit banalen Worten –, heute, da seine Werke zum Allgemeingut der Öffentlichkeit werden? Zweitens, hat der Leser die drei, vier Schlagworte richtig im Gedächtnis behalten, mit deren Hilfe die Schule ihn mit Gogol' vertraut gemacht hat? Und drittens, wenn der Leser im Trubel des Alltags diese geheiligten Epitheta nicht vergessen hat, weiß er, was sie bedeuten? Finden sie irgendein Echo in seiner Seele? Hat nicht unsere Schule sie letzten Endes ihres Sinns entleert? Wenn dem so ist, soll man nicht versuchen, sie wenigstens ein bißchen mit Leben zu füllen?

Der Leser könnte das Andenken Gogol's natürlich am besten würdigen, indem er zu diesem ernsten Festtag sein ganzes Werk durchliest. Aber ich weiß nur zu gut, daß der größte Teil des Publikums dies nicht tun wird. Gott sei Dank sind wir, der Leser und ich, aus dem Alter heraus, wo man sich mit Gogol' 'bekannt macht'. Wir erinnern uns, daß ein gewisser Major – hieß er nicht Kovalev? – vorübergehend die Nase verlor, daß Nozdrev einen sehr dünnen Backenbart besaß, daß der Dnepr bei stillem Wetter wunderbar ist, daß der Bei von Algier direkt unter der Nase eine Beule hatte, daß Podkolesin aus dem Fenster sprang, statt zu heiraten, daß Petruška einen besonderen Geruch hatte ...[1] Wissen wir noch etwas mehr? O weh!

Natürlich beeilen wir uns immer, den großen Schriftsteller unserem jüngeren Bruder, dem Neffen oder dem Sohn aufs wärmste zu empfehlen, ziehen es aber selbst vor, den 'Ruhm der russischen Literatur' rein platonisch zu genießen ... Wir sind Barbaren, und wir haben keine echte, tiefe 'kulturelle' Liebe zu unseren Klassikern im Blut.

Gogol' wurde am 19. März 1809 geboren. Er starb am 21. Februar 1852. Gogol' lebte weniger als dreiundvierzig Jahre, viel weniger, als im Interesse der Literatur nötig gewesen wäre. Aber während seines kurzen leidvollen Lebens hat er unendlich viel vollbracht.

Vor Gogol' versuchte die russische Literatur zu existieren. Seit Gogol' existiert sie. Er verhalf ihr dazu, indem er sie für immer mit dem Leben verknüpfte. In diesem Sinn war er der Vater der realistischen oder 'natürlichen' Schule, Belinskij war ihr Pate.[2]

Vor diesen beiden *standen das Leben und die Einsichten, die es hervorbrachte, auf der einen, die Dichtung auf der anderen Seite. Das Band zwischen dem Schriftsteller und dem Menschen war sehr schwach. Die lebhaftesten Leute sorgten sich oft nur noch um Theorien des Stils, sobald sie als Literaten zur Feder griffen, und nicht um den Sinn ihrer Werke. Sie dachten nicht daran, in ihrem künstlerischen Schaffen eine 'lebendige Idee' zu gestalten. An dieser mangelnden Verbindung zwischen den Lebensansichten und dem Werk des Autors krankte unsere gesamte Literatur, bevor der Einfluß Gogol's und Belinskijs sie umformte.*[3]

Selbstverständlich war die satirische Richtung in der russischen Literatur (im weitesten Sinn) stets sehr lebendig, ehrlich und aufrichtig. Nicht in den gereimten Meditationen Lomosonovs über den Nutzen des Glases, nicht im Höhenflug von Deržavins Oden oder in der Rührseligkeit von Karamzins Erzählungen, sondern in der Satire Kantemirs, in den Komödien Fonvizins, in den Fabeln und Satiren Krylovs, in der großen Komödie Griboedovs finden wir lebensnahe Gedanken, mehr oder weniger verkörpert in der künstlerischen Form.[4] Diese Richtung erreichte ihre größte Breite und Tiefe bei Gogol', in dem bedeutenden Gedicht von der *Armut und Unvollkommenheit unseres Lebens.*[5] Die Literatur wurde lebensnah und damit auch national.

Vor Gogol' hatten wir unsere russischen Theokrits und Aristophanes, unsere vaterländischen Corneilles und Racines, unseren Goethe und unseren Shakespeare des Nordens. Nationale Schriftsteller hatten wir fast gar nicht. Selbst Puškin pflegte mitunter die Kunst des Nachahmens und wurde der 'russische Byron' genannt.

Aber Gogol' war einfach Gogol'. Und nach ihm hörten unsere Schriftsteller auf, Duplikate europäischer Genies zu sein. Wir haben 'einfach' Grigorovič, 'einfach' Turgenev, 'einfach' Gončarov, Saltykov, Tolstoj, Dostoevskij, Ostrovskij. Alle leiten sie ihren Stammbaum von Gogol' her, dem Begründer der russischen Erzählung und der russischen Komödie. Nach langen Lehrjahren und einer fast handwerklichen Schulung brachte unser Schrifttum mit den Werken Gogol's sein Meisterstück hervor und schloß sich der Familie der europäischen Literaturen als ebenbürtiges Mitglied an.[6]

Nachdem die nationale Eigenständigkeit unserer Literatur der schülerhaften Nachahmungskunst ein Ende gesetzt hatte, machte sie auch zugleich mit jener kindlichen Volkstümelei Schluß, die so offenkundig eine Maskerade war: diese Volkstümelei behielt ganz ihren nachäffenden Charakter, kleidete sich aber in den russischen Bauernkittel und in Fausthandschuhe.

Mit Gogol' trat die Erzählung in den Vordergrund, diese *Episode aus dem endlosen Gedicht der menschlichen Schicksale.*[7] *Der Roman schlug alles tot, verschlang alles, und die Erzählung, die ihn begleitete, löschte sogar die Spuren von all diesem aus. Da trat der Roman selbst ehrfurchtsvoll zur Seite und gab der Erzählung den Weg frei.*[8] Bis dahin konnten wir Oden, Tragödien, Phantastereien, Idyllen machen, alles, was beliebte. Es störte uns nicht, daß das Leben keinen Stoff für Tragödie und Ode hergab. Gegenüber dem Leben genoß unser Schrifttum volle Autonomie.

Von nun an beginnt die Wirklichkeit ein zweites Leben zu leben – in der realistischen Erzählung und der Komödie, besonders in ersterer. Die Erzählung ist *unser täglich Brot, unser Handbuch, das wir lesen, wenn wir nachts die Augen schließen, und lesen, wenn wir sie am Morgen öffnen.*[9] Marlinskij war der 'Anstifter' der russischen Erzählung, Gogol' ihr Schöpfer und Belinskij ihr Deuter.[10]

Was gab der Gogol'schen Erzählung die Vormachtstellung im Streit der literarischen Gattungen? Die künstlerische Treue zur Wirklichkeit. Was ist eine Gogol'sche Erzählung? *Ein komisches Spiel, das mit Dummheiten beginnt und mit Tränen endet und das sich schließlich Leben nennt.*[11] Genau das: *Leben.*

Eben darum hatte dieses erbitterte Aufeinanderprallen der Meinungen, Streitgespräche und Unstimmigkeiten, die sich am Namen Gogol's entzündeten, einen sehr viel allgemeineren Charakter als der Kampf zwischen den Überbleibseln eines verlogenen Klassizismus und einer Pseudo-Romantik auf der einen und dem Realismus auf der anderen Seite. Aber erlauben Sie mir beiseitezutreten, um dem genialen Kritiker das Wort zu geben, der Taufvater der zeitgenössischen russischen Literatur war.

Das ununterbrochene Gerede über die 'Toten Seelen' und der Streit darüber in der Öffentlichkeit, diese begeisterten Lobsprüche und das erbitterte Schimpfen in den Zeitungen, geweckt durch das neue Schaffen Gogol's, ist das nicht eine Lebenserscheinung, eine sowohl literarische als auch gesellschaftliche Frage? Sind nicht außerdem dieser ganze Lärm und dieses Geschrei das Resultat eines Zusammenstoßes alter Grundprinzipien mit neuen, ein Kampf zweier Epochen? Alles, was bei seinem Erscheinen auf Anhieb Erfolg hat, begrüßt und begleitet von uneingeschränktem Lob, kann nicht wichtig und groß sein: wichtig und groß kann nur sein, was die Meinungen der Menschen teilt, was im Kampf wächst und erstarkt, was sich in einem lebendigen Sieg über lebendigen Widerstand bestätigt – sei es beim Zusammenstoß der Geister einer Zeit, sei es beim Kampf der alten Prinzipien mit den neuen.[12]

Wir können uns nur schwer, fast überhaupt nicht vorstellen, welchen Eindruck die *Toten Seelen* in jener düsteren und stumpfen Zeit gemacht haben müssen.

Plötzlich ein Ausbruch von Lachen, schreibt Gercen in einem Brief an Ogarëv, *eines seltsamen Lachens, eines schrecklichen, krampfhaften Lachens, in dem auch Scham und Gewissensbisse waren. Vielleicht nicht ein Lachen vor dem Weinen, sondern ein Weinen vor dem Lachen. Die abstoßende, häßliche, enge Welt der 'Toten Seelen' hielt nicht stand, sie sank und begann sich zurückzuziehen*[13] – übrigens ohne überflüssige Hast.

Vielleicht nicht ein Lachen vor dem Weinen, sondern ein Weinen vor dem Lachen, sagt Gercen. Das ist kein bloßes phraseologisches Manöver, dahinter steht ein Gedanke. Jetzt, da *die abstoßende, häßliche und enge Welt* der *Toten Seelen* wirklich in sich zusammengesunken ist, sind wir nicht mehr so krankhaft feinfühlig in bezug auf ihre Häßlichkeit und hören deshalb in dem großen Poem am deutlichsten das Lachen. Aber zu der Zeit, als der lebendige Sobakevič noch jedermann auf die Füße trat und sich durchaus nicht immer entschuldigte, da stand der tragische Charakter des Bildes im Vordergrund.[14] Bei den besten Menschen rief es Tränen hervor, Tränen einer ohnmächtigen Empörung. Und diese Tränen gingen in ein hysterisches Lachen über. Nur für Leute vom Schlage des Generals Betriščev konnte Gogol' der Schriftsteller für das 'humoristische Ressort' sein.[14]

Die *abstoßende Welt* der *Toten Seelen* begann sich zurückzuziehen. Aber ist sie ganz gewichen, hat sie den Platz von Abfall gesäubert für die Keime des neuen Lebens?

Die Antwort ist sehr klar. Die Leibeigenschaft, d. h. die soziale Grundlage der Welt der *Toten Seelen,* ist aufgehoben, aber zahllose Überreste haben sich davon in Sitten und Institutionen gehalten, breite gesellschaftliche Gruppen atmen noch ihre Luft, und eine ganze Reihe gesellschaftlicher Erscheinungen gedeiht vor unseren Augen durch die Kraft des Atavismus der Leibeigenschaft.

Wir erinnern uns, daß der unmittelbare Nachfolger Gogol's, der Autor der *Zeitgenössischen Idylle,* die Gogol'schen Figuren zur Personifikation unseres durch Reformen gewandelten Lebens benutzt hat.[15] Kann man sagen, daß diese Figuren heute nur noch künstlerisch interessant sind? Wenn es nur so wäre! ... Und deswegen ist die tragische Seite des *Revisors* und der *Toten Seelen* immer noch lebendig.

Wie viele Vorwürfe mußte sich Gogol' anhören, weil er stets die

Unvollkommenheit unseres Lebens, die Armut und nochmals die Armut darstellte.[5] Wenn er bewußt den ganzen Sinn und die ganze Tragweite seines Schaffens erfaßt hätte, wäre er von diesen Vorwürfen unberührt geblieben. Im Gegenteil, sie hätten ihm mehr Kraft und Sicherheit gegeben: was soll man tun, hätte er gesagt, wenn der Sklavengeist der Leibeigenschaft und der bürokratischen Willkür gerade diese *Armut und Unvollkommenheit* hervorbringt? Aber Gogol' – wir kommen später noch darauf zurück – rang sich nicht zu einer wirklich kritischen Sicht der damaligen gesellschaftlichen Struktur durch. Er lehnte sich nicht gegen ihre Grundlagen auf, ihre Prinzipien hielt er für geheiligt. Mußte es ihn nicht selbst verwundern, daß aus diesen unantastbaren Grundlagen und geheiligten Prinzipien nichts als *Unvollkommenheit und Armut* flossen?

Daher dieser seltsame lyrische Ausbruch am Ende des ersten Bandes der *Toten Seelen,* wo das alte Rußland mit einer ungestüm dahinfliegenden Troika verglichen wird ... Daher die totgeborenen Pläne, die in der Ankündigung zum Ausdruck kamen, ein Bild des *heldenmütigen russischen Mannes* und der *wunderbaren slawischen Jungfrau* zu zeichnen.[16]

Als Realist bis in die kleinste Faser seines künstlerischen Nervs konnte Gogol' keinen Erfolg bei der Schaffung 'positiver' Typen haben, so wie dieser Erfolg dem Leben selbst auch verwehrt war, wenigstens in Sphären, die der Literatur zugänglich waren und im Gesichtskreis der Kunst Gogol's lagen. War er nicht im voraus zum Mißerfolg verurteilt, als er angesichts der deprimierenden Ärmlichkeit des Lebens beabsichtigte, den großen Helden und die ungewöhnliche Jungfrau auf seine eigenen Schultern zu heben, Gestalten, die es bei anderen Völkern auch nicht gibt? O weh! Die Čičikovs, Manilovs, Pljuškins und bestenfalls Tentetnikovs hielten Schulter an Schulter die Stellung und gedachten sie weder im realen Leben, noch in der realistischen Literatur aufzugeben.[17] Aus welchem Geschlecht sollte der große Held hervorgehen? Aus dem der Čičikovs, Manilovs, Pljuškins, Nozdrevs? Was für eine Luft sollten seine Lungen atmen? Die Luft der Leibeigenschaft? Wessen Tochter sollte die wunderbare Jungfrau sein?

Die lebende, oder richtiger, die tote Wirklichkeit gab auf diese Fragen keine Antwort. Den ruhmreichen Helden konnte man nicht künstlerisch nachbilden, man mußte ihn erdichten. Und wer mußte diese Aufgabe übernehmen? Gogol' – der sich gleich dem Riesen der griechischen Mythologie nur so lange unbesiegbar fühlte, bis er sich vom Boden entfernte.[18] Deshalb die Falschheit solcher Gestalten wie Murasov, Kostanžoglo . . .[17] Wundert es, daß die gigantischen künstlerischen Pläne des Dichters in der Asche des zweiten Teils der *Toten Seelen* begraben liegen?

Gogol' begann seinen großen Dienst an der russischen Literatur mit den *Abenden auf dem Vorwerk,* dieser Jugendschöpfung, heiter, rein und hell wie ein Frühlingsmorgen, diesem 'fröhlichen Lied auf dem Fest des noch unerforschten Lebens'. Er erhob sich dann zur großen Komödie und dem unsterblichen Poem auf das Beamten- und Gutsbesitzerrußland und endete mit dem schwerfälligen und beschränkten Moralismus des *Briefwechsels mit Freunden.*[19] Es scheint, daß es keine psychologische Brücke zwischen dem Anfangs- und dem Endpunkt dieses Weges gibt.

Von dem jungen Imker, der, das linke Auge leicht zugekniffen, mit geschäftiger Miene von Pacjuk erzählt, der mit dem Teufel verwandt ist[20], bis zu den *Toten Seelen* vollzieht sich ein normaler psychologischer Übergang: diese Momente verhalten sich zueinander wie Jugend und Reife des dichterischen Genies.

Aber wie soll man den Übergang im weiteren vollziehen: von dem Realisten Gogol' zum Mystiker Gogol', von dem tief menschlichen Dichter zum engstirnigen Asketen und Moralisten? Wie ist das heitere Element seines Geistes mit jenem Zustand der letzten Lebensjahre zu verbinden, den Gogol' selbst als *hohen lyrischen Aufschwung* bezeichnete, der aber in Wirklichkeit – um mit den Worten eines älteren gescheiten Artikels zu sprechen – *ein deplacierter und plumper Idealismus* war?[21]

Gogol' hat gründlich den psychologischen Mechanismus der untätigen Träumerei und der sentimentalen Beschränktheit studiert und uns darüber in der Gestalt des Manilov aufgeklärt. Er hat, nach den Worten von Orest Miller, *den Manilovismus in der russischen Literatur ein für allemal vernichtet.*[22] Wie ist es nun möglich, daß Gogol' in seinem unglückseligen *Briefwechsel mit Freunden* als Verkünder eines mystisch-moralischen Manilovismus auftritt?

Im Brustton der Überzeugung beginnt er, allen und jedem erstaunlich inhaltslose, triviale Ratschläge zu geben: der Frau des Gouverneurs, wie man die Gesellschaft durch beispielhafte Bescheidenheit in der Kleidung erneuert, dem Gouverneur, daß es zum Wohl der Bürger unumgänglich ist, gesittete Beamte in der Gouvernementsverwaltung zu haben. Dem Gutsbesitzer rät er, die bestmöglichen Beziehungen zu den Bauern herzustellen – auf der unantastbaren Grundlage der Leibeigenschaft. Wie ist es möglich, daß der Menschenkenner, der Humorist, der Realist Gogol', der die russische Gemeinheit, Borniertheit, Faulheit, den Manilovismus zur Hinrichtung geführt hat, solche beschränkten, quietistischen, manilovschen Ratschläge erteilt?

Dieser frappierende Zwiespalt zwischen dem Künstler Gogol' und dem Moralisten Gogol' veranlaßt viele, sich der Psychiatrie zuzuwenden, um Material für Erklärung und Ausgleich der Differenzen zu erhalten. Gogol' selbst hat sich beklagt, daß man ihm bezüglich des *Briefwechsels mit Freunden fast ins Gesicht sagte, er habe den Verstand verloren, und ihm Rezepte wegen geistiger Zerrüttung verschrieb.*[23]

Auch heute werden späte Versuche unternommen, eine Diagnose der Geisteskrankheit des leidenden Schriftstellers zu machen. Man möchte die Widersprüche und Seltsamkeiten seiner Briefe und Werke, seine düstere Stimmung und die *Zwangsideen mystischen Charakters* in die eine oder andere klinische Kategorie *depressiver Psychosen* einordnen.[24] Wir wollen diese Versuche nicht auf ihren Gehalt prüfen, vor allem, weil sie jenseits der uns interessierenden literarhistorischen Frage liegen.

Fällt auch der Seelenzustand der letzten Lebensjahre unseres großen Schriftstellers in die Kompetenz der Psychologie oder Psychopathologie, so löst dies keineswegs das Problem: wie und warum wurde der realistische Künstler zum mystischen Prediger? Nicht der psychiatrische, sondern der sozialhistorische Blickpunkt hilft uns auf den richtigen Weg.

Denken wir nach: wie kam Gogol' zu seiner moralistischen Philosophie? Kraft seiner künstlerischen Intuition zerschlug er das Bollwerk der alltäglichen Barbarei und Greuel, der zur Gewohnheit gewordenen Verbrechen und der hartnäckigen Gemeinheit – einer Gemeinheit ohne Ende.

Alles, was sich in Jahrhunderten angehäuft hatte, von Staub bedeckt, durch Gewöhnung gestärkt und von mystischer Sanktion gekrönt wurde, Gogol' wendete es um, kehrte es nach oben, entblößte es und gestaltete es zu einer Herausforderung an Verstand und Gewissen. Diese Arbeit leistete er unreflektiert und unsystematisch: sein schöpferisches Genie packte die Wirklichkeit mit nackten Händen.[25]

Als sich die 'Untergrundtätigkeit' des Bewußtseins in einer Reihe von Figuren – unsterblich wie die Wahrheit – objektivierte, standen diese vor dem Intellekt des Künstlers als objektive Fragen der Sphinx des Lebens.

Welche Rolle spielte der Intellekt Gogol's? Man darf nicht vergessen, daß Gogol' zu einer Zeit lebte, da sich in unserer Gesellschaft noch keine 'intellektuelle' Atmosphäre etabliert hatte, da Fragen der Weltanschauung des Bürgers der Literatur völlig unzugänglich waren und kaum einen Diskussionsgegenstand für die Zirkel darstellten. In den zwanziger Jahren, als Gogol' noch ein Junge war und in der Provinz lebte, begann sich in den besten 'gesellschaftlichen' Kreisen der Hauptstadt eine Weltanschauung herauszuarbeiten, die man im heutigen journalistischen Jargon als 'progressive gesellschaftliche Ideologie' bezeichnen kann. Aber in der Mitte des Jahrzehnts wurde diese Tätigkeit auf geradezu mechanische Weise unterbrochen. In den dreißiger Jahren erschienen wieder Oasen der Intelligenz, aus denen die besten Kräfte der folgenden Epoche hervorgingen. Aber bevor Gogol' zu diesen Gruppen stieß, konnte er sich schon als Autor der *Abende auf dem Vorwerk* auszeichnen und in dem Zirkel Puškins auftreten, der ihm eine große Stütze als Künstler war, ohne jedoch seinen gesellschaftlichen Horizont im mindesten zu erweitern. Dazu kommt, daß Gogol' von 1836 an fast ständig im Ausland war, auch dort ein sehr zurückgezogenes Leben führte und nur mit wenigen Leuten in Kontakt stand, deren Ansichten zudem ebenso bar jedes kritischen Elements waren wie die seinen.

Und nun fand sich der Intellekt Gogol's unvorbereitet und schlecht ausgerüstet angesichts einer Masse untereinander verflochtener Fragen, die er durch sein Schaffen selbst aufgeworfen hatte – und das empfindsame Gewissen gab dem Verstand keine Ruhe. Es mußte unbedingt eine Lösung gesucht werden, und dies mit Hilfe jenes jämmerlichen Denkstils, der der Tradition entsprechend als ein geschlossener und absoluter übernommen wurde und der keine Zweifel zuließ.

Der Intellekt, in sich ohne Rückhalt, brauchte dringend eine Autorität außerhalb, um mit der zerstörerischen Arbeit des unmittelbaren Schaffens fertigzuwerden. Eine solche Autorität fand sich in dem Moralkodex, der ihm in der Kindheit eingeprägt wurde und durch Erinnerungen geheiligt war. Wie man sieht, besteht gar kein Grund, das Seelenleben Gogol's in zwei Hälften zu spalten und zu ihrer Überbrückung die Psychopathologie zu bemühen.

Die mystisch-moralische Haltung des großen Schriftstellers gegen Ende seines Lebens war das Ergebnis einer Entwicklung von Thesen, die ihm durch die traditionelle Erziehung eingeimpft worden waren. Sein eigenes künstlerisches Schaffen gab ihm das Bedürfnis, das Leben richtig zu erfassen. Als Antwort auf die Fragen des sensiblen Gewissens macht Gogol' krankhafte Anstrengungen, alle die archaischen Prinzipien miteinander in Einklang zu bringen, die, von Generation zu Generation weitergegeben, der Mehrheit eine platonische Verehrung abnötigten, aber von niemandem auf das Leben angewandt werden.

Man kann sich vorstellen, wie falsch die Ergebnisse der künstlerischen Intuition mit dem Blick auf diesen altersschwachen Moralkodex eingeschätzt werden mußten, welche engstirnige und kindlich-naive Lösung die gesellschaftlichen Fragen erfuhren.

Nehmen wir die Komödie *Der Revisor,* eine Art 'Poem' auf das provinzielle Beamtentum. Skvoznik-Dmuchanovskij ist ein durchtriebener Gauner und Kriecher, veruntreut Staatsgelder und ist bestechlich.[26] Das Schlimmste ist natürlich, daß dies *bei ihm nicht einfach ein Laster ist, sondern eine moralische Entwicklung darstellt, seine höhere Vorstellung von den eigenen objektiven Pflichten.*[27] Seine moralische Verkommenheit ist die einfache logische Folge der bekannten gesellschaftlichen Voraussetzungen. Darin liegt, um die Terminologie jener Zeit zu benutzen, das 'Pathos' seiner Gestalt.

Natürlich werden in der Komödie Schlußfolgerungen und längst überholte Regeln bürgerlicher Wohlanständigkeit angeboten, die es verbieten, Bestechungsgelder anzunehmen und die Staatskasse zu plündern. Nach der ganzen Art seiner Auffassung konnte Gogol' nicht den gesellschaftlichen Wert und historischen Sinn dieser Schlußfolgerungen begreifen. Er fürchtete sich vor ihnen. Resultat dieser Angst ist der Versuch einer mystisch-moralischen Deutung dieser zutiefst realistischen gesellschaftlichen Komödie. Es zeigt sich, daß die Stadt, um die es in der Komödie geht, unsere verderbte Seele ist. Die betrügerischen Beamten sind unsere gemeinen Leidenschaften. Chlestakov ist das falsche, käufliche, weltliche Gewissen. Und der Gendarm, dieser vaterländische Deus ex machina, diese Figur der Vorsehung, die durch ihr prosaisches Erscheinen tausend Dramen und Komödien des Lebens auflöst – der Gendarm erweist sich als Bote des schrecklichen Richters, des wahren, unerbittlichen Gewissens.[28]

Diese farblos-didaktische Interpretation verpflichtete niemanden und zu nichts. Sie hat aber auch die 'gärende' Kraft der Komödie nicht im mindesten schwächen können.

Dasselbe gilt für die anderen Werke. Sie schufen im Gesellschaftsbewußtsein ein zusammenhängendes Gedankengebäude, das weit über den gesellschaftlichen Horizont Gogol's selbst hinausragte. *Hinter den abscheulichen Fratzen sehen sie* (die nachdenklichen Leser) *andere, wohlgestaltete Gesichter; diese schmutzige Wirklichkeit führt sie zur Schau einer idealen Wirklichkeit, und das, was ist, zeigt ihnen klarer das, was sein soll.*[29]

Worin sieht z. B. Belinskij – und mit ihm wie nach ihm der beste Teil der Gesellschaft – das 'Pathos' der *Toten Seelen*, die Grundidee des Werks? *Im Widerspruch der gesellschaftlichen Formen des russischen Lebens mit seiner substantiellen Basis, die noch im Verborgenen liegt, die sich dem eigenen Bewußtsein noch nicht erschlossen hat und die sich nicht in Worte fassen läßt.*[30] Wenn man diesen Satz aus der eisernen Umklammerung hegelianischer Phraseologie befreit, erhält man einen ebenso einfachen wie tiefen Gedanken: die Grundidee des Werks ist der Widerspruch der verfestigten, erstarrten Formen des russischen Lebens mit seinem fließenden Inhalt, der Probleme aufwirft, für die der alte Rahmen zu eng ist.

Die Strömung dieser *substantiellen Basis* führte seinerzeit zur Abschaffung der Leibeigenschaft und zu einer Reihe anderer gesellschaftlicher Veränderungen und hat sich bis heute nicht erschöpft.

Das Gogol'sche Werk nimmt in diesem Strom nicht den letzten Platz ein.

Mit welcher Beharrlichkeit und Aufrichtigkeit Gogol' auch in der Folge wiederholte, er sei durchaus nicht dazu geboren, in der Literatur Epoche zu machen, sondern die Seele zu retten – es läßt sich nicht rückgängig machen: Gogol' schuf eine Epoche, Gogol' schuf eine Schule, Gogol' schuf eine Literatur.

Gewiß, es ist nicht zu bezweifeln, daß der ruhmreiche Schriftsteller sich in vielem geirrt hat. Keinem der zahllosen Akakij Akakievič aus dem *Briefwechsel mit Freunden* konnte der Mantel ersetzt werden ... und die Akakij brauchen ihn so sehr.[31] Aber wer wird es heute wagen, den Stein der Mißbilligung auf den großen Märtyrer des Gewissens zu schleudern, der so leidenschaftlich die Wahrheit suchte und zum Lohn für solche Leiden auf den Irrweg geriet?

Wenn er versucht hat, den gesellschaftlichen Aspekt der eigenen Werke herunterzuspielen, indem er ihnen eine unpersönliche, moralistische Deutung gab, so möge man es ihm nicht übel anrechnen. Wenn er durch seine Publizistik einen jener Schwachen verführt hat, so möge man ihm verzeihen!

Aber für seinen großen, unschätzbaren Dienst am künstlerischen Wort, für den hohen menschlichen Einfluß seines Schaffens sei ihm ewiger, unvergänglicher Ruhm!

ÜBER ARTHUR SCHNITZLER

> Es fließen ineinander Traum und Wachen,
> Wahrheit und Lüge. Sicherheit ist nirgends.
> Wir wissen nichts von anderen, nichts von uns:
> Wir spielen immer, wer es weiß, ist klug.[1]

Arthur Schnitzler gewinnt in unserer Literatur allmählich ein festes Profil. Seine Trilogie erschien in drei verschiedenen Ausgaben, von denen eine wirklich gar nichts taugt; aber so sind ja allgemein die Übersetzungen unseres Vaterlands.[2] Im Dezember des vergangenen Jahres 1901 brachte der *Mir Božij* eine Übersetzung von Schnitzlers Schauspiel in drei Akten *Freiwild,* das 1896 geschrieben wurde.[3] In diesem Jahr stellte dieselbe Zeitschrift ihren Lesern Schnitzlers große Erzählung *Sterben* vor, die schon sieben Jahre zuvor im *Vestnik Inostrannoj Literatury* veröffentlicht worden war.[4] Neben den Übersetzungen, die über mehrere Zeitschriften verstreut sind, besitzen wir eine Ausgabe der Novellen Schnitzlers. Kürzlich erschienen als Büchlein seine vier Einakter *Lebendige Stunden,* von denen drei schon vorher als Übersetzungen im Feuilleton der Moskauer Zeitung *Kuŕer* erschienen waren. Der Wiener Schriftsteller hat also Ansehen bei uns erworben.

Arthur Schnitzler ist für europäische Verhältnisse ein noch junger Autor: er ist vierzig Jahre alt (1862 geboren). Wie unser Čechov ist er seiner Ausbildung nach Arzt und übt diesen Beruf zum Teil auch aus.[5] Wenn wir dem hinzufügen, daß Schnitzler ein sehr talentierter Schriftsteller ist, so ist dies wohl auch alles, was ihn mit Čechov verbindet. Eine große Popularität umgibt Schnitzler neuerdings in Europa.

Wir begannen im letzten Jahr auf den begabten Wiener aufmerksam zu werden, zur Zeit der berühmten Affäre um den tapferen österreichischen 'Leutnant Gustl', dessen Stolz Schnitzler mit seiner Feder verletzt hatte.[6]

Vielleicht erinnern Sie sich, wie vortrefflich der verstorbene G. I. Uspenskij das Berlin der Kriegszeit charakterisiert. *Auf Schritt und Tritt, in jedem Augenblick sieht man schwere Degen, Sporen,*

Helme, zwei Finger an der Mütze, unter der im steifen Kragen die selbstzufriedene Physiognomie des Siegers hervorschaut: hier wird salutiert, da ist Wachablösung, dort fuchtelt jemand wie verrückt mit dem Gewehr und entfernt sich sodann stolzen Blickes ... In den Auslagen der Geschäfte findet man den Sieger in vielerlei Gestalt: wie er dem Franzosen den Bauch aufschlitzt und dann, nach Hause zurückgekehrt, seine Familie umarmt; die Backenbärte der Helden sind ganz und gar nicht nach der richtigen Seite gekämmt. Bei manchen Figuren ist allein das Gesicht ein Arschin groß (aus Marmor oder Metall), wobei der Schnurrbart einen wie Stierhörner aufspießen und auf der Stelle töten möchte [...] Aber das Wesentlichste ist der feste Glaube an die eigene Sache, die Überzeugung, daß Stierhörner anstelle von Schnurrbärten eine reinere Schönheit darstellen als die der schönen Helena.[7]

In Wien ist das Bild nicht viel anders. Die gleichen *Stierhörner* statt Schnurrbärte (nur ein bißchen dünner) und die gleiche Überzeugung von ihrer absoluten Unwiderstehlichkeit. Die kleine Bombe Schnitzlers rief in diesem Milieu eine schreckliche Erschütterung hervor. Die Empörung hatte kein Ende. Der Ehrenrat lud den unverschämten Schriftsteller, der im Offiziersrang stand, vor, damit er Rede und Antwort stehe. Schnitzler erschien nicht. Er mußte angenommen haben, daß der Rang eines österreichischen Offiziers seinen Trägern keineswegs die Rechte und Pflichten der Literaturkritik auferlegt. Die Schamlosigkeit des Schriftstellers wurde bestraft; man erkannte ihm den Offiziersrang ab, den er nicht zu ehren gelernt hatte.

Sicher irren wir nicht, wenn wir sagen, daß dieses so geräuschvolle Zusammenprallen der 'natürlichen Rechte' des Künstlers mit den despotischen Forderungen einer Kaste bei uns sogleich die Chancen des Wiener Schriftstellers steigen ließ. Wir sind vielleicht noch weitergegangen und haben die Weltanschauung des jungen Autors mit uns sympathischen bürgerlichen Farben ausgemalt. Wir haben uns geirrt. Schnitzler ist ein Ästhet und nichts als ein Ästhet. Wenn er gegen die Korporationsehre der Leute vom Schlage des Leutnant Gustl auftrat, so vor allem als Künstler: es ist für ihn nicht akzeptabel, daß die prätentiösen Stierhorn-Schnurrbärte nur Stierhorn-Schnurrbärte sind und keinerlei Schönheit in sich tragen. Man nehme zum Beispiel eben diesen Leutnant Gustl mit seiner herrlichen Verachtung für die Zivilisten, für all jene kleinkarierten *Sozialisten,* die *am liebsten gleich 's ganze Militär abschaffen möchten; aber wer ihnen dann helfen möcht', wenn die Chinesen über sie kommen, daran denken sie nicht. Blödisten!*[8] Schnitzler schickt den tapferen Leutnant auf einen Spießrutenlauf durch ein Spalier humoristischer Betrachtungen, in denen sich die Hitzigkeit des jungen Kriegers mit den Vorstellungen der Kastenehre und der sehr 'zivilen' Feigheit angesichts des Todes vermischen.

Viel ernster werden die Fragen der Kastenehre in dem früher geschriebenen Schauspiel *Freiwild* berührt. Da ist der Leutnant Vogel, der mit allen Zivilisten *mit leichter, etwas ironischer Herablassung* spricht.[9] Da ist der Oberleutnant Karinski, der schon in der bloßen Existenz des 'zivilen' Teils der Welt einen Anschlag auf seine Offiziersehre sieht, der spricht, um zu beleidigen, und beleidigt, um zu töten. Der beste unter ihnen ist Oberleutnant Rohnstedt, der nur in den allerpathetischsten Augenblicken fähig ist, sich ein wenig über den Horizont des Korporationsgeistes zu erheben (*Lassen Sie uns einfach als Menschen zueinander sprechen,* schlägt er vor).[10] Das sind die Vertreter der Kaste. Das Duell ist höchste moralische und philosophische Instanz; der Pistolenschuß ist Argument – so ist die Atmosphäre. Das absurde, unsinnig grausame Töten ist tragisches, aber natürliches Finale.

Es scheint, die Fesseln der soldatischen Kastenmoral sind für Arthur Schnitzler das einzige gesellschaftliche Objekt seines Protestes als Künstler. Wenn Schnitzler diesem Problem zwei Werke widmet, so deshalb, weil es zu deutlich jenes Milieu beherrscht, in dem er lebt und atmet. In allem übrigen, was aus seiner Feder fließt, geht er nicht über individuell-psychologische Probleme hinaus.

Halbe Liebe mit den darauf gedeihenden ästhetischen Kombinationen; Kunst als Selbstzweck im Dienste der Schönheit; Furcht vor dem Tode, die allen Freuden des Daseins eine besondere, fast krankhafte Intensität verleiht – das ist die Dreieinigkeit des künstlerischen Glaubensbekenntnisses von Arthur Schnitzler. Und wenn dies ausreicht, das dekadente Kunstschaffen zu kennzeichnen, dann kann man die Behauptung von Bartels bejahen, wonach Arthur Schnitzler unzweifelhaft ein *Decadent* ist.[11]

Schnitzler betrachtet das Leben mit den Augen eines feinnervigen, kultivierten Bonvivant: er sucht Genüsse, vor allem Genüsse. Aber er ist ein Mann von hoher, wenn auch widernatürlicher Kultur des Geistes. Auf die sogenannten 'einfachen', 'gesunden' Freuden des kleinbürgerlichen Herzens und des kleinbürgerlichen Magens reagiert er mit dem legitimen Ekel des aristokratischen Ästheten (s. z. B. *Paracelsus* in der Trilogie). Mit dem Mystizismus hat er längst Schluß gemacht und sich kritisch folgerndes Denken angeeignet. Er glaubt nicht an die geheiligten Grundpfeiler der bürgerlichen Zivilisation, weil er es versteht, sie mit Abstand zu betrachten und ihres aus Egoismus und Heuchelei gewebten Paraderocks zu entkleiden. Er kennt den Wert der verlogenen kleinbürgerlichen Tugend, denn er hat den verseuchten psychologischen Grund bloßgelegt, der sie hervorbrachte. Aber er nimmt nicht den Kampf auf, weder gegen den Mystizismus, noch gegen die bürgerlichen Fundamente oder die kleinbürgerliche Tugend. Wozu?

Wir spielen immer, wer es weiß, ist klug. Und Schnitzler *ist klug*. Er möchte sein Spiel angenehm und schön spielen, das ist alles. Andere Aufgaben stellen sich ihm nicht. Zum Leben steht er wie zu der Geliebten und zur Geliebten wie zum Leben: nur recht viel Genuß, Freude, Schönheit! Möglichst viele kapriziöse Variationen auf immer das gleiche alte, aber nie seinen Reiz verlierende Thema der Liebe! Wozu unerfüllbare Forderungen erheben und nicht zu beantwortende Fragen stellen? *Das hübscheste Mädchen Frankreichs kann nicht mehr geben, als es hat.*[12] Genauso ist das Leben. *Wer es weiß, ist klug.*

Und dann – vergeßt den Tod nicht, den Tod, der unseren Genüssen einen besonderen tragischen Glanz gibt, der sie noch zauberhafter und wahnsinnig begehrenswert macht! Durst, unstillbares Verlangen nach den Zärtlichkeiten einer Frau und dem Rausch der schöpferischen Ekstase – *das ist eine Welt, das ist deine Welt!*[13]

Ist dies nun die Philosophie des Quietismus? Ja, solange vom Schicksal der Nation, der Gesellschaft, der Menschheit die Rede ist. Aber in den vier Wänden der persönlichen Existenz erklärt diese 'Metaphysik' eine äußerst lebendige Aktivität. Zünde die Zigarre deines Lebens von zwei Seiten an, lehrt sie die Eingeweihten. Runde den Besitz deiner Gefühle ab! Fürchte dich nicht vor begrenzenden Fiktionen, die nur für Sklavenseelen Wirklichkeit haben! Moral, Recht, Religion? Spiel, einzig und allein Spiel! Noch einen Schritt nach unten, und wir betreten das Reich des Lumpenproletariats und stimmen ein in seinen Schlachtruf 'Plündert das Leben!'. Einen Schritt nach oben, und wir sind befreit von allem *Menschlich-Allzumenschlichen*[14] und erweisen uns als die Geisteskinder Zarathustras. Das ist kein zufälliges Zusammentreffen: hier sieht man den Finger des sozialen Schicksals.

Das ganze Werk Schnitzlers spiegelt die Haltung des gebildeten 'Aristokraten', des europäischen Intellektuellen. Wer ist der Held der Schnitzlerschen Werke? Der Schriftsteller, der Schauspieler, der Maler, der Professor, der Schriftsteller und nochmals der Schriftsteller; kurzum: eine Persönlichkeit, der die besondere Beschaffenheit ihrer Gehirnwindungen das 'Recht' gibt, mit dem gleichen intellektuellen und ästhetischen Ekel auf die Gipfel der Plutokratie wie in die sozialen Niederungen zu blicken. Die einen wie die anderen sind ungeachtet ihrer Gegensätzlichkeit zu grob, zu konkret in ihren gesellschaftlichen Forderungen, um sich zur raffiniert-wollüstigen Sicht des Lebens als Spiel aufzuschwingen (oder zu ihr hinabzustürzen?). Die antimoralische Moral Nietzsches ist die Philosophie der gleichen 'Intellektuellen', nur widernatürlich verzerrt im Hohlspiegel eines kranken Bewußtseins.

Das Leben ist ein Schaukelspiel unbeständiger Kräfte. *Gut und böse und Lust und Leid und Ich und Du,* hätte Schnitzler mit den Worten Zarathustras sagen können, *farbiger Rauch dünkte mich's vor schöpferischen Augen.*[15] Vergangenheit, Gegenwart und Zukunft sind ein Spitzengewebe aus Traumvisionen. Die Wahrheit? Wo ist sie? Wozu wäre sie nütze? Es gibt etwas Wichtigeres als die Wahrheit, sagt uns Schnitzler-Paracelsus, das ist der Reiz, der dem Augenblick genügt. *Nur der Augenblick ist unser – und der flattert schon davon. Bedenkt dies Eine nur: daß jede Nacht uns zwingt hinabzusteigen in ein Fremdes, entledigt unsrer Kraft und unsres Reichtums, und alles Lebens Fülle und Verdienst von weit geringrer Macht sind als die Träume, die unserm willenlosen Schlaf begegnen.*[16]

Dieser Philosophie tritt mit glühendem Protest der Waffenmeister Cyprian entgegen, der den kleinbürgerlichen Rationalismus verkörpert. Er ist überzeugt, fest überzeugt, daß Paracelsus' Reden eine Verleumdung des Universums sind. Traumvisionen? Aber sie suchen uns doch nur in der Nacht auf; und am Tage, wenn Gottes Sonne scheint, ist alles so klar, so sicher. Dieses Haus – es geht nun schon drei Jahrhunderte von Generation zu Generation über und gehört jetzt ihm, Cyprian. Ist das nicht etwas Sicheres? Ist er, Cyprian, nicht etwa ein guter Meister, ein guter Bürger und ehrenvolles Mitglied des Baseler Magistrats? Oder Justina, ist sie ihm nicht eine Frau, dankt sie nicht täglich dem Himmel für ihre Wahl? *Ja! Euresgleichen,* sagt er zu Paracelsus, *möchte freilich gern die Grenzen löschen zwischen Tag und Nacht und uns in Dämmerschein und Zweifel stellen.*[17] Aber Cyprian ist zu tief der Wirklichkeit verhaftet. Er fürchtet sich nicht vor Erinnerungen oder Träumereien. Er und seine Frau leben nur in der Gegenwart, der klaren, deutlichen, untrügerischen Gegenwart ... Wirklich?

Um die ganze Gespenstigkeit der Beziehungen aufzudecken, die sich im Hause Cyprians gebildet haben, greift Schnitzler – wie wir sehen werden, nicht zum erstenmal – zu einem heroischen Mittel: der Hypnose. Unter der suggestiven Einwirkung Paracelsus' behauptet Justina, eine Nacht in den Armen des jungen Adligen Anselm verbracht zu haben. Ihre Worte sind so überzeugend, daß Paracelsus selbst zu schwanken beginnt: was, wenn er diese Wahrheit nur in ihrem Herzen wachgerüttelt hat? Der Ehemann ist entsetzt ... Eine neue Séance. Dem Hypnotiseur gehorchend, beginnt Justina die Wahrheit zu sagen, die ganze Wahrheit und nichts als die Wahrheit. Sie erzählt, wie leidenschaftlich sie Paracelsus geliebt hat, der damals noch der Student Hohenheim war, wie lange sie von diesen Erinnerungen lebte, wie sehr sie in ihren Träumen lebt. Sie, die ehrenwerte und scheinbar so ausgeglichene Frau des Waffenmeisters, hat in Wirklichkeit noch nicht mit Anselm gesündigt, aber sie war so nahe, so nahe daran. Unter der ersten Suggestion durch Paracelsus verwandelte sich für sie nur das in Wirklichkeit, was in ihr als nahe Möglichkeit lebte. *Es fließen ineinander Traum und Wachen, Wahrheit und Lüge. Sicherheit ist nirgends. Wir wissen nichts von anderen, nichts von uns.*[18]

Der vergessene Journalist Rademacher (*Lebendige Stunden: Die letzten Masken*) ruft im Sterben seinen ehemaligen Freund zu sich ins Krankenhaus, den berühmten Dichter Weihgast, um ihm eine ganze Salve von Beleidigungen und Enthüllungen ins selbstzufriedene Gesicht zu schleudern, um ihm die Leere seiner Seele deutlich zu machen, seine Ohnmacht als Künstler, und um ihm zu sagen, daß sein trügerischer Ruhm zusammen mit den Zeitungsblättern verschwinden wird, die ihm Lob singen, und daß schließlich sein Familienglück ein Mythos ist, denn seine Frau war die Geliebte Rademachers. Der zu dem Wiedersehen erscheinende Dichter wirft die Maske der Selbstsicherheit und Selbstzufriedenheit ab und zeigt sich als kläglicher, unglücklicher Mensch. Die schrecklichen Worte der Entlarvung ersterben auf den Lippen Rademachers ... Was wissen wir über die anderen?

Professor Pilgram (*Die Gefährtin*) wußte von dem Verhältnis seiner Frau mit Doktor Alfred Hausmann. Da er ein echtes Gefühl vermutete, bemühte sich der Professor mehr als einmal, seiner Frau die Freiheit zu geben, und wartete nur auf das erste Wort von ihr. Nur zufällig, nach dem plötzlichen Tod der Frau erfährt er, daß Hausmann verlobt ist, daß die verblichene *Gefährtin* dies wußte, daß es kein echtes Gefühl gab, daß alles auf ein Liebesspiel hinauslief. Im Laufe vieler Jahre betrog sich der Professor selbst hinsichtlich seiner Frau, um sie weiter zu lieben und um ihretwillen zu leiden. Wieviel Energie wurde verbraucht für den Traum des Herzens, für die Illusion! ... Was wissen wir von den anderen? Was können wir von ihnen wissen? Nichts wissen wir! Wollen wir wenigstens wissen?

Darauf antwortet uns der Held des graziösen, um nicht zu sagen, oberflächlichen Werkes, mit dem Schnitzler so erfolgreich debütierte (*Anatol*). Anatol liebt seine Cora keineswegs platonisch, aber auf jeden Fall heiß und innig, was ihn nicht daran hindert, im zweiten Dialog Bianca zu lieben, im dritten auf der Szene Annie und hinter der Szene eine Namenlose, im vierten Ilona, von der er für eine Stunde fortläuft, um sich im Vorbeigehen trauen zu lassen.[19] Vergessen Sie nicht, daß wir nichts von den Zwischenakten wissen ... Mit einem Wort, es ist die gleiche, allen Helden Schnitzlers gemeinsame Liebe, um deren rein sexuelle Basis oberflächlich ästhetische Verzierungen drapiert werden. Hier spielen keinerlei psychologische

Momente höherer Ordnung mit. Wenn die Frau für einige Helden Schnitzlers nicht den *Inhalt des Lebens* darstellt, so war sie *in einem gewissen Sinne,* sagt Professor Pilgram, *mehr als der Inhalt der Duft* [...] *aber gerade der Duft mußte sich natürlich verlieren.*[20] Daher jener Reigen, in dem die wunderbare namenlose Nachfolgerin Coras ihren Platz an Ilona abtritt. Wie soll man sich nicht wieder an Zarathustra erinnern: *Zweierlei will der echte Mann: Gefahr und Spiel. Deshalb will er das Weib als das gefährlichste Spielzeug.*[21]

Nun also, Anatol liebt seine Cora. Er will herausfinden, ob sie ihn betrügt. Hat sich denn irgendeine Frau mit den Worten 'Ich habe dich betrogen' an den Geliebten gewandt? Aber schon ist das Mittel gefunden: die Hypnose! Anatol hat sie schon mehr als einmal bei anderen angewandt, zum Vergnügen. Nun versucht er sie, dem Rate seines Freundes folgend, an seiner Geliebten, um das ihn quälende Rätsel zu lösen. *Man könnte ein Zauberer sein,* ruft er begeistert aus, *man könnte sich ein wahres Wort aus einem Weibermund hervorhexen.*[22] Aber als Cora schon in hypnotischen Schlaf versunken ist, bringt Anatol nicht den Mut auf, die entscheidende Frage zu stellen. *Tage- und nächtelang quälst du dich,* sagt ihm sein Bekannter, der scharfsinnige Max, *dein halbes Leben gäbst du hin für die Wahrheit, nun liegt sie vor dir, aber du bückst dich nicht, um sie aufzuheben!* [...] *weil dir deine Illusion doch tausendmal lieber ist als die Wahrheit.*[23] Wir wissen nichts, wir wollen nichts über die fremde Seele wissen. Aber was wissen wir über unsere eigene?

Pauline und ihr Verehrer (*Lebendige Stunden: Die Frau mit dem Dolche*) stehen in einer Gemäldegalerie vor einem Bild aus dem XVI. Jahrhundert, das die *Frau mit dem Dolche* darstellt, die nach einer Liebesnacht ihren zufälligen Geliebten getötet hat. Der Ehemann und Maler hat, getroffen von der tragischen Schönheit der Geste, sogleich die Gemahlin auf die Leinwand transponiert. Pauline unterwirft sich der Macht des Vergangenen, das sie beinahe hypnotisiert. Sie ist ja auch die Frau eines Malers und Schriftstellers, der auf ihr Leben wie auf eine Quelle ästhetischer Eindrücke blickt, wie auf Material für sein Schaffen. Auch sie hat einen Verehrer, der vergeblich um ein Wiedersehen fleht ... Vergeblich – bis zu diesem Augenblick. Aber jetzt, da das ferne, fremde Vergangene in einem nahen Traumbild mit ihrer eigenen Gegenwart zusammenfließt, sagt sie: *Ich komme!*[24] Wußte sie vor einer halben Stunde etwas von dieser Entscheidung? Das ganze Leben ist Spiel. Wirklichkeit und Phantasiegespinste verflechten sich in unerwarteten, wundersamen Kombinationen. Wie soll man sich in ihnen zurechtfinden?

Eine höhere Verkörperung erreicht dieser Gedanke in der dramatischen Groteske *Der grüne Kakadu.* In den anderen Werken Schnitzlers dient die Seele des Einzelnen als Rahmen für das 'Spiel'; in *Der grüne Kakadu* ist die Arena der gesellschaftlichen Kollisionen das die Bastille erstürmende Paris. Schnitzler materialisiert sozusagen das Spiel des Lebens, indem er es aus der Seele auf den öffentlichen Platz verlegt. Dies scheint das einzige Werk Schnitzlers zu sein, in dem wir das Leben der Masse sehen, die Stimmen der Straße hören, gesellschaftliche Zusammenstöße beobachten. Aber auch hier beschäftigen die Ereignisse die Aufmerksamkeit des Künstlers nicht wegen ihrer gesellschaftlichen Bedeutung; sie sind nur die geeignete Leinwand, auf die effektvolle Kombinationen von Spiel und Wirklichkeit projiziert.

Der Wirt der Kneipe 'Zum grünen Kakadu', Prospère, ist ein ehemaliger Theaterdirektor. Die Schauspieler und Schauspielerinnen seiner früheren Truppe spielen in der Kneipe Mörder, Diebe, Prostituierte und Zuhälter. Der Hofadel kommt dorthin mit seinen abgestumpften Nerven, um sie sich in der Gesellschaft der ausgekochtesten Lumpen von ganz Paris aufzukitzeln. Prospère nennt die Prostituierten seiner Kneipe Herzoginnen und verkehrt mit berühmten Besuchern wie mit Clochards. Er wirft ihnen Grobheiten an den Kopf, den giftgetränkten Haß des Kleinbürgers auf den Aristokraten, und sie nehmen diese Ausfälle mit einem Lächeln hin, denn es sind ja nur pikante 'Späßchen', während auf der Straße dieselben Worte ernstgenommen werden. Hinzu tritt ein Commissär, der in den Schauspielern echte Verbrecher vermutet. Als er einen Clochard trifft, hält er ihn für einen Schauspieler. Der aus dem Gefängnis entlassene Gauner bekommt in Prospères Truppe den noch warmen Platz eines Schauspielers, der wegen echten Diebstahls ins Gefängnis geraten ist. Der Besucher aus der Provinz hält die Schauspielerin für eine Dame der Gesellschaft und die Marquise von Lansac für eines von Prospères fröhlichen Mädels. Im letzten Falle irrt er gar nicht einmal so sehr ... Spiel geht in Wirklichkeit über, Wirklichkeit in Spiel. Hier im 'Grünen Kakadu' spielt man zur Belustigung der Aristokraten Aufstand, während dort auf der Straße die Volksmassen schon die Bastille erstürmt und das Haupt Delaunays auf eine Stange gespießt haben. In der Kneipe werden blutige Monologe deklamiert, begleitet vom Straßenlärm der revoltierenden Menge. Der Schauspieler Henri, der einen Mörder aus Eifersucht spielt, tötet wirklich den Liebhaber seiner Frau, den Herzog von Cadignan; und die von der Straße eingedrungene Menge begrüßt zusammen mit den Schauspielern die Ermordung des Aristokraten mit Hochrufen auf die Freiheit ... So versucht Schnitzler kühn aus einer Reihe von Quiproquos, die einem Vaudeville Ehre gemacht hätten, ein Drama von der größten gesellschaftlichen Umwälzung zu schaffen.[25] Das vaudeville-ähnliche Gemisch von Spiel und Wirklichkeit, das sich in der Kneipe 'Zum grünen Kakadu' zusammenbraut, ist nur ein Echo der Ereignisse auf den Straßen von Paris. Oder eher umgekehrt. Die Bewegung der aufgebrachten Masse, der Straßenkampf, das ist das gleiche atemberaubende Schauspiel, nur in größerem Maßstab. Wir mußten die Meinung einer Persönlichkeit von hohem künstlerischen Geschmack anhören, nach der in diesem Werk ein Pinselstrich spürbar sei, der Shakespeares würdig gewesen wäre. Das mag sein. Aber es ist ein Shakespeare des dramatischen Feuilletons. Wieviel Kühnheit oder, genauer gesagt, Zynismus ist nötig, um sich eine solche *übermenschliche* Sicht der grandiosen Ereignisse der europäischen Geschichte zu gestatten.[14] Das ist eine Schmähung der Menschheit und ihrer Geschichte.[26]

Das Leben ist Spiel. Und der Tod? Oh, Schnitzler weiß nur zu gut, daß der Tod nicht zu spielen beliebt. Die Angst vor dem Tode durchzieht das ganze Werk Schnitzlers wie ein Ätherhauch. Aber in furchtbarer Weise kondensiert, stellt dieses Gefühl die Grundlage der Novelle *Sterben* dar.

Sie erinnern sich an die Erzählung von Edgar Poe (*Die Grube und das Pendel*), die die Methoden der Hinrichtung durch die Inquisition schildert.[27] Das unglückliche Opfer ist auf einem Bett festgebunden. Von der Zimmerdecke senkt sich langsam ein pendelndes Messer, das das Ausmaß seiner Schwingungen ständig verlängert und beschleunigt. Strich für Strich, Zoll und Zoll nähert sich die stählerne Sichel dem Opfer, langsam und unabwendbar, und quält dessen Ohren mit drohendem Pfeifen. Das Opfer wartet. Es wartet und fixiert mit geschwollenen Augen die glänzende Klinge.

Machen Sie jetzt dieses Pendel unsichtbar, aber nicht weniger unerbittlich, dehnen Sie die wahnsinnigen Qualen des Wartens auf ein Jahr, ein ganzes Jahr aus, stellen Sie neben den Verurteilten seine Geliebte, die keine Möglichkeit hat, ihm zu helfen – und Sie haben den Inhalt der Novelle *Sterben.*

Dem jungen schwindsüchtigen Schriftsteller bleibt nicht mehr als ein Jahr zu leben. Er und seine Geliebte wissen darum. Und nun verbringen sie in Erwartung des sich ständig nähernden Todespendels ein ganzes Jahr, Tag für Tag, Monat für Monat.

Mit erstaunlich feinen Nuancierungen schildert Schnitzler alle Schwankungen ihrer Stimmung, das Kommen und Gehen der Hoffnung, alle Geistesanstrengungen dieses unermüdlichen Sophisten, das Gefühl mit dem Gedanken der Unausweichlichkeit des Unausweichlichen zu versöhnen. Was für ein feines Gewebe von Überlegungen spinnt der Verstand aus sich selbst, um den grausam wütenden Lebensinstinkt zu umgarnen! Aber es genügt der Ausbruch eines unkontrollierten Gefühls, und von dem logischen Gespinst bleibt keine Spur.

Im Grunde ist doch die ganze Welt einzig und allein von Todeskandidaten bevölkert! Das ist eine der Finten des wachsamen Sophisten. Eine Finte? Nur eine Finte? Ist es in der Tat nicht so? Schwingt nicht über uns allen, ja allen, die blinde Sichel des Todes? Immer näher, näher, näher. Wir wissen nur nicht, wann sie ihren letzten, fatalen Streich ausführt. Aber doch wird es geschehen, wird es geschehen . . .

Mit welcher Ausdruckskraft gab Böcklin diesen Alptraum des Wartens in seinem Selbstporträt wieder![28] Den Pinsel in der Hand, lauscht der Künstler im Augenblick der schöpferischen Ekstase der Melodie, die ein Skelett vor seinem Ohr auf der einzigen Saite einer Geige spielt. Das Symbol ist in entsetzlicher Weise klar. Das äußere, launenhafte, vielgestaltige, verlockende und abstoßende Leben fließt in den Momenten der schöpferischen Arbeit wie in den banalen Begegnungen des banalen Alltags dahin, aber das Bewußtsein lebt ewig ein doppeltes Leben, indem es mit mystischem Entsetzen der eintönigen Melodie des Todes lauscht. Noch ein Strich des Bogens, vielleicht noch zwei, drei, die gespannte Saite schwingt zum Schluß in einem Gefühl angenehmer Mattigkeit und reißt... Dunkelheit... Nichts.

Die Todesangst erscheint als unmittelbarer 'Held' einer kleinen Erzählung Schnitzlers: *Um eine Stunde.* Es ist eigentlich keine Erzählung, sondern ein philosophisches Märchen, zu künstlich, um künstlerisch zu sein. Aber sie ist charakteristisch für Schnitzler, und wir wollen sie lesen. Eine junge Frau stirbt. Ihr Geliebter, als dessen Frau sie drei Jahre gelebt hat, bittet den Todesengel, seinem Opfer wenigstens noch eine Stunde Lebens zu schenken. Erst jetzt begreift er, wie er die Tote geliebt hat; sollte sie von ihm gehen, ohne davon zu erfahren? Der Todesengel antwortet: *Was du von mir verlangst, kann ich nur von einem anderen Menschen für dich erbitten, dem eben noch eine Stunde des Lebens und nicht mehr beschieden ist.*[29] Die Zeit hält für die Kranke in ihrem Lauf inne, und der Jüngling begibt sich mit dem Engel auf die Suche nach einer Stunde. Sie treffen einen Einsiedler-Philosophen, der sein ganzes Leben lang das Nichts für den einzig wünschbaren Zustand des Menschen hielt. Aber er lehnt ab; vielleicht gelingt es ihm gerade in der letzten Stunde seines Lebens, das Rätsel des Universums zu lösen. Und außerdem – wozu sich beeilen? *Die Ewigkeit mag selbst für den erfreulichsten Zustand, der den Menschen gegönnt ist, eben lang genug sein.*[30] Es ist die Todesangst, die in ihm mit so heuchlerischer Zunge spricht. Dem Jüngling lehnen auch ab ein Sterbender, dem noch eine Stunde voller Qualen verblieb, eine gebrechliche, blinde, von allen verlassene Alte, ein zum Tode verurteilter Verbrecher, den man in einer Stunde aufs Schafott führt, und schließlich eine junge Frau in den Armen des Geliebten. Als Antwort auf den letzten Vorschlag des Engels erklärt sich der Jüngling bereit, sein ganzes restliches Leben für eine Lebensstunde seiner Geliebten zu geben. Aber sie ist schon tot. *Engel des Todes, warum hast du mich betrogen?*, schreit der Unglückliche in Verzweiflung.[31] Aber der Engel betrog ihn nicht: unter den Schichten von Liebe und Leid, auf dem

Grunde der Seele, wo die echten Gefühle bohren, hat der Engel den wahren, nur zeitweise unterdrückten Wunsch erblickt: leben, leben, leben ... Moral der Geschichte? Nichts kann von der Todesangst heilen: weder die Philosophie, noch die Qualen des Lebens, noch die Liebe.

Dies ist gewiß, solange sich der Mensch im stickigen Verlies seiner animalisch-sexuellen Emotionen und eines unverbindlichen Ästhetizismus einschließt. Die Angst vor dem Nichts ist gleichsam ein Korrektiv, das die weise Natur dem Leben des eng-persönlichen Genusses auferlegt hat. Wenn ein scharfer Verstand, wie das Pferd an der Leine, nur um die Fragen des individuellen Seins läuft, dann stößt er unweigerlich bei jedem Umlauf auf das Gespenst des fatalen Endes.

Nur wenn man das Fenster zur breiten Welt der kollektiven Haltung der Aufgaben der Masse, des sozialen Kampfes weit aufgestoßen hat, kann man die Alpträume des Wartens auf die Sichel des Todes abschütteln.

FRANK WEDEKIND

Es könnte von seiten eines russischen Schriftstellers als eine Kühnheit erscheinen, vor deutsche Leser zu treten mit einem Urteil über einen deutschen Dichter. Aber wir leben in einer Zeit des sich immer vertiefenden Internationalismus. Die russische Intelligenz hat in kaum einem Jahre Wedekind eine Popularität verschafft, deren er sich in seinem Vaterlande nicht erfreut. Und das Interessanteste daran ist, daß es zum großen Teile gerade diejenige Intelligenz ist, die vor zwei, drei Jahren eine Nachfrage 'nach Kautsky' hervorbrachte, wie sie vom Standpunkt des führenden sozialistischen Deutschland phantastisch erscheinen müßte.[1] In diesem ideologischen Wechselfieber spiegelt sich die politische Entwicklung Rußlands, so wie sich die realen Erscheinungen in dem Gehirne eines Wahnsinnigen spiegeln. Wir können hier auf diese Frage nicht näher eingehen. Wir wollen nur eines sagen: die russische Intelligenz wird älter und beeilt sich, die Möglichkeit zu geben, die Worte desjenigen Dichters auf sie anzuwenden, der bei ihr zu so unerwartet großer Gunst gelangt ist:

Wie schade, daß alles Schöne vergeht,
Auch deine Hoheit. Die Pubertät
Macht dich den übrigen Flegeln ähnlich.
Der Duft ist hin und du wirst gewöhnlich.[2]

Ja, auch sie wird den übrigen Flegeln ähnlich. Wenn aber die deutsche Intelligenz seinerzeit den Schopenhauer aus den Bücherkammern heraussuchen mußte, um mit dem Wasser des pessimistischen Quietismus alle revolutionären Verpflichtungen von sich abzuwaschen, so sucht sich die russische Intelligenz in dem analogen Momente nicht einmal ein geschlossenes System: sie fühlt es, daß sie für ihre Bedürfnisse keine einzige philosophische Formel finden wird, die nicht schon ganz durchsetzt wäre von dem Speichel der sie immer wiederkäuenden Weisen der zünftigen Wissenschaft. Ein verspäteter Gast an der Tafel der Geschichte, ist sie gezwungen, sich mit schöner Literatur zu begnügen – und mit was für einer? mit einer solchen, die das Produkt der Zersetzung ihrer älteren Schwester darstellt. Dies sind die allgemeinen Bedingungen, welche es möglich machten, daß die keineswegs titanenhafte Gestalt des Müncheners Frank Wedekind einen so unverhältnismäßig großen Schatten wirft in dem ihm fremden Rußland. Er hat der russischen Intelligenz gerade das geboten, was sie brauchte: eine Kombination von sozialem Nihilismus – diesem verachtungsvollen Unglauben an den Kollektivmenschen – mit erotischer Ästhetik. Der erstere erleichtert ihr die Liquidierung ihrer revolutionären Vergangenheit, die zweite tröstet sie wegen des Nasenstübers, den ihr die Geschichte versetzt.

Vielleicht genügen diese Bemerkungen, um zu erklären, was ein russischer Journalist mit einem deutschen Dekadenten zu tun hat.

Des Weibes Leib ist ein Gedicht,
Das Gott der Herr geschrieben
Ins große Stammbuch der Natur,
Als ihn der Geist getrieben.[3]

Wedekind, der Zyniker und Skeptiker, hat doch auch seinen Gott. Keinen sozialen, versteht sich, auch keinen ethischen, aber einen ästhetischen. Er betet den schönen menschlichen Körper an oder, richtiger gesagt, den weiblichen Körper, die edle Kopfhaltung, die weiche Vollendung der Bewegungen. Die Verehrung der Vollkommenheit des Körpers geht unvermeidlich durch alles, was Wedekind je geschrieben hat – unvermeidlich und fast eintönig. Auf diesem Gebiete gibt es für ihn nichts Unklares. Er hat seine Gedanken bis auf die letzten Einzelheiten durchdacht. Man kann an seinen Werken verfolgen, mit welcher Beharrlichkeit er im Laufe einer ganzen Reihe von Jahren über die Mechanik des Ganges nachgedacht hat.

Auf seinem ästhetischen Ideal baut Wedekind ein Erziehungssystem auf. Übrigens ist das zuviel gesagt: *Mine-Haha* ist etwas, was in der Mitte liegt zwischen einer *Erziehung junger Mädchen* und einer Muskeltrainierung.[4]

Bis zum neunten oder zehnten Lebensjahre leben die Knaben und Mädchen zusammen. Sie schlafen in einer gemeinsamen Schlafstube und tummeln sich stundenlang im Teiche herum. Die schöne Gertrud lehrt sie gehen. Oh, das ist keine einfache Kunst! Gertrud hebt das Knie leicht und wirft die Fußspitze nach vorn, dann senkt sie langsam die Ferse, aber sie berührt den Boden nicht eher, als bis ihr Fuß bis auf die große Zehe herab eine gerade Linie mit dem Unterschenkel gebildet hat. Ihr volles, rundes, aber zart geformtes Knie streckt sich gerade in dem Augenblick, wo die Ferse den Boden berührt. Aber die Hauptsache sind die Hüften. Sie müssen während des Gehens vollständig ruhig bleiben. Gleichzeitig müssen jedoch alle Bewegungen, sowohl die des Oberkörpers als die der Beine bis auf die Zehenspitzen herab von den Hüften ausgehen und von diesen aus gelenkt werden. Während des Gehens, so lehrte die schöne Gertrud, soll man den Boden unter den Füßen nicht spüren, die Füße selbst nicht spüren, man soll nur spüren, daß man Hüften hat. Gertrud selbst war die vollkommene Verkörperung ihrer Kunst. Wenn sie einem entgegenkam, so schien es gar nicht, als ob sie einen Körper hätte von einem bestimmten Gewicht. Man sah nur Formen. Und die Formen selbst vergaß man fast über der Schönheit der Bewegungen.

Wenn die Mädchen und Knaben zehn Jahre alt werden, trennt man sie. Hidalla, die das alles erzählt, kommt nun in einen ungeheuren Park, der von Mädchen im Alter von zehn bis vierzehn Jahren bewohnt wird. Dreißig einstöckige kleine Häuser sind in dem Park, in jedem Hause befinden sich sieben Mädchen verschiedenen Alters. Sie beschäftigen sich mit Gymnastik, lernen tanzen, schwimmen, musizieren. Der Park ist ihre Welt. Was hinter seinen Mauern vorgeht, woher und wie sie selbst in diese Welt gekommen, das bleibt für sie ein absolutes Geheimnis, und die harmonische Ruhe ihres Lebens schafft für die kleinen Seelen völligen Gleichmut und erlaubt es ihnen, sich gar keine Fragen aufzuwerfen. Vier Jahre verbringen die Mädchen in dem Parke, sie tanzen, spielen verschiedene Instrumente, gehen auf den Händen, tummeln sich in dem Bache herum – und erst der Eintritt der Geschlechtsreife stört das Gleichgewicht ihres Körpers und ihrer Seele. Aber mit diesem Augenblick beginnt die Periode der Erziehung. Die Mädchen werden aus dem Parke herausgeführt, sie treffen mit Knaben gleichen Alters zusammen und gehen paarweise mit ihnen fort. Wohin? ... Hier bricht Hidallas Erzählung ab.

Mine-Haha ist die *k ö r p e r l i c h e Erziehung junger Mädchen.* So nennt Wedekind selbst sein System. Wo bleibt aber die seelische

Erziehung? Über diese wird nicht gesprochen. Noch mehr, es wird für diese kein einziges Spältchen übrig gelassen. Die ganze Zeit wird mit körperlichen Übungen und Musik ausgefüllt. Bücher, Papier, Tinte gibt es nicht! Und es ist kein Zufall, daß die ganze Erziehung des Weibes bei Wedekind auf die ästhetische Kultur des Körpers hinauskommt. Wenn er von einem vollkommenen Weibe spricht, von einem Rassenweibe, das 'im besten Sinne des Wortes ein Kunstwerk' darstellt[5], schwebt ihm immer nur die vollendete Verkörperung der Geschlechtsidee vor. *Eine Frau, die ihren Lebensunterhalt durch Liebe verdient, steht in meiner Achtung immer noch höher da als eine, die sich soweit erniedrigt, Feuilletons oder gar Bücher zu schreiben.*[6] Mit diesen Worten drückt Hidalla nur den Grundgedanken des ganzen Systems *Mine-Haha* aus.

Die Frau, die sich zur geistigen Arbeit erniedrigt, steht tiefer als diejenige, welche ihre Hüften verkauft. Welche Kühnheit! ... Aber ist das wirklich Kühnheit? Eigentlich spricht ja Wedekind hier wie in vielen anderen Fragen mit dem moralischen Zynismus des Ästheten, dem alles erlaubt ist, nur das offen aus, was so halb und halb jeder Philister bei sich denkt.

Gegen diese banalen Vorurteile polemisieren, denen die geschraubt paradoxe Form das Ansehen von kühnen Paradoxen verleiht, hieße selbst in Banalität verfallen. Viel interessanter ist es, das System *Mine-Haha* um seine eigene Achse zu drehen und es von einem ganz anderen Gesichtspunkt zu betrachten.

Wedekind strebt nach körperlicher Schönheit. Er findet sie nicht in der Umgebung, in welcher er lebt. Und so baut er sich eine Idealwelt auf, er schreibt *Mine-Haha*. Der Grundgedanke all seines Suchens ist letzten Endes ein sehr beschränkter: er will, daß das Weib eine elastische Muskulatur habe, daß die Hüften beim Gehen ruhig bleiben, daß das Knie nicht eher gestreckt werde, als bis die Ferse den Boden berührt. Auf der Suche nach Schönheit der Körperproportionen gelangt nun Wedekind zur völligen Verneinung der gegenwärtigen Form der Familie, wenigstens soweit diese sich auf das Verhältnis zwischen Eltern und Kindern bezieht. Er gibt ein Bild einer sozialisierten Kindererziehung. Schon im Beginn des fünften Lebensjahres werden die Knaben und Mädchen dazu angehalten, die Säuglinge zu pflegen. Nach ein bis zwei Jahren bekommt jedes Kind seinen Zögling, welchen es unter der gemeinsamen Anleitung der Kinderfrau rein zu halten hat, für den ganzen Tag in den Garten bringen muß oder in die Holzgalerie, wenn es regnet, und dem es die Saugflasche zu reichen hat. Auf diese Weise erzieht die jeweilige Generation schon im zartesten Alter die nachfolgende.

Unter den Mädchen im Parke herrschte die gleiche Anordnung. An der Spitze jeder Gruppe stand ein Mädchen von dreizehn bis vierzehn Jahren. Sie lehrte die anderen die körperlichen Übungen, sie verteilte die Nahrung bei Tische und leitete die Unterhaltung. Außerdem kam jede Neueintretende unter die spezielle Aufsicht eines von den älteren Mädchen.

Diese Anweisungen streut Wedekind nur hie und da im Vorübergehen ein, unter die sorgfältigen und liebevollen Schilderungen des Anzugs, des Essens und des Tanzes. Aber trotzdem bleibt das Denken an diesen Bemerkungen haften. Das Bild dieses ungeheuren Ameisenhaufens aus lauter Kindern, wo die jungen Leiber und Herzen in enger Berührung und Arbeitsgemeinschaft aufwachsen und sich entwickeln, wo die ersten Kenntnisse und die erste Hilfe von einer Lebensstufe zur anderen übergehen, wie das Wasser auf einer Treppe herunterfließt – dieses schöne Bild macht trotz der Fehler in der Perspektive unser staunendes Auge aufleuchten! Welcher Unterschied im Vergleich mit unserer gewöhnlichen Familie, wo zwei Generationen, durch ein halbes Menschenalter voneinander getrennt, durch das gemeinsame Band der ökonomischen Abhängigkeit gewaltsam aneinander gekettet sind, Generationen, die einander so oft im Wege stehen.

Der Kultus des Leibes, der Kampf um seine Vollkommenheit führen den Künstler zur Forderung von sozialistischen Erziehungsbedingungen! Diese Tatsache spricht ebensosehr für das künstlerische Feingefühl Wedekinds als für die innere Unwiderstehlichkeit der sozialistischen Existenzformen. Es bleibt aber noch die Frage nach der sozialen Umrahmung, in welche der Dichter seine harmonische kleine Welt hineinbringt.

Wedekind kommt der Frage der produktiven Kinderarbeit nahe. Vor allem ist die Erziehung der jüngeren Kinder durch die älteren eine ungeheuer produktive Arbeit, deren Übertragung auf die Kinder selbst nicht nur ungleich mehr Harmonie in das Leben der Kleinen bringen, sondern auch die Erwachsenen entlasten wird, indem sie deren schöpferische Kräfte von den wirtschaftlichen Fesseln befreien wird, welche die heutige Familie, die teils Küche, teils Krankenstube, teils Waschanstalt ist, ihnen auferlegt. Aber nicht nur das. Hidalla erzählt im Vorübergehen, daß Kinder von acht bis neun Jahren vor der Tür ihres Hauses den Bast für ihre Sommerhüte flochten, während die ganz Kleinen zu ihren Füßen im Sande spielten. Und die übrigen Arbeiten? Wer bereitet das Essen? Wer räumt im Hause auf? Wer wäscht die Wäsche? Diese Arbeiten sind nicht so elegant wie das Flechten von breitrandigen Hüten, und der Verfasser ruft in seiner Verlegenheit zwei abstoßende alte Frauen zu Hilfe. Wo kommen sie her? Das sind ehemalige Zöglinge, die hier für immer eingekerkert sind wegen Vergehen gegen das Reglement des Parkes. Naiv und läppisch wie die Legende vom Storch, der die Kinder bringt. Aber was kann *Mine-Haha* anderes bieten? Jedoch auch die Alten lösen die Fragen nicht: Wie verbindet sich der Park mit der Außenwelt? Wer liefert alles Nötige? Durch welche Mittel besteht die ganze Einrichtung? Wedekind baut ein Theater in seinem Park. Allabendlich wird eine Ballettvorstellung gegeben. Die nichtsahnenden kleinen Mädchen führen unter der Anleitung ihrer Tanzlehrerin sehr gewagte Pantomimen auf. Dieses letzte Detail brauchte Wedekind offenbar, um zu erklären, warum das Theater immer gefüllt war. Wenn man aber dieses System auch ganz so aufnimmt, wie es ist, bis auf den Umstand, daß die kleinen Mädchen ihre Erziehung durch die Teilnahme an den Pantomimen aus dem Moulin rouge bezahlen, so muß man auch da noch zu dem Schlusse gelangen, daß *Mine-Haha* nur eine Erziehung für wenige sein kann. Sonst gäbe es zu viele Balletts im Lande, und man könnte die *körperliche Erziehung der jungen Mädchen* nur so ermöglichen, daß man das Besuchen der Balletts für die ganze übrige Bevölkerung obligatorisch machte.

Die unruhige Ästhetik Wedekinds, die ihm einen kleinen Winkel der Zukunft enthüllt, verläßt ihn doch hilflos an den Toren des Parkes. Die Liebe zu plastischen Formen genügt nicht, um die Welt umzuwälzen.

> Ich liebe die Liebe, die ernste Kunst,
> Urewige Wissenschaft ist.[7]

An hundert Weiber hatt' ich wohl im Sold,
Mit denen ich mein Gut und Blut vertollt,
Die schönsten Nymphen im modernen Babel,
Und ich blieb leer, vom Scheitel bis zum Nabel.[8]

Wedekind hat eine innere Entwicklung durchgemacht – wir sprechen darüber ausschließlich auf Grund seiner literarischen Werke –, die wegen ihrer Bestimmtheit und ihrer sozialpsychologischen Naturgesetzlichkeit bemerkenswert ist. Fleischliche Ästhetik und sozialer Zynismus als Prämissen und als Resultat aller seiner seelischen Erfahrungen haben ihren Inhalt bis auf den Grund ausgeschöpft und sind in das Gegenteil umgeschlagen. Der kühne Verneiner ward zum furchtsamen Mystiker! In *Frühlings Erwachen,* einem seiner Jugendwerke, belauscht er die ersten schüchternen Bewegungen des Geschlechts.[9] Hier ist alles rührend, unbeholfen und schön in seiner Unbeholfenheit, weil es voll Möglichkeiten ist. Solche Tragödien selbst, wie Moritzens Selbstmord und Wendlas Ermordung stören den allgemeinen Eindruck des Frühlings nicht, weil sie als äußeres Unglück erscheinen, hervorgerufen durch die sinnlose Schule und die häßliche Familie, diese verfluchte zweifache Kette aus verrosteten Gliedern. Welche ästhetische Geilheit ist es, *Frühlings Erwachen* auf die Bühne zu bringen, wo Männer in mittleren Jahren mit rasierten Gesichtern die Mutierung der Kinderstimme simulieren müssen!

Aber das Geschlecht ist erwacht und breitet die Schwingen. Es hat – wenigstens scheint es ihm so – die Ketten der alten Familie zerrissen, es hat sich – wenigstens bildet es sich das ein – über die soziale Beschränkung gestellt. Weder Religion, noch Philosophie, noch ein soziales Ideal. Nur eine ununterbrochene Reihe von ästhetischen Erlebnissen sind das Gefolge, in dessen Begleitung das Geschlecht auftritt. Ein einziger Schritt noch, und es wird zum *Erdgeist.*[10]

Das ist nun nicht mehr die kleine Wendla, welche fordert, man möge ihr das Rätsel vom Storche lösen, jetzt ist es Lulu, so schön wie die Sünde. Geschmeidig wie eine Schlange, in jeder Bewegung vor Sinnlichkeit erbebend, mit den Hüften denkend, in jedem Kleide nackt, kennt sie kein Mitleid, keinen Zweifel, keine Gewissensbisse, ist elementar wie das Geschlecht selbst, als dessen Verkörperung sie vor der Welt dasteht. Sie ist der böse Geist der Erde. Passiv, wie der Magnet passiv ist, um welchen sich Eisenspäne sammeln, sät Lulu höllische Leidenschaft um sich herum. Mit dem unbezwingbaren Wahnsinn des Geschlechts steckt sie Greise und Jünglinge an und bezeichnet ihren Siegeslauf mit zerrütteten Existenzen und Leichen. Ihr erster Mann stirbt am Schlage, als er sie mit ihrem Liebhaber, einem Künstler, überrascht. Der Künstler wird ihr Gemahl und durchschneidet sich mit dem Rasiermesser die Gurgel, als der frühere Geliebte Lulus, der Redakteur Schön, ihm die Augen öffnet. Schön trifft wiederum seine Frau in der Gesellschaft eines Zirkusathleten, eines Gymnasiasten und seines eigenen Sohnes, eines Schriftstellers. Lulu tötet ihren Mann mit einem Revolver. Niemand und nichts ist imstande, diese schöne Bestie zu bändigen, und der entkräftete Wedekind übergibt sie der Polizei.

Aber auch der Polizei gelingt es nicht, mit dem *Erdgeist* fertig zu werden. Lulu entflieht aus dem Gefängnis, um ihre Bestimmung zu vollenden. Nun ist sie wieder vor uns in der *Büchse der Pandora.*[11] Sie bemächtigt sich des Schriftstellers Alwa Schön, des Sohnes ihres dritten Mannes, und hält sich mit ihm in Paris verborgen, umringt von Spielern, Kokotten, Bankiers und Detektivs. Schöns Vermögen ist viel rascher erschöpft als der böse Zauber Lulus. Sie flieht nach London, lebt in einer Mansarde und verkauft sich auf der Gasse. Alwa Schön hat bei ihr Zuflucht gefunden, ein halbverfaulter Rest ihrer Vergangenheit. Zuguterletzt bringt Lulu Jack the Ripper mit und fällt unter seinem Messer.[12] Eine unermüdliche Priesterin des Geschlechtes, stirbt sie auf dem blutigen Altar der in Raserei übergegangenen Sinnlichkeit.

Die drei Dramen sind drei Phasen des Geschlechtslebens und drei Etappen in der Schöpfung Wedekinds. Zuerst schüchternes Erbeben, sogar in seiner Krankhaftigkeit von dem Dufte der Jugend umweht. *Frühlings Erwachen,* das beste Werk Wedekinds.

Aber diese Etappe bleibt bald zurück. Die unbeschränkte Herrschaft des Geschlechtes tritt an ihre Stelle. Es gibt eine Photographie, welche Lulu darstellt am Halse Wedekinds. Lulu im Kostüm des Pierrot. Ihr linkes Stiefelchen stützt sich auf die Hand des Dichters, die auf seinem Knie liegt. Welche unbewußte Sicherheit in ihrem Gesicht, welche freudige Unterwürfigkeit in seinem! Das Geschlecht herrscht. Es ist unerschöpflich in neuen Kombinationen! Es kennt nur eine Moral:

> Greife wacker nach der Sünde,
> Aus der Sünde wächst Genuß![13]

Und endlich die letzte Etappe. Eigentlich erreicht die Alleinherrschaft des Geschlechtes nirgends solche Dimensionen wie hier. Das Geschlecht ist mit der Ästhetik fertig geworden, wie früher mit der Tradition und mit dem Glauben. Nackt, grimmig sucht es in den Straßen seinen Raub und packt die Vorübergehenden an den Kleidern. Es erschöpft sich bis auf den Grund, und in seinem Bestreben, sich einen neuen Weg zu bahnen, bewaffnet es sich mit einem Messer und bohrt es in den Leib einer Frau.

Wedekind ist nun nicht mehr das unterwürfige Piedestal für die königliche Lulu. Er spielt jetzt auf der Münchener Bühne als Schauspieler Jack the Ripper.[14]

Auf diesem Wege ist alles geholt worden, was zu holen war, und darunter ist ein blutiger Strich gezogen.

Was tu' ich noch auf der Welt, wenn auch der Sinnengenuß nichts als höllische Menschenschinderei, wenn auch der Sinnengenuß nichts als satanische Menschenschlächterei ist, wie das ganze übrige Erdensein! So also nimmt sich der einzige göttliche Lichtstrahl aus, der die schauerliche Nacht unseres martervollen Lebens durchdringt![15]

Die Evolution ist in ihrem eigentlichen Grunde sehr elementar: die entscheidende Rolle spielt hier die Physiologie der Altersstufe. Das Endergebnis aber ist ungleich gehaltvoller. Es ist nicht einfach der Bankrott der ästhetischen Erotik, es ist der Zusammenbruch einer ganzen Lebensphilosophie. Was bleibt nun übrig? Das psychologische Bedürfnis, eine gewisse Kontrolle, eine höchste Zensur einzusetzen über den elementaren Rhythmus des Lebens.

Zensur heißt auch die einaktige *Theodizee* Wedekinds, die dieser Tage in der von W. Sombart und G. Brandes herausgegebenen Wochenschrift *Morgen* erschienen ist.[16]

Wir haben ein geistiges Band zwischen uns nötig, sagt der Schriftsteller Buridan zu seiner Geliebten.[17]

Was das bedeute, ruft die schöne Kadidja. Sich mit der Philosophie beschäftigen? *Ich tue das schon aus dem einfachen Grunde nicht, weil es mich nicht kleidet.*[17]

Schon siebzehn Monate sind sie beisammen. Die erste Periode der Leidenschaft, die sich nicht umsieht und nicht fragt, ist schon vorüber. Schon sind die Augenblicke nicht selten, wo er sie nicht bemerkt, obgleich sie ganz nahe vor ihm steht. Kadidja ist eine veredelte und vertiefte Lulu. Das Leben des Gefühls ist für sie das ganze Leben. Das dichterische Schaffen, von welchem er sich ihretwegen losgerissen und zu welchem es ihn wieder hinzieht, wird von ihr als eine Störung empfunden. Buridan sieht seinerseits eine Störung in seinem Verhältnis zu Kadidja. Er liebt sie. Der Gedanke allein, sie zu verlieren, schreckt ihn. Gleichzeitig fühlt er sich physisch gebunden – weniger durch den Automatismus des Liebesverhältnisses selbst. Er will mehr Bewegungsfreiheit, mehr Freiheit von seiten des anderen Wesens, welches nur die eine Seite seiner Natur befriedigt und ihn dennoch ganz für sich in Anspruch nimmt. Und Wedekind, der geschrieben hat, daß eine Frau, welche ihren Körper verkauft, in seinen Augen immer noch höher steht als diejenige, welche sich zu geistiger Arbeit erniedrigt, Wedekind, der die Erziehung des Mädchens aufgelöst hat in die harmonische Übung der Wadenmuskeln, Wedekind sagt jetzt seufzend zu Kadidja: *Wir haben ein geistiges Band zwischen uns nötig . . .* Was ist das nun? Ist das Wiedergeburt? Nein, es ist nur Zusammenbruch. Auch Kadidja begreift das. Nach einem verzweifelten Versuch, Buridan aufs neue durch ihren Körper zu fesseln, befreit sie ihn. *Ich habe Dich mit Deiner Gedankenwelt verfeindet; ich werde Dich Deiner Gedankenwelt zurückgeben.*[18] Und sie stürzt sich auf das Pflaster. Aber dadurch befreit sie nur sich selbst, nicht Buridan.

Und ist erst das Seelenleben entweibt,
Dann sind sämtliche Lampen erloschen.
Für das, was für mich dann noch übrig bleibt,
Dafür gebe ich nicht einen Groschen.[19]

Ich identifiziere Buridan mit Wedekind nicht nur darum, weil Wedekind der subjektivste ist unter den Schriftstellern, sondern weil er selbst seinem Subjektivismus einen p e r s ö n l i c h e n Charakter zuschreibt: Buridan spricht von sich selbst als von dem Verfasser der *Pandora.* Sein Schicksal ist ein tragischer Protest gegen jenen zynischen Epikureismus, welcher dem Verfasser der *Vier Jahreszeiten* eine Lebensphilosophie ersetzte. Schon vor Kadidjas Selbstmord macht Buridan den Versuch, sein ganzes Leben unter eine höchste 'Zensur' zu stellen. Wo sucht er diese? Nicht in der Wissenschaft, nicht im sozialen Kampfe, nicht in der Moral. In der Kirche, bei dem katholischen Gotte, bei den Münchener Pfaffen sucht der Zyniker und Verneiner den höchsten Sinn des Lebens. Er ladet seinen Geistlichen zu sich ein, um mit ihm über die kirchliche Trauung mit Kadidja zu sprechen. *Auf jeden Fall kenne ich nichts Bedauernswürdigeres auf dieser Welt,* sagt er zu dem Vertreter der Kirche, *als einen Dummkopf, der nicht an Gott glaubt.*[20] *Der Einklang, den ich seit frühester Kindheit mit diesem Reiche suche! Das Einverständnis, das ich seit frühester Kindheit mit den Wissenden der ewigen Wahrheiten suche* [...] *Sie glauben ja nicht, wie heiß, wie inbrünstig meine Seele nach dem Reiche verlangt, in dem zu wirken und zu kämpfen Sie das beneidenswerte Glück haben! Was gäbe ich in diesem Augenblick darum, wenn ich an Ihrer und Sie an meiner Stelle wären!*[21]

Und als der intolerante Pfaffe die Hand zurückstößt, die sich nach geistigem Almosen ausstreckt, und als Kadidja sich vom Balkon auf das Pflaster stürzt, da schreit Buridan sich krümmend wie ein getretener Wurm: *Er läßt seiner nicht spotten! Er läßt sich nicht versuchen! O Gott! O Gott, wie unergründlich bist Du.*[22] Welch ein Schluchzen verwaister Ohnmacht, welche Feigheit und geistige Armut! Und das nach einem Jahrhundert von Zerstörungen und Verneinungen. Ein elendes, bettlerhaftes, schmachvolles Ende!

Tolstoj hat das achtzigste Lebensjahr erreicht und steht jetzt vor uns gleich einem alten, moosbedeckten Felsstück aus einer anderen geschichtlichen Welt. Es ist etwas Sonderbares darum: nicht nur ein Karl Marx, sondern – um einen Namen aus einem Tolstoj näheren Gebiet zu nennen – auch ein Heinrich Heine scheinen noch heute unter uns zu weilen. Von unserem großen Zeitgenossen aus Jasnaja Poljana aber trennt uns schon jetzt der unüberbrückbare Strom der alles scheidenden Zeit. Tolstoj war dreiunddreißig Jahre alt, als die Leibeigenschaft in Rußland fiel. Er war aufgewachsen und hatte sich gebildet als Sproß der 'zehn durch die Arbeit nicht mürbe gemachten Generationen', in der Atmosphäre des alten russischen Landadels mit seinem ganzen Grandseigneurgepräge, inmitten der angestammten Felder, in dem geräumigen Herrenhaus, im friedlichen Schatten der adeligen Lindenalleen. Die Traditionen des Landadels, seine Romantik, seine Poesie, den ganzen Stil seines Lebens hatte Tolstoj für immer unauslöschlich in sich aufgesogen, daß sie zum organischen Bestandteil seines Geistes wurden. Er war seit den ersten Jahren seines Bewußtseins und ist auch noch heute Aristokrat im letzten tiefsten Urquell seines Schaffens – trotz allen späteren Wandlungen seines Geistes.

In dem Stammschloß der Fürsten Volkonskij, das auf das Geschlecht der Tolstoj überging, bewohnt der Dichter von *Krieg und Frieden* ein schlicht ausgestattetes Zimmer, wo an der Wand eine Säge hängt und in der Ecke eine Sense und eine Zimmermannsaxt lehnen. Aber in dem oberen Stockwerk desselben Hauses blicken von den Wänden gleich erstarrten Wächtern seiner Traditionen die stolzen Ahnenbilder einer Reihe von Generationen. Das ist ein Symbol! In der Seele des Hausherrn finden wir beide Etagen – nur in umgekehrter Ordnung: während in den oberen Regionen des Bewußtseins die Philosophie des Schlichtwerdens und des Aufgehens im Volke sich ein Nest gebaut hat, grüßt uns von unten, von dort, wo die Gefühle, die Leidenschaften und der Wille wurzeln, eine lange Galerie adeliger Ahnherren.

Im Zorne der Reue sagte sich Tolstoj von der lügnerischen und eitlen Kunst los, die mit den künstlich großgezogenen Sympathien der herrschenden Klassen Götzendienst treibt und deren Kastenvorurteile durch die Lüge der falschen Schönheit kultiviert. Was aber sehen wir später? In seinem letzten großen Werk, der *Auferstehung*, macht er zum Mittelpunkt seiner künstlerischen Aufmerksamkeit gerade den an Geld und Ahnen reichen russischen Gutsbesitzer und umgibt ihn so sorgsam mit dem goldenen Spinngewebe der aristokratischen Verbindungen, Gewohnheiten und Erinnerungen, als ob es außerhalb dieser 'eitlen' und 'lügnerischen' Welt auf dem Erdenrund nichts Bedeutendes und Schönes gäbe.

Von dem Gutshof führt ein gerader und kurzer Steg zu dem Bauernhaus. Tolstoj der Dichter hat oft und mit Liebe diesen Weg zurückgelegt, noch bevor Tolstoj der Moralist aus ihm den Rettungsweg machte. Der Bauer gilt ihm auch nach der Abschaffung der Leibeigenschaft als sein 'eigen' – als ein untrennbarer Teil seiner äußeren Umgebung und seines inneren Wesens. Hinter seiner unzweifelhaften *physischen Liebe zu dem wahren Arbeitervolk*[1] guckt ebenso unzweifelhaft sein aristokratischer Kollektivahne hervor – nur durch einen Künstlergenius verklärt.

Gutsbesitzer und Bauer – das sind schließlich die einzigen Personen, die Tolstoj in das Allerheiligste seines Schaffens aufnahm. Aber niemals – weder vor noch nach seiner Krise – befreite er sich oder strebte er sich zu befreien von der echt herrenmäßigen Verachtung für alle jene Figuren, die zwischen dem Gutsbesitzer und dem Bauern stehen oder ihren Platz außerhalb dieser geheiligten Pole der alten Ordnung innehaben, als da sind der deutsche Gutsverwalter, der Kaufmann, der französische Erzieher, der Arzt, der 'Intelligenzler' und endlich der Fabrikarbeiter mit Uhr und Kette.[2] Er empfindet niemals das Bedürfnis, diese Typen zu erfassen, ihnen tiefer in die Seele zu schauen, sie nach ihrem Glauben zu befragen, und an seinem Künstlerauge ziehen sie als unbedeutende und meistenteils komische Silhouetten vorüber. Dort, wo er uns zum Beispiel Revolutionäre der siebziger oder achtziger Jahre vorführt (*Auferstehung*), variiert er einfach in dem neuen Milieu seine alten Adeligen- oder Bauerntypen oder gibt er uns rein äußerliche humoristisch angehauchte Skizzen. Sein Novodvorov kann mit ebensowenig Berechtigung auf den Typus eines russischen Revolutionärs Anspruch machen als Lessings Riccaut de la Marlinière auf den eines französischen Offiziers.[3]

Zu Beginn der sechziger Jahre, als Rußland von der Flut der neuen Ideen und, was noch wesentlicher ist, der neuen sozialen Verhältnisse überschwemmt wurde, hatte Tolstoj, wie erwähnt, ein Dritteljahrhundert hinter sich: in psychologischem Sinne war er ein vollkommen abgeschlossener Mensch. Es ist wohl kaum notwendig, hervorzuheben, daß Tolstoj nicht zum Apologeten des Leibeigenschaftsrechtes wurde wie sein intimer Freund Fet-Šenšin, der Gutsbesitzer und feine Lyriker, in dessen Seele neben den zartesten Erlebnissen der Natur und der Liebe die Verehrung für die Hetzpeitsche Raum hatte. Aber Tolstoj faßte einen tiefen Groll gegen die neuen Verhältnisse, die die alten abzulösen im Begriff waren. *Ich persönlich sehe keine Milderung der Sitten,* schrieb er 1861, *und halte es nicht für nötig, aufs Wort zu glauben. Ich kann zum Beispiel nicht finden, daß das Verhältnis des Fabrikanten zu dem Arbeiter menschlicher geworden ist als das des Gutsbesitzers zu den Leibeigenen.*[4]

Der Wirrwarr und die Regellosigkeit überall und in allem, der Niedergang des alten Adels, der Zerfall des Bauerntums, das allgemeine Chaos, der Schutt und der Staub der Zerstörung, der Trubel und das Getöse des Stadtlebens, das Wirtshaus und die Zigarette auf dem Dorfe, der Gassenhauer des Fabrikarbeiters anstatt des erhabenen Volkslieds – das alles widerte ihn als Aristokraten und Künstler an. Er kehrte sich psychologisch von diesem gewaltigen Prozeß ab und versagte ihm ein für allemal jede künstlerische Anerkennung. Er brauchte nicht der Sklaverei der Leibeigenschaft das Wort zu reden, um mit ganzer Seele bei jenen Verbindungen zu bleiben, in denen er weise Einfachheit sah und in denen er künstlerische Formvollkommenheit zu entdecken wußte. Dort reproduziert sich das Leben von Geschlecht zu Geschlecht, von Jahrhundert zu Jahrhundert in völliger Unwandelbarkeit. Dort herrscht allmächtig die heilige Notwendigkeit. Jeder Schritt hängt ab von der Sonne, dem Regen, dem Winde, dem Wachsen des Grases. Dort ist nichts von der eigenen Vernunft oder dem rebellischen persönlichen Willen zu finden. Also existiert dort auch keine persönliche Verantwortlichkeit. Alles ist im voraus geregelt, gerechtfertigt und geheiligt. Für nichts verantwortlich, jeder eigenen Erfindung bar, lebt der Mensch nur gehorchend – sagt der hervorragende Dichter der *Macht der Erde*, Gleb Uspenskij –, und dieses unausgesetzte Gehorchen, in unausgesetztes Abmühen verwandelt, bildet eben das Leben, das scheinbar zu keinem Resultat führt, aber in sich selbst schon das Resultat einschließt ... Und o Wunder! Diese sklavische Abhängigkeit, ohne Reflexion und ohne Wahl, ohne Fehltritte und ohne Reuequalen, ist es, die die große sittliche 'Leichtigkeit' des Daseins unter der harten Vormundschaft der 'Roggenähre' schafft. Mikula Seljaninovič, der bäuerliche Held des alten Volksepos, sagt von sich: *Mich liebt die Mutter Erde.*[5]

Das ist der religiöse Mythus des russischen Narodničestvo, des 'Volkstümlers', der jahrzehntelang die Seele der russischen Intelligenz beherrschte.[6] Vollkommen unnahbar für deren radikale Tendenzen, blieb Tolstoj stets er selbst, und in dem Narodničestvo bildete er dessen aristokratisch-konservativen Flügel.

Um das russische Leben künstlerisch so wiederzugeben, wie er es kannte, verstand und liebte, mußte Tolstoj sich in die Vergangenheit zurückziehen, ganz in den Anfang des neunzehnten Jahrhunderts. *Krieg und Frieden* (1867–1869) ist sein höchstes und unübertroffenes Werk.

Die unpersönliche Massenhaftigkeit des Lebens und seine heilige Verantwortungslosigkeit verkörperte Tolstoj in seinem Karataev, dem für den europäischen Leser am wenigsten verständlichen, jedenfalls ihn am fremdartigsten anmutenden Typus. *Das Leben Karataevs, wie er es selbst sah, hatte keinen Sinn als einzelnes Leben. Es hatte Sinn nur als ein Teil eines Ganzen, welches er stets empfand. Zuneigungen, Freundschaften, Liebe, wie Pierre sie verstand, kannte Karataev nicht, aber er liebte und lebte in Liebe zu allem, was er im Leben traf, insbesondere aber zu den Menschen* [...] *Pierre* (Graf Besuchov) *fühlte, daß Karataev trotz seiner freundschaftlichen Zärtlichkeit für ihn keine Minute lang betrübt würde, wenn er sich von ihm trennen müßte.*[7] Das ist das Stadium, wo der Geist, um mit Hegel zu sprechen, die Innerlichkeit noch nicht erlangt hat und wo er sich daher nur als natürliche Geistigkeit zeigt. Ungeachtet der Episodenhaftigkeit seines Auftretens bildet Karataev die philosophische, wenn nicht künstlerische Achse des ganzen Romans. Kutuzov[8], aus dem Tolstoj einen Nationalhelden macht, das ist derselbe Karataev – nur in der Stellung eines Oberkommandierenden. Im Gegensatz zu Napoleon besitzt er weder eigene Pläne noch eigenen Ehrgeiz. In seiner halbbewußten und daher rettenden Taktik läßt er sich nicht von der Vernunft leiten, sondern von dem, was über der Vernunft steht: dem ahnenden Instinkt der physischen Bedingungen und den Eingebungen des Volksgeistes. Der Zar Aleksandr[8] in seinen besten Minuten ebenso wie der letzte seiner Soldaten – alle stehen in gleicher Weise unter demselben Banne der Erde. In dieser sittlichen Einheit liegt das Pathos des Werkes.

Wie armselig ist doch im Grunde dieses alte Rußland mit seinem von der Geschichte so stiefmütterlich behandelten Adel – ohne stolze Vergangenheit, ohne Kreuzzüge, ohne Ritterminne und Ritterturniere, selbst ohne romantische Raubzüge auf der großen Straße! Wie arm an innerer Schönheit, wie schonungslos degradiert ist doch das herdenartige, halbtierische Dasein seiner Bauernmassen!

Aber welches Wunder der Umgestaltung schafft der Genius! Aus dem rohen Material dieses grauen und farblosen Lebens zieht er seine verborgene Schönheit ans Tageslicht. Mit homerischer Ruhe, mit homerischer Liebe zu den Kindern seines Geistes beschenkt er alle und alles mit seiner Aufmerksamkeit: den Oberkommandierenden, das Hofgesinde des Gutsbesitzers, das Pferd des Kavalleristen, das halbwüchsige Grafentöchterchen, den Mužik, den Zaren, die Laus im Hemde des Soldaten, den alten Freimaurer – er gibt keinem den Vorzug, läßt keinen zu kurz kommen.[9] Schritt um Schritt, Zug um Zug malt er ein unendliches Panorama, in dem alle Teile durch ein unzerreißbares inneres Band aneinander geschmiedet sind. Tolstoj schafft, ohne sich zu überhasten, wie das Leben sich nicht überhastet, das er vor uns aufrollt: siebenmal schreibt er sein kolossales Werk um! Das Erstaunliche an diesem titanischen Schaffen ist vielleicht der Umstand, daß der Künstler weder sich selbst noch dem Leser die Freiheit gestattet, seine Sympathien an einzelne Personen zu hängen. Niemals zeigt er uns seine Helden, wie das der ihm mißliebige Turgenev tut, bei bengalischer Beleuchtung oder im Blitzlicht des Magnesiums, niemals sucht er für sie günstige Posen, er verbirgt nichts und verschweigt nichts. Den unruhigen Wahrheitssucher Pierre zeigt er uns am Schlusse als stillvergnügten Familienvater; die in ihrer halbkindlichen Feinfühligkeit rührende Nataša Rostova verwandelt er mit göttlicher Mitleidslosigkeit in ein beschränktes Weibchen mit schmutzigen Kinderwindeln in den Händen.[8] Zu gleicher Zeit aber wächst aus dieser gleichsam leidenschaftslosen Aufmerksamkeit für die einzelnen Teile die mächtige Apotheose des Ganzen heraus, in der alles durch die innere Notwendigkeit und Harmonie vergeistigt ist. Es wäre vielleicht richtig, von diesem Schaffen zu sagen, daß es von ästhetischem Pantheismus durchdrungen ist, für den es nichts Schönes, nichts Abstoßendes, nichts Großes, nichts Kleines gibt, weil für ihn groß und schön nur das Leben im ganzen ist, im ewigen Wechsel seiner Erscheinungen. Das ist die echte landwirtschaftliche Ästhetik, unerbittlich konservativ ihrer Natur nach, die die Epopöe Tolstojs dem *Pentateuch* und der *Ilias* verwandt macht.

Zwei spätere Versuche Tolstojs, für die ihm liebsten psychologischen Gestalten im Rahmen der historischen Vergangenheit Platz zu finden, und zwar in der Epoche Peters I. und der der Dekabristen, scheiterten an der Feindseligkeit des Dichters gegen die fremdländischen Einflüsse, die diesen beiden Epochen ein so grelles Gepräge verleihen. Aber auch dort, wo Tolstoj unseren Zeitläufen näher kommt, wie in *Anna Karenina* (1873), bleibt er dem in der Gesellschaft eingetretenen Wirrwarr innerlich fremd, und unbeugsam-hartnäckig in seinem Künstlerkonservatismus verringert er die Weite seines Flügelschwungs und sondert aus der Masse des russischen Lebens nur die unversehrt gebliebenen Adelsoasen heraus, mit dem alten Stammschloß, den Ahnenbildern und den üppigen Lindenalleen, in deren Schatten sich von Geschlecht zu Geschlecht der Kreislauf der Geburt, des Lebens und des Todes vollzieht.

Das seelische Leben seiner Helden schildert Tolstoj ebenso wie die Lebensweise in ihrer Heimat: ruhig, ohne Hast, ohne Überstürzung des inneren Ganges der Gefühle, der Gedanken und des Dialogs. Er eilt nirgends und kommt niemals zu spät. In seinen Händen laufen die Fäden vieler Schicksale zusammen, keinen einzigen verliert er aus dem Auge. Gleich einem unermüdlich wachsamen Hausherrn führt er im Kopfe lückenlose Rechnung über alle Teile seines gewaltigen Besitzstandes. Es scheint, als beobachte er nur, und die

Natur selbst verrichte die Arbeit. Er wirft den Samen in den Ackerboden und wartet, wie ein weiser Landwirt, bis im natürlichen Prozeß Halm und Ähre in die Höhe sprießen. Man wäre versucht zu sagen, er sei ein genialer Karataev mit seiner stummen Resignation vor den Gesetzen der Natur. Er wird nie die Hand an die Knospe legen, um gewaltsam ihre Blättchen zu entfalten: er wartet, bis sie sich unter der Wirkung der Sonnenwärme von selbst entfaltet. Fremd und tief verhaßt ist ihm jene Ästhetik der großstädtischen Kultur, die in selbstverzehrender Gier die Natur vergewaltigt und martert, indem sie von ihr nur Extrakte und Essenzen fordert und mit krampfhaft zuckenden Fingern auf der Palette Farben sucht, die das Sonnenspektrum nicht enthält.

Die Sprache Tolstojs ist ebenso wie sein ganzer Genius: ruhig, gemächlich, wirtschaftlich-sparsam, jedoch nicht asketisch; muskulös, teilweise schwerfällig, rauh – immer einfach und in ihren Resultaten unvergleichlich! Sie sticht in gleicher Weise wie von dem lyrischen, kokett angehauchten, glänzenden und seiner Schönheit bewußten Stil Turgenevs, so auch von dem schneidenden, sich überstürzenden und holprigen Stil Dostoevskijs ab.

In einem seiner Romane stellt der Städter Dostoevskij, dieses Genie mit unheilbar verwundetem Herzen, der wollüstige Dichter der Grausamkeit und des Mitleids, in tiefsinniger und treffender Weise sich selbst als den Künstler der neuen *zufälligen russischen Familien* dem Grafen Tolstoj gegenüber, dem Sänger der abgeschlossenen Formen der adeligen Vergangenheit.[10] *Wenn ich russischer Romanschriftsteller wäre und Talent hätte*, sagt er in der Gestalt eines anderen,[11] *so würde ich meine Helden gewiß unter dem russischen Geschlechtsadel wählen, denn nur in jener Sphäre gebildeter Russen ist wenigstens der äußere Schein schöner Zucht und Ordnung, edler Motive noch zu finden* [...] *Ich meine das in allem Ernste, wiewohl ich selbst, wie Sie ja wissen, kein Edelmann bin* [...] *Glauben Sie mir, es ist darin wirklich alles enthalten, was wir bisher Schönes aufzuweisen haben, wenigstens alles einigermaßen Fertige, Vollendete. Ich sage das nicht, weil ich unbedingt von der Vollkommenheit und Berechtigung jener Schönheit überzeugt wäre; aber sie gab uns doch schon zum Beispiel feste Formen der Ehre und der Pflicht, welche außer unter dem Adel nirgends in ganz Rußland, nicht einmal in den ersten Anfängen, geschweige denn in vollendeter Gestalt, anzutreffen sind [...] Der Weg, den der von uns vorausgesetzte Romanschreiber einzuschlagen hätte,* fährt Dostoevskij fort, unzweifelhaft von Tolstoj sprechend, ohne ihn dabei zu nennen, *wäre ein ganz bestimmter: er könnte nur das historische Genre wählen, denn schöne edle Gestalten gibt es in unserer Zeit nicht mehr, und der von früher noch verbliebene Rest hat, der jetzigen Meinung zufolge, die wahre Schönheit schon eingebüßt.*[12]

Zugleich mit den *schönen Gestalten* schwand nicht nur das unmittelbare Objekt des künstlerischen Schaffens, sondern kamen auch die Grundpfeiler des sittlichen Fatalismus Tolstojs und seines ästhetischen Pantheismus ins Wanken: das heilige Karataevtum der tolstojschen Seele ging zugrunde. Alles, was früher selbstverständlicher Teil eines unbezweifelten Ganzen gewesen war, verwandelte sich in ein Bruchstück und daher in eine Frage. Vernunft wird Unsinn. Und – wie immer – eben in dem Moment, wo das Leben seinen alten Sinn verlor, fragte sich Tolstoj nach dem Sinn des Lebens überhaupt. Es beginnt (in der zweiten Hälfte der siebziger Jahre) die große Krise nicht im Leben des Jünglings, sondern im Leben des Mannes von fünfzig Jahren! Tolstoj kehrt zu Gott zurück, nimmt die Lehre Christi an, verwirft die Teilung der Arbeit, der Kultur, den Staat, und wird der Prediger der landwirtschaftlichen Arbeit, der Einfachheit und des Verzichts auf Abwehr des Bösen durch Gewalt.

Je tiefer der innere Bruch war – der fünfzigjährige Künstler trug sich nach dem eigenen Geständnis lange Zeit mit dem Gedanken an Selbstmord! –, um so erstaunlicher muß es scheinen, daß Tolstoj schließlich im Grunde genommen zu seinem Ausgangspunkt zurückkehrte. Die landwirtschaftliche Arbeit – ist das nicht die Grundlage, auf der sich das Epos von *Krieg und Frieden* abrollt? Die Rückkehr zur Einfachheit, das Sichversenken in die Volksseele, wenigstens in geistigem Sinne – liegt darin nicht die ganze Stärke Kutuzovs? Die Verwerfung der Abwehr des Bösen durch Gewalt – durchdringt denn nicht die fatalistische Resignation den ganzen Karataev? Ist dem aber so, worin besteht denn die Krise Tolstojs? Darin, daß das Geheime, unter dem Boden Wurzelnde die Rinde sprengt und in die Sphäre des Bewußtseins übergeht: weil die natürliche Geistigkeit zugleich mit der 'Natur', in der sie sich verkörperte, geschwunden ist, strebt der Geist, die Innerlichkeit zu erlangen. Jene automatische Harmonie, gegen die der Automatismus des Lebens selbst sich auflehnte, muß von nun an durch die bewußte Kraft der Idee geschützt und erhalten werden. In dem konservativen Kampfe um seine sittliche und ästhetische Selbsterhaltung ruft der Künstler den moralisierenden Philosophen zu Hilfe.

Wer von diesen beiden Tolstojs – der Dichter oder der Moralist – sich eine größere Popularität in Europa errang, wäre nicht leicht zu entscheiden. Unzweifelhaft ist jedenfalls, daß hinter dem wohlwollend-herablassenden Lächeln des bürgerlichen Publikums über die heilige Einfalt des Greises von Jasnaja Poljana sich das Gefühl einer eigenartigen sittlichen Befriedigung verbirgt: ein berühmter Dichter, ein Millionär, einer 'unserer Leute', noch mehr: ein Aristokrat – trägt aus sittlichen Motiven eine Bluse und Bastschuhe und spaltet Holz! Man sieht darin gewissermaßen das Auf-sich-nehmen der Sünden einer ganzen Klasse, einer ganzen Kultur. Natürlich läßt sich's trotzdem der Spießbürger nicht nehmen, auf Tolstoj von oben herabzusehen und sogar leichte Zweifel in seine volle Zurechnungsfähigkeit zu setzen. So hat zum Beispiel der nicht unbekannte Max Nordau, einer jener Herren, die die Philosophie des alten ehrlichen Smiles mit einigem Zynismus gewürzt in die Hanswursttracht eines Sonntagsfeuilletons kleiden, an der Hand seines Taschen-Lombroso die Entdeckung gemacht, daß Lev Tolstoj alle Zeichen der Entartung an sich trage.[13] Für diese Hausierer beginnt der Wahnsinn dort, wo der Profit aufhört.

Ob aber seine bürgerlichen Verehrer auf ihn argwöhnisch oder ironisch oder wohlwollend blicken, er bleibt so oder so für sie – ein psychologisches Rätsel. Wenn man seine wenigen unbedeutenden Jünger und Propagandisten ausnimmt – einer von ihnen, Men̆šikov, spielt jetzt die Rolle eines russischen Hammerstein! –,[14] so muß konstatiert werden, daß Tolstoj der Moralist seit den letzten dreißig Jahren seines Lebens stets völlig einsam dastand. Wahrhaft die tragische Lage eines Rufenden in der Wüste! Ganz unter dem Banne seiner landwirtschaftlich-konservativen Sympathien verteidigt Tolstoj unaufhörlich, unermüdlich und siegreich seine geistige Welt gegen die ihr von überallher drohenden Gefahren. Ein für allemal zieht er eine tiefe Furche zwischen sich und allen Sorten des bürgerlichen Liberalismus – und schleudert in erster Linie *den in unserer Zeit allgemeinen Aberglauben des Fortschritts* weit beiseite.[15] *Herrlich*, ruft er aus, *sind die elektrische Beleuchtung, das Telefon, die Ausstellungen, die Hallen mit ihren Konzerten und Vorstellungen, die Zigarren- und Streichholzbüchsen, die Hosenträger und die Motoren; in alle Ewigkeit verdammt aber seien nicht nur sie, sondern auch alle Eisenbahnen und alle Fabrikkattune und -tuche in der ganzen Welt, wenn es zu ihrer Erzeugung nötig ist, daß neunundneunzig Hundertstel der Menschheit in Sklaverei leben und zu Tausenden in den Fabriken zugrunde gehen.*[16]

Die Teilung der Arbeit bereichert uns und verschönt unser Leben? Aber sie verstümmelt ja die lebendige Seele des Menschen. Nieder mit der Teilung der Arbeit!

Die Kunst? Aber die wahre Kunst muß alle Menschen in der Gottesidee vereinigen und nicht trennen. Unsere Kunst dient dagegen nur wenigen Auserwählten. Sie scheidet die Menschen, und daher ist Lüge in ihr. Und Tolstoj verwirft mannhaft die *lügnerische* Kunst – Shakespeare, Goethe, sich selbst, Wagner, Böcklin.[17]

Er wirft von sich die Sorge um die Wirtschaft, um Bereicherung und kleidet sich in Bauerngewänder, womit er gleichsam die symbolische Handlung für seine Lossagung von der Kultur vollzieht. Was verbirgt sich aber hinter diesem Symbol? Was wird in ihm der 'Lüge', das heißt dem historischen Prozeß gegenübergestellt?

Die soziale Philosophie Tolstojs könnten wir an der Hand seiner Werke – indem wir uns einige Gewalt antun – in Form folgender 'Programmthesen' darstellen:

1. Nicht irgendwelche ehernen soziologischen Gesetze sind es, die die Sklaverei der Menschen herbeiführen, sondern die Rechtsbestimmungen.
2. Die Sklaverei unserer Zeit ist eine Folge der drei Rechtsbestimmungen, die den Boden, die Steuern und das Eigentum betreffen.
3. Nicht nur die russische, sondern jede Regierung bildet eine Institution zur straflosen Begehung der schrecklichsten Verbrechen mit Hilfe der Gewalt.

4. Die wahre soziale Besserung wird nur durch die religiös-sittliche Vervollkommnung der einzelnen Individuen erreicht.
5. Um sich der Regierungen zu entledigen, braucht man sie nicht durch äußere Mittel zu bekämpfen, sondern nur an ihnen nicht teilzunehmen und sie nicht zu unterstützen. Und zwar braucht man: a) die Pflichten eines Soldaten, eines Generals, eines Ministers, eines Dorfältesten, eines Deputierten nicht auf sich zu nehmen; b) der Regierung freiwillig keine Steuern, weder direkte noch indirekte, zu geben; c) die Regierungsinstitutionen nicht zu benutzen und die Gelder der Regierung in keiner Form in Anspruch zu nehmen; d) seinen Privatbesitz durch keinerlei Maßnahmen der staatlichen Gewalt zu schützen.

Entfernen wir aus diesem Schema den allem Anschein nach ganz für sich allein stehenden Punkt 4 von der religiös-sittlichen Vervollkommnung, so erhalten wir ein ziemlich abgeschlossenes anarchistisches Programm: in erster Linie haben wir den rein mechanischen Begriff von der Gesellschaft als dem Produkt böser Rechtsbestimmungen; ferner die formale Verneinung des Staates und der Politik überhaupt, und endlich, als Methode des Kampfes, den Generalstreik und den allgemeinen Boykott, die Rebellion der gekreuzten Arme. Wenn wir aber die religiös-sittliche These ausschalten, so beseitigen wir damit eigentlich den einzigen Nerv, der dieses ganze rationalistische Gebäude mit seinem Schöpfer – der Seele Tolstojs – verbindet. Für ihn – gemäß allen Bedingungen seiner Entwicklung und seiner Lage – besteht die Aufgabe nicht darin, an Stelle der kapitalistischen Ordnung die 'kommunistische' Anarchie aufzurichten, sondern darin, die Ordnung der ländlichen Dorfgemeinde vor den 'äußeren' zerstörenden Einflüssen zu 'bewahren'. Wie in dem Narodničestvo, so auch in seinem 'Anarchismus' stellt Tolstoj das agrar-konservative Prinzip dar. Gleich der ursprünglichen Freimaurerei, die sich zum Ziele setzte, auf ideologischem Wege in der Gesellschaft die unter den Schlägen der ökonomischen Entwicklung in Trümmer gegangene kasten-zünftlerische Moral der gegenseitigen Hilfe wiederherzustellen und zu festigen, will Tolstoj durch die Macht der religiös-sittlichen Idee die primitive naturalwirtschaftliche Lebensweise wiederaufstehen lassen. Auf diesem Wege wird er zum konservativen Anarchisten, denn ihm ist es vor allem darum zu tun, daß der Staat die rettende Karataevsche Gemeinde mit den Geißeln seines Militarismus und den Skorpionen seines Fiskus verschone. Der die Erde füllende Kampf zweier Welten: der bürgerlichen und der sozialistischen, von deren Ausgang das Schicksal der Menschen abhängt, existiert für Tolstoj überhaupt nicht. Der Sozialismus blieb für ihn immer eine ihn wenig interessierende Unterart des Liberalismurs. In seinen Augen erschienen Marx und Bastiat als Vertreter eines und desselben *lügnerischen Prinzips:* der kapitalistischen Kultur, des landlosen Arbeiters, des Staatszwanges.[18] Wenn einmal die Menschheit überhaupt auf einen falschen Weg geraten sei, bliebe es fast gleichgültig, ob sie eine Strecke mehr oder weniger zurücklegen werde. Rettung könne nur die völlige Umkehr bringen!

Tolstoj kann nie genug Worte der Verachtung für die Wissenschaft finden, welche der Ansicht sei, daß, wenn wir noch sehr lange nach den Gesetzen des historischen, soziologischen und sonstigen Fortschritts sündhaft leben werden, unser Leben schließlich selbst sehr gut werden müsse. Das Böse, sagt Tolstoj, muß sofort ausgerottet werden, und dazu genügt es, zu begreifen, daß das Böse bös ist. Alle sittlichen Gefühle, die die Menschen historisch miteinander verbinden, und alle religiös-moralischen Fiktionen, die aus diesen Verbindungen entstanden sind, verwandeln sich bei Tolstoj in die allerabstraktesten Gebote der Liebe, der Askese und der Nichtvergeltung des Bösen, und da diese Gebote jedes historischen und folglich jedes Inhaltes überhaupt beraubt sind, scheinen sie ihm für alle Zeiten und alle Völker geeignet.

Tolstoj erkennt die Geschichte nicht an. Das ist die Grundlage seines ganzen Denkens. Darauf beruht die metaphysische Freiheit seiner Verneinung, wie auch die praktische Wirkungslosigkeit seiner Predigt. Jenes menschliche Leben, welches er akzeptiert – das ehemalige Leben der ackerbautreibenden Uralkosaken in den freien Uralsteppen –, verlief außerhalb jeder Geschichte; es reproduzierte sich ohne Formwandel, wie das Leben im Bienenstock oder im Ameisenhaufen. Das aber, was die Menschen Geschichte nennen, ist ihm das Produkt des Unsinns, der Irrtümer, der Grausamkeiten, die die wahre Seele der Menschheit entstellten. Furchtlos-konsequent wirft er zugleich mit der Geschichte auch deren Ergebnisse zum Fenster hinaus. Zeitungen sind ihm verhaßt als Dokumente der heutigen Zeit. Alle Wellen des Weltozeans will er mit seiner alten Brust zurückdämmen.

Die historische Blindheit Tolstojs macht ihn kindlich hilflos im Reiche der sozialen Fragen. Seine Philosophie ist eine chinesische Malerei. Die Ideen der verschiedensten Epochen sind nicht perspektivisch angeordnet, sondern erscheinen alle in gleicher Entfernung vom Beschauer. Gegen den Krieg operiert er mit Argumenten der reinen Logik, und um ihnen größeren Nachdruck zu verleihen, zitiert er Epiktet und Molinari, Laotse und Friedrich II., den Propheten Jesaja und den Feuilletonisten Hardouin, das Orakel der Pariser Boutiquiers.[19] Die Schriftsteller, Philosophen und Propheten repräsentieren in seinen Augen nicht ihre Epochen, sondern die ewigen Kategorien der Moral. Konfutse schreitet bei ihm in einer Reihe mit Harnack,[20] und Schopenhauer sieht sich in einer Gesellschaft nicht nur mit Christus, sondern auch mit Moses.[21]

In diesem tragischen Einzelkampf gegen die Dialektik der Geschichte, der er sein 'Ja – Ja', 'Nein – Nein' entgegensetzt[22], verfällt Tolstoj auf Schritt und Tritt in ausweglose Widersprüche. Und er zieht aus ihnen einen Schluß, der seines genialen Starrsinns durchaus würdig ist: *Die Vernunftwidrigkeit*, sagt er, *die in dem Verhältnis zwischen der Lage des Menschen und seiner sittlichen Tätigkeit liegt, ist das sicherste Anzeichen der Wahrheit.*[23]

Aber dieser idealistische Hochmut trägt in sich selbst die Vergeltung: es dürfte schwer fallen, einen anderen Schriftsteller zu nennen, der von der Geschichte gegen seinen Willen so grausam ausgebeutet worden wäre wie gerade Tolstoj.

Er, der mystische Moralist, der Feind der Politik und der Revolution, nährt im Laufe einer Reihe von Jahren das dämmernde revolutionäre Bewußtsein zahlreicher Gruppen des Volkssektierertums. Er, der die ganze kapitalistische Kultur verneint, findet eine wohlwollende Aufnahme bei der europäischen und amerikanischen Bourgeoisie, die in seiner Predigt sowohl Ausdruck für ihren gegenstandslosen Humanismus findet, als auch psychologische Deckung vor der Philosophie des revolutionären Umsturzes.

Er, der konservative Anarchist, der Todfeind des Liberalismus, sieht sich zu seinem achtzigsten Geburtstag als Banner und Waffe einer lärmenden und tendenziösen politischen Manifestation des russischen Liberalismus.

Die Geschichte hat über ihn den Sieg davongetragen, ihn aber nicht gebrochen. Auch jetzt noch, am Abend seines Lebens, hat er sich seine köstliche Kraft der sittlichen Entrüstung in voller Frische erhalten.

In der Nacht der elendsten und verbrecherischsten Konterrevolution, die mit dem Netze ihrer Galgenschlingen für immer die Sonne unserer Heimat verdunkeln will, in der stickigen Atmosphäre der kriecherischen Feigheit der offiziellen öffentlichen Meinung schleudert dieser letzte Apostel der christlichen Allvergebung, in dem der alttestamentarische Prophet des Zornes nicht gestorben ist, sein *Ich kann nicht schweigen* als Fluch ins Antlitz denen, die hängen, und als Verdammungsurteil denen, die schweigen.[24]

Und mag er uns seine mitfühlende Aufmerksamkeit für unsere revolutionären Ziele verweigert haben – wir wissen, daß die Geschichte ihm das Verständnis für ihre Wege vorenthalten hat. Wir werden ihn deshalb nicht verurteilen. Und wir werden stets in ihm nicht nur den großen Genius schätzen, der nicht sterben wird, solange die menschliche Kunst lebendig ist, sondern auch den unbeugsamen sittlichen Mut, der ihm nicht gestattete, in den Reihen seiner heuchlerischen Kirche, seiner Gesellschaft und seines Staates zu bleiben, und der ihn zur Einsamkeit unter zahllosen Verehrern verdammte.[25]

DIE FORMALE SCHULE DER DICHTUNG UND DER MARXISMUS

Wenn man von dem schwachen Nachklang vorrevolutionärer Gedankensysteme absieht, so ist wohl die formale Theorie der Kunst die einzige Theorie, die sich während dieser Jahre auf sowjetischem Boden dem Marxismus entgegengestellt hat. Ein sonderbares Paradox besteht darin, daß der russische Formalismus sich eng mit dem russischen Futurismus verband und daß, während letzterer mehr oder weniger auf politischem Gebiet vor dem Kommunismus kapitulierte, sich der Formalismus auf theoretischem Gebiet dem Marxismus mit aller Macht entgegenstellte.

Viktor Šklovskij ist der Theoretiker des Futurismus und gleichzeitig das Haupt der formalen Schule. Nach seiner Theorie war die Kunst immer ein Schaffen sich selbst genügender, reiner Formen, und der Futurismus hat dies zum erstenmal klar erkannt. So ist der Futurismus die erste bewußte Kunst in der Geschichte und die formale Schule die erste wissenschaftliche Schule der Kunst. Durch die Bemühungen Šklovskijs – ein nicht geringes Verdienst! – wurden die Kunsttheorie und teilweise auch die Kunst selbst aus dem Zustand der Alchimie schließlich in die Lage der Chemie überführt. Der Verkünder der formalen Schule und erste Chemiker der Kunst gibt gelegentlich jenen 'Kompromißler'-Futuristen einen freundschaftlichen Klaps, die eine Brücke zur Revolution suchen und sie in der Theorie des historischen Materialismus zu finden hoffen. Eine solche Brücke ist nicht erforderlich: der Futurismus genügt sich selbst.

Man muß sich aus zwei Gründen mit der formalen Schule befassen. Erstens ihrer selbst wegen: trotz der ganzen Oberflächlichkeit und trotz der reaktionären Richtung der formalistischen Kunsttheorie ist ein gewisser Teil der Forschungsarbeit der Formalisten sehr nützlich. Zweitens wegen des Futurismus: so unbegründet die Ansprüche der Futuristen auf ein Alleinvertretungsrecht der neuen Kunst auch sind, aus dem Prozeß der Schaffung einer Kunst der Zukunft wird man den Futurismus nicht wegstreichen können.

Was ist die formale Schule?

In der Art, wie sie zur Zeit von Šklovskij, Žirmunskij, Jakobson und anderen repräsentiert wird, ist sie als erstes eine überhebliche Frühgeburt. Diese Schule hat die Form zum Wesen der Dichtung erklärt und sieht daher ihre Aufgabe in der Analyse (einer im wesentlichen beschreibenden und halb statistischen Analyse) der etymologischen und syntaktischen Eigenschaften der dichterischen Werke und in dem Auszählen sich wiederholender Vokale, Konsonanten, Silben und Epitheta. Diese Kleinarbeit, die von den Formalisten nicht ganz ihrem Rang entsprechend Wissenschaft der Dichtung oder Poetik genannt wird, ist zweifellos nötig und nützlich, wenn man sie in ihrem vorläufigen, helfend-vorbereitenden Teilcharakter versteht. Sie kann als wesentliches Element in die Technik des Dichterhandwerks, in ihre praktische Rezeptur eingehen. Wir dürfen sagen, daß es für den Dichter wie für den Schriftsteller überhaupt nützlich ist, sich Listen von Synonymen zusammenzustellen, ihre Zahl zu vergrößern und so seine sprachliche Klaviatur zu erweitern. Für den Dichter ist es ebenfalls nützlich, geradezu unerläßlich, ein Wort nicht nur nach seiner ihm innewohnenden Sinnassoziation zu bewerten, sondern auch nach seiner Akustik, denn es wird von Mensch zu Mensch vor allem akustisch weitergegeben. Das in gesetzmäßigen Grenzen gehaltene methodologische Verfahren des Formalismus kann zur Aufhellung der psychologisch-künstlerischen Besonderheiten der Form beitragen (ihrer Ökonomie, ihrer Dynamik, ihres Kontrastcharakters, ihrer hyperbolischen Wirkung usw.). Von hier aus eröffnet sich wiederum ein Weg – oder einer der Wege – zum Weltverständnis des Künstlers. Ferner wird die Aufdeckung der sozialen Bedingtheit des einzelnen Künstlers oder einer ganzen Künstlerschule erleichtert. Was die heute existierende und sich noch entwickelnde Schule anbetrifft, so ist es in unserer Übergangsperiode von unmittelbarer, der Orientierung dienender Bedeutung, sie mit einer sozialen Sonde abzutasten und ihre Klassenverwurzelung bloßzulegen – und dies nicht nur für den Leser, sondern auch für die Schule selbst, im Sinne ihrer Selbsterkenntnis, ihrer Selbstreinigung und ihrer Selbstausrichtung.

Aber die Formalisten selbst wollen sich nicht mit einer technischen Hilfs- oder Zubringerrolle ihrer Methoden zufrieden geben, mit einer Bedeutung von der Art, wie sie die Statistik für die Sozialwissenschaften oder das Mikroskop für die Biologie hat. Nein, sie gehen viel weiter: für sie wird die Kunst der Sprache völlig und endgültig durch das Wort bestimmt, wie die abbildende Kunst durch die Farbe. Ein Gedicht ist die Verknüpfung von Lauten, ein Bild die Kombination von Farbflecken, die Gesetze der Kunst sind die Gesetze der Wortverknüpfungen und der Farbkombinationen. Der sozialpsychologische Zugang, der für uns der mikroskopischen und statistischen Arbeit am Wortmaterial erst den richtigen Sinn gibt, ist für die Formalisten schon Alchimie.

Die Kunst war immer vom Leben unabhängig, und ihre Farbe spiegelte nie die Farbe der Flagge über der Festung der Stadt wider (Šklovskij).[1] *Die Einstellung auf den Ausdruck*, auf die *Wortmasse* ist das einzige wesentliche Moment der Dichtung (Jakobson).[2] *Ist einmal eine neue Form da, folgt auch ein neuer Inhalt. So bedingt die Form den Inhalt* (Kručënych).[3] *Dichtung ist Gestaltung des eigenständigen, des, wie Chlebnikov sagt, 'selbstgenügsamen' Wortes* (Jakobson) usw.[4]

Gewiß, die italienischen Futuristen suchten im Wort ein Ausdrucksmittel für das Zeitalter der Lokomotive, des Propellers, der Elektrizität, des Radios usw. Mit anderen Worten, sie suchten eine neue Form für neue Inhalte des Lebens. Aber es zeigt sich, daß *dies eine Reform auf dem Gebiet der Reportage und nicht auf dem Gebiet der poetischen Sprache ist* (Jakobson).[5] Anders der russische Futurismus: er führt die Einstellung auf die *Wortmasse* bis zur letzten Konsequenz. Für ihn bedingt die Form den Inhalt.

Gewiß, Jakobson sieht sich genötigt zuzugeben, daß *eine Reihe dichterischer Verfahren im Bereich des Urbanismus* (der Stadtkultur) *Anwendung (?) findet.*[6] Aber seine Folgerung ist: *daher die urbanistischen Verse von Majakovskij und Chlebnikov.*[7] Mit anderen Worten: nicht die Stadtkultur hat Augen und Ohren des Dichters beeindruckt oder am Ende umerzogen und ihm so die neue Form, die neuen Bilder, die neuen Epitheta, den neuen Rhythmus eingegeben, sondern die neue Form, die von sich aus (*selbstgenügsam*) entstanden ist, zwang den Dichter, passendes Material zu suchen, und ließ ihn dabei auf die Stadt stoßen! Die Entwicklung der *Wortmasse* gelangte von selbst von der *Odyssee* zur *Wolke in Ho-*

sen[8]: der Kienspan, die Wachskerze, die elektrische Lampe haben hieran keinen Anteil! Man braucht diesen Standpunkt nur klar zu formulieren, und seine wirklich kindische Unbedarftheit springt in die Augen. Aber Jakobson versucht daran festzuhalten: es finden sich doch, wendet er im voraus ein, bei demselben Majakovskij auch die Verse: *Verlaßt die Städte, dumme Leute.*[9] Und der Theoretiker der formalen Schule folgert tiefsinnig: *Was ist das – ein logischer Widerspruch?! Sollen doch die anderen dem Dichter die Gedanken nennen, die in seinen Werken ausgesprochen werden. Dem Dichter Ideen und Gefühle vorzuwerfen, ist genauso absurd wie das Verhalten des mittelalterlichen Publikums, das den Schauspieler verprügelt, der den Judas spielte* usw.[10]

Es ist vollkommen klar, daß dies alles ein sehr begabter Gymnasiast der fünften Klasse geschrieben hat, mit der offenkundigsten und ganz *selbstgenügsamen* Absicht, unserem Sprachkundelehrer, dem bekannten Pedanten, eins auszuwischen. Eins auswischen können unsere wagemutigen Neuerer meisterhaft, aber sich theoretisch fehlerfrei ihrer Feder zu bedienen, verstehen sie nicht. Dies zu beweisen ist nicht schwer.

Natürlich hat der Futurismus die Eindrücke, die von der Stadt – der Straßenbahn, der Elektrizität, dem Telegraphen, dem Automobil, dem Propeller, dem Nachtcafé (besonders dem Nachtcafé) – ausgehen, wahrgenommen, bevor er seine neue Form gefunden hat. Der Urbanismus (die Stadtkultur) sitzt dem Futurismus tief im Unbewußten. Die Epitheta, die Etymologie, die Syntax und der Rhythmus des Futurismus stellen den Versuch dar, dem neuen Geist der Städte, der nun ins Bewußtsein gedrungen ist, eine künstlerische Form zu geben. Und wenn Majakovskij ausruft: *Verlaßt die Städte, dumme Leute,* so ist das der Schrei eines Städters bis ins Mark; dabei zeigt er sich am klarsten und deutlichsten als Städter außerhalb der Stadt, wenn er *die Stadt verläßt,* als Bewohner einer Datscha. Die Sache ist durchaus nicht die, daß man dem Dichter die von ihm ausgesprochenen Gedanken und Gefühle 'inkriminiert'[11]. Natürlich wird der Dichter erst zum Dichter durch die Art, wie er sie ausspricht. Aber letzten Endes erfüllt der Dichter in der Sprache der von ihm angenommenen oder von ihm selbst geschaffenen Schule Aufgaben, die außerhalb seiner selbst liegen. Dies gilt auch für den

Fall, daß er sich auf einen kleinen Bezirk der Lyrik beschränkt: auf die eigene Liebe, den eigenen Tod. Die individuelle Nuancierung der dichterischen Form entspricht selbstverständlich der individuellen Anlage, verträgt sich aber gleichzeitig mit Epigonentum und Routine, sowohl auf dem Gebiet der Gefühle wie auch in den Mitteln ihres Ausdrucks. Die neue künstlerische Form entsteht, wenn man sie in einem großen historischen Maßstab betrachtet, als Antwort auf neue Bedürfnisse. Wenn man im Kreis der intimen Lyrik bleibt, kann man sagen: zwischen dem physiologischen Geschlecht und einem Liebesgedicht verläuft ein kompliziertes System psychischer Übertragungsmechanismen, in dem Individuelles, Ererbtes und Soziales enthalten sind. Das ererbte Fundament, die sexuelle Basis des Menschen, ändert sich langsam. Die gesellschaftlichen Formen der Liebe ändern sich schneller. Sie wirken auf den psychischen Überbau der Liebe, bringen neue Schattierungen und Intonationen hervor, neue geistige Bedürfnisse, die Notwendigkeit eines neuen Wortschatzes und stellen dadurch neue Forderungen an die Dichtung. Das Material zu seinem Schaffen kann der Dichter nur in seiner sozialen Umwelt finden, indem er die neuen Impulse des Lebens durch sein künstlerisches Bewußtsein fließen läßt. Die Sprache, verändert und kompliziert durch die Umweltbedingungen der Stadt, gibt dem Dichter neues Wortmaterial und suggeriert oder ermöglicht ihm neue Verfahren der Wortverknüpfung für eine dichterische Ausformung neuer Gedanken oder eines neuen Gefühls, das die dunkle Scheidewand des Unbewußten zu durchstoßen sucht. Wenn es keine Veränderungen in der Psyche gäbe, hervorgerufen durch die Veränderung des gesellschaftlichen Milieus, dann gäbe es auch keine Bewegung in der Kunst: die Menschen würden fortfahren, sich von Generation zu Generation mit der Poesie der Bibel oder der alten Griechen zufrieden zu geben.

Aber dann, so fällt der Philosoph des Formalismus über uns her, dreht es sich einzig um die neue Form *auf dem Gebiet der Reportage und nicht auf dem Gebiet der poetischen Sprache*. Ach, er hat das Kind mit dem Bade ausgeschüttet! Wenn man so will, ist die Dichtung auch Reportage, nur in einem besonderen, großen Stil.

Der Streit um die 'reine Kunst' und die engagierte Kunst war zwischen den Liberalen und den Narodniki angebracht.[12] Uns steht dieser Streit schlecht zu Gesicht. Die materialistische Dialektik steht höher: für sie ist die Kunst unter dem Blickwinkel eines objektiven historischen Prozesses immer gesellschaftsdienlich und historisch-utilitaristisch. Sie findet für dunkle und wirre Zustände den ihnen gebührenden Wortrhythmus, nähert Gedanken und Gefühl einander an oder stellt sie einander gegenüber, bereichert die geistige Erfahrung des Einzelnen wie des Kollektivs, verfeinert das Gefühl, macht es elastischer, aufnahmefähiger, klangempfindlicher, erweitert das Fassungsvermögen des Intellekts hinsichtlich der nicht selbst gesammelten Erfahrung, erzieht das Individuum, die gesellschaftliche Gruppe, die Klasse, die Nation. Und dies völlig unabhängig davon, ob sie in ihrer vorgezeichneten Bahn unter der Flagge der 'reinen' oder der offenkundig tendenziösen Kunst auftritt. In unserer russischen Gesellschaftsentwicklung schrieb die Intelligenz, die eine Brücke zum Volk suchte, das Engagement auf ihr Banner. Die ohnmächtige, vom Zarismus niedergedrückte, ihres kulturellen Milieus beraubte Intelligenz suchte Halt bei den gesellschaftlich niedrigen Schichten, bemühte sich, dem 'Volk' zu beweisen, daß sie nur an es denke, nur für es lebe, daß sie es 'ganz fürchterlich' liebe und daß sie ebenso wie die ins Volk gehenden Narodniki bereit sei, ohne saubere Wäsche, ohne Kamm und ohne Zahnbürste auszukommen. Ebenso ist die Intelligenz in ihrer Kunst bereit, die Kunstgriffe der Form zu opfern, um den Leiden und Hoffnungen der Geknechteten den allerdirektesten und unmittelbarsten Ausdruck zu verleihen. Umgekehrt war für die sich behauptende Bourgeoisie, die ihre Bürgerlichkeit nicht offen dartun konnte und gleichzeitig die Intelligenz hinter sich wissen wollte, das naturgemäße Banner die 'reine' Kunst. Der Standpunkt des Marxismus ist weit von diesen historisch bedingten, aber auch historisch überholten Strömungen entfernt. Auf der Ebene der wissenschaftlichen Forschung sucht der Marxismus mit derselben Überzeugung die sozialen Wurzeln der 'reinen' wie der engagierten Kunst. Er 'inkriminiert' dem Dichter keineswegs die Gedanken und Gefühle, die dieser ausdrückt, sondern er stellt sich Fragen von viel tieferer Bedeutung: welchem Aufbau der Gefühle entspricht eine bestimmte Form des Kunstwerkes in allen ihren Besonderheiten? Welches ist die soziale Bedingtheit dieser Gedanken und Gefühle? Welchen Platz in der historischen

Entwicklung der Gesellschaft oder der Klasse nehmen sie ein? Und weiter: welcher Art sind die Elemente des literarischen Erbes, die in die Ausarbeitung der neuen Form miteinbezogen wurden? Unter dem Einfluß welcher historischen Anstöße durchbrachen die neuen Gedanken- und Gefühlskomplexe die Scheidewand, die sie von der Sphäre des dichterischen Bewußtseins trennte? Die Untersuchung kann sich komplizieren, kann detaillierte und individuelle Formen annehmen, aber als ihre Grundachse wird die dienende Rolle der Kunst im sozialen Prozeß bleiben.

Jede Klasse hat in der Kunst ihre mit der Zeit sich verändernde Politik, d. h. ihr System, der Kunst Forderungen zu stellen: das Mäzenatentum der Höfe und der Grandseigneurs, das automatische Spiel von Angebot und Nachfrage, ergänzt durch die kombinierten Methoden des individuellen Eingreifens usw. Die soziale, ja sogar die an Personen geknüpfte Abhängigkeit der Kunst wurde nicht vertuscht, sondern mit Eifer verkündet, solange sie ihren höfischen Charakter bewahrte. Der breitere, massenwirksame, anonyme Charakter der sich behauptenden Bourgeoisie führte im großen und ganzen auf umständlichen Nebenwegen zur Theorie der 'reinen' Kunst. In dem schon erwähnten Engagement der Intelligenz der Narodniki-Bewegung gab es auch einen eigenen Klassenegoismus: ohne das Volk fand die Intelligenz keinen festen Boden, konnte sich nicht behaupten und nicht das Recht auf eine historische Rolle in Anspruch nehmen. Aber unter den Bedingungen des revolutionären Kampfes wurde ihr Klassenegoismus umgestülpt und nahm auf ihrem linken Flügel Formen höchster Selbstlosigkeit an. Deswegen verbarg die Intelligenz ihr Engagement nicht, sondern plakatierte es, so gut sie konnte, und opferte dabei in der Kunst nicht selten die Kunst selbst, wie sie noch vieles andere opferte.

Unser marxistisches Verständnis von der objektiven sozialen Abhängigkeit und dem gesellschaftlichen, utilitaristischen Charakter der Kunst bedeutet – in die Sprache der Politik übersetzt – durchaus nicht den Versuch, die Kunst mit Hilfe von Dekreten und Vorschriften zu kommandieren. Für uns ist keineswegs nur jene Kunst neu oder revolutionär, die über den Arbeiter spricht, und es wäre unsinnig anzunehmen, wir forderten von den Dichtern, daß sie unbedingt einen Fabrikschornstein oder einen Aufstand gegen das Kapital beschreiben! Es ist klar, daß die neue Kunst organisch nicht umhin können wird, den Kampf des Proletariats in den Mittelpunkt ihrer Aufmerksamkeit zu rücken. Aber der Pflug der neuen Kunst darf sich bei seiner Arbeit durchaus nicht nur auf einzelne numerierte Furchen beschränken, sondern muß das ganze Feld kreuz und quer durchpflügen. Der kleinste Bezirk persönlicher Lyrik hat ganz unumstritten eine Existenzberechtigung im Rahmen der neuen Kunst. Mehr noch, der neue Mensch kann sich ohne eine neue Lyrik nicht herausbilden. Aber um sie zu schaffen, muß der Dichter die Welt selbst auf neue Weise empfinden. Wenn ihm Christus oder gar Zebaoth in die Arme fallen (wie bei der Achmatova, der Cvetaeva, der Škapskaja und anderen[13]), so zeugt schon dieses Zeichen von der Überkommenheit einer solchen Lyrik, von ihrer gesellschaftlichen und folglich auch ästhetischen Untauglichkeit für den neuen Menschen. Selbst da, wo diese Terminologie weniger im Erleben als in den sprachlichen Archaismen zum Ausdruck kommt, zeugt sie zumindest von einer seelischen Trägheit und gerät dadurch in Widerspruch zum Bewußtsein des neuen Menschen. Niemand stellt den Dichtern thematische Aufgaben oder hat vor, dies zu tun. Schreiben Sie nur, was Sie beschäftigt! Aber gestatten Sie der neuen Klasse, die sich – mit einer gewissen Berechtigung – berufen fühlt, eine neue Welt zu errichten, Ihnen in dem einen oder anderen Fall zu sagen: Wenn Sie die Weltsicht des *Domostroj* in die Sprache des Akmeïsmus übertragen, dann macht das aus Ihnen keinen neuen Dichter.[14] Die künstlerische Form ist in gewissen und sehr weiten Grenzen unabhängig, aber der Künstler, als Schöpfer dieser Form, und der Betrachter, der sich an ihr ergötzt, sind keine toten Apparate zur Erzeugung und Wahrnehmung der Form, sondern lebendige Menschen mit einer ausgebildeten Psyche, die eine gewisse, wenn auch nicht immer harmonische Einheit darstellt. Und diese ihre Psyche ist sozial bedingt. Die Erzeugung und Wahrnehmung künstlerischer Formen ist eine ihrer Funktionen. Und wie sehr die Formalisten auch klug tun, ihre ganze schlecht durchdachte Konzeption basiert auf der Ignorierung der seelischen Einheit des gesellschaftlichen Menschen, desselben, der schafft oder das Geschaffene benutzt.

Das Proletariat braucht in der Kunst einen Ausdruck für jene neue Art des Empfindens, die sich in ihm gerade eben erst herausbildet und bei deren Formung die Kunst behilflich sein muß. Das kann nicht auf Bestellung des Staates geschehen, das ist ein historisches Kriterium. Sein Gewicht liegt in seiner objektiven historischen Bedingtheit. Es läßt sich nicht umgehen, seinem Einfluß entkommt man nicht.

Die formale Schule scheint gerade dem Objektivismus zuzustreben. Die Willkür der Literaturkritik, die nur mit Kriterien wie Geschmack und Stimmung operiert, empört sie, und nicht ohne Grund. Sie sucht genaue Merkmale für Klassifizierung und Bewertung. Aber aufgrund ihres engen Horizontes und der Oberflächlichkeit ihrer Methoden sinkt sie auf die Stufe des Aberglaubens zurück, ähnlich wie die Graphologie und die Phrenologie. Diese beiden 'Schulen' haben sich ebenfalls, wie bekannt, die Festlegung rein objektiver Merkmale für die Bestimmung des menschlichen Charakters zur Aufgabe gemacht: sie untersuchen die Zahl und Krümmung der Schriftschnörkel und die Besonderheiten der Beulen am Hinterkopf. Es ist anzunehmen, daß die Schnörkel und Beulen tatsächlich in einer gewissen Beziehung zum Charakter stehen, aber diese Beziehung ist nicht direkt, und der menschliche Charakter erschöpft sich bei weitem nicht darin. Der angebliche Objektivismus, der sich auf zufällige, zweitrangige oder einfach unvollständige Elemente des Problems stützt, führt unausweichlich zu dem ärgsten Subjektivismus, das bedeutet für die formale Schule – zum Wortaberglauben. Nachdem der Formalist die Adjektive gezählt, die Zeilen abgewogen, den Rhythmus gemessen hat, verharrt er entweder schweigend in der Pose eines Menschen, der nicht weiß, was er mit sich anfangen soll, oder er gibt plötzlich eine Schlußfolgerung von sich, in der 5 % Formalismus und 95 % der allerunkritischsten Intuition stecken.

Die Formalisten führen im Grunde ihre Kunstauffassung nicht logisch zu Ende. Wenn man den Prozeß des künstlerischen Schaffens nur als Kombination von Lauten oder Wörtern sieht und auf diesem Wege alle Aufgaben der Dichtung zu lösen sucht, dann kann die Quintessenz der 'Poetik' nur so lauten: mit dem *Dal'* bewaffnet[15], vermittels algebraischer Kombinationen und Umstellungen von Wortelementen alle schon geschaffenen und alle noch nicht geschaffenen dichterischen Werke der Welt zu kreieren. 'Formal' denkend, kann man an den *Evgenij Onegin* in zweifacher Weise herangehen: entweder man ordnet die Wahl der Wortelemente der im voraus existierenden künstlerischen Idee unter (wie bei Puškin), oder man löst die Aufgabe algebraisch. Vom 'formalen' Blickpunkt aus ist der zweite Weg sicherer, weil er nicht von Stimmung, Inspiration und anderen ungewissen Dingen abhängt und dazu noch den Vorzug hat, daß er beim Herangehen an *Evgenij Onegin* noch eine ganze Menge anderer großer Werke hervorzubringen verspricht. Dazu benötigt man nur die zeitliche Unendlichkeit, genannt Ewigkeit. Aber da die Menschheit über diese nicht verfügt und der einzelne Dichter noch weniger, so wird als wichtigste Triebfeder der dichterischen Wortverknüpfung nach wie vor die schon bestehende künstlerische Idee im weitesten Sinne bleiben: sei es als präziser Gedanke, als klar ausgedrücktes, persönliches oder soziales Gefühl oder als unklare Stimmung. Dieses subjektive schöpferische Durcheinander erfährt, wenn es sich künstlerisch zu realisieren trachtet, seitens der gesuchten Form neue Reize und Anstöße und gerät manchmal gänzlich auf einen ursprünglich nicht vorausgesehenen Weg. Das bedeutet nur, daß die sprachliche Form kein passiver Abdruck der im voraus bestehenden, künstlerischen Idee ist, sondern ein aktives Element, das auf den Grundgedanken selbst einwirkt. Eine derartige aktive Wechselbeziehung aber – wenn die Form den Inhalt beeinflußt und ihn dabei manchmal in der Wurzel umgestaltet – ist uns auf allen Gebieten des gesellschaftlichen und biologischen Lebens bekannt. Das ist keineswegs ein Grund für eine Absage an Darwinismus oder Marxismus und für die Schaffung einer 'formalen Schule' in der Biologie und der Soziologie.

V. Šklovskij, der höchst ungezwungen vom Wortsalat des Formalismus bis zu den subjektivsten Werturteilen alles durchpflügt, verhält sich dabei äußerst feindselig gegenüber dem historisch-materialistischen Kunstkriterium. In dem von ihm in Berlin herausgegebenen Heft *Rösselsprung* formuliert er auf drei kleinen Seiten – die Kürze ist die hauptsächliche, jedenfalls unbestreitbare Qualität Šklovskijs – fünf (nicht vier und nicht sechs, sondern fünf) erschöpfende Argumente gegen die materialistische Sichtweise der Kunst. Wir verweilen bei diesen Argumenten, denn es kann wirklich nicht schaden, einmal zu sehen und zu zeigen, was für eine Spreu für das letzte Wort wissenschaftlichen Denkens ausgegeben wird (mit den verschiedenartigsten gelehrten Anmerkungen auf eben diesen drei mikroskopisch kleinen Seitchen).

Wenn das Alltagsleben und die Produktionsverhältnisse, sagt Šklovskij, *einen Einfluß auf die Kunst hätten, wären die Sujets dann nicht an den Platz geheftet, der diesen Verhältnissen entspräche? Aber die Sujets sind doch ohne feste Heimat.*[16] Nun, und die Schmetterlinge? Sie *entsprechen* doch auch nach Darwin bestimmten Verhältnissen, indes flattern sie von Ort zu Ort, nicht schlechter als mancher leichtfertige Literat.

Es ist schwer verständlich, warum der Marxismus eigentlich die Sujets, die die Leibeigenschaft zum Inhalt haben, verurteilen muß. Die Tatsache, daß verschiedene Volksteile und verschiedene Klassen ein und desselben Volkes ein und dieselben Sujets benützen, zeugt nur von der beschränkten Phantasie des Menschen und von seinem Bestreben, bei seinem ganzen Schaffen, auch dem künstlerischen, die Kräfte ökonomisch einzusetzen. Jede Klasse ist im höchsten Maße bestrebt, das materielle und geistige Erbe der anderen Klasse auszunutzen. Das Argument Šklovskijs kann man mühelos auf das Gebiet der Produktionstechnik übertragen. Seit dem Altertum hatte der Wagen der historischen Menschheit ein gleichbleibendes Sujet: Achsen, Räder, Deichsel. Die Equipage des römischen Patriziers war aber genauso seinem Geschmack und seinen Bedürfnissen angepaßt, wie die Kutsche des Grafen Orlov, im Inneren mit gewissen Bequemlichkeiten ausgestattet, dem Geschmack des Günstlings Katharinas entsprach. Der Wagen des russischen Bauern entspricht den Anforderungen seiner Wirtschaft, den Kräften seines Pferdchens und den Eigenschaften der Feldwege. Das Automobil, unbestreitbar eine Schöpfung der neuen Technik, weist aber auch das gleiche 'Sujet' auf – vier Räder an zwei Achsen. Nichtsdestoweniger findet jedesmal, wenn auf einer russischen Straße nachts ein Bauernpferdchen entsetzt zusammenfährt vor den blendenden Scheinwerfern eines Automobils, in dieser Episode der Konflikt zweier Kulturen seinen Ausdruck.

Wenn das Alltagsleben sich in Novellen ausdrücken würde, lautet das zweite Argument, *dann würde die europäische Wissenschaft sich nicht den Kopf darüber zerbrechen, wo – Ägypten, Indien oder*

Persien – und wann die Novellen von 'Tausendundeine Nacht' geschaffen wurden.[17] Wenn man sagt, daß das Alltagsleben des Menschen, also auch des Künstlers, d. h. die Umstände seiner Erziehung und seines Lebens, ihren Ausdruck in seinem Schaffen finden, dann bedeutet dies durchaus nicht, daß dieser Ausdruck einen genauen geographischen, ethnographischen oder statistischen Charakter hat. Es verwundert nicht, wenn man bei bestimmten Novellen schwer entscheiden kann, ob sie in Ägypten, Indien oder Persien geschaffen wurden, denn die sozialen Bedingungen dieser Länder haben zu vieles gemeinsam. Aber gerade das Faktum, daß die europäische Wissenschaft sich den Kopf zerbricht bei der Lösung dieses Problems, und zwar auf der Grundlage eben dieser Novellen, beweist, daß die Novellen das Alltagsleben widerspiegeln, wenn auch sehr verzerrt. Niemand kann aus seiner Haut. Selbst in den Visionen eines Wahnsinnigen gibt es nichts, was der Kranke nicht früher aus der Außenwelt bezogen hätte. Aber es wäre Wahnsinn zweiten Grades, die Visionen für die genaue Widerspiegelung der Außenwelt zu halten. Nur der erfahrene und einfühlsame Psychiater, der die Vergangenheit des Kranken kennt, spürt in den Zeichen der Vision bruchstückhafte und verzerrte Absplitterungen der Realität auf. Das künstlerische Schaffen ist natürlich nicht die Vision eines Irren. Aber es ist auch eine Brechung, Abwandlung, Umformung der Realität nach den besonderen Gesetzen der Kunst. So phantastisch Kunst auch sein mag, ihr steht kein anderes Material zur Verfügung als das, was ihr unsere Welt der drei Dimensionen oder die engere Welt der Klassengesellschaft gibt. Sogar wenn der Künstler das Paradies oder die Hölle schafft, produziert er in seinen Phantasmagorien die eigene Lebenserfahrung, bis hin zur unbezahlten Rechnung der Wohnungsvermieterin.

Wenn Standes- und Klassencharakteristik in der Kunst zum Ausdruck kämen, sagt Šklovskij weiter, *wäre es dann etwa möglich, daß die großrussischen Märchen über den Gutsbesitzer denjenigen über den Popen genau gleichen?*[18]

Eigentlich ist das eine Periphrase des ersten Argumentes. Warum sollen die Märchen über den Gutsbesitzer nicht dieselben sein, wie die über den Popen, und in welcher Hinsicht widerspricht das dem Marxismus? In den Aufrufen, die von anerkannten Marxisten geschrieben werden, ist nicht selten die Rede von Gutsbesitzern, Kapitalisten, Popen, Generälen und anderen Ausbeutern. Der Gutsbesitzer unterscheidet sich unbestreitbar vom Kapitalisten, aber es gibt Fälle, wo man sie in einen Sack stecken kann. Warum soll es der Volkskunst nicht erlaubt sein, den Gutsbesitzer und den Popen in gewissen Fällen zusammenzustecken, als Vertreter der über dem Bauern stehenden und den Bauern ausplündernden Stände? Auf den Plakaten von Moor oder Deni steht der Pope nicht selten neben dem Gutsbesitzer – ohne jeden Schaden für den Marxismus.[19]

Wenn ethnographische Charakteristika in der Kunst Ausdruck fänden, läßt Šklovskij nicht locker, *so wären die Märchen über Fremdstämmige nicht umkehrbar, würden nicht von jedem beliebigen Volk über andere Nachbarn erzählt.*[20]

Es kommt immer besser! Der Marxismus behauptet durchaus nicht den selbständigen Charakter der ethnographischen Eigenheiten. Er hebt im Gegenteil die alles bestimmende Bedeutung der Natur- und Wirtschaftsbedingungen im Entstehungsprozeß der Folklore hervor. Die ähnlichen Entwicklungsbedingungen bei den vornehmlich bäuerlichen Völkern, den Landwirtschaft betreibenden und den Hirtenvölkern und der ähnliche Charakter ihrer gegenseitigen Beeinflussung führte zwangsläufig zur Entstehung ähnlicher Märchen. Dabei ist es vom Standpunkt der uns beschäftigenden Frage unerheblich, ob die verwandten Sujets selbständig bei verschiedenen Völkern entstanden sind als Spiegelbild der in ihren Grundzügen einheitlichen Lebenserfahrung, gebrochen durch das gleichbleibende Prisma bäuerlicher Phantasie, oder ob die Samenkörner der Märchen vom vorüberziehenden Wind von Ort zu Ort getragen wurden und dort Wurzeln schlugen, wo der Boden aufnahmebereit war. In Wirklichkeit haben sich wahrscheinlich diese beiden Wege verschlungen.

Fünftens führt Šklovskij schließlich als gesondertes Argument das konkrete Thema des Raubes an, das sich durch die griechische Komödie bis zu Ostrovskij hinzog;[21] mit anderen Worten, unser Kritiker wiederholt in variierter Form immer wieder sein Ausgangsargument (wie man sieht, ist es auch um die formale Logik bei unseren Formalisten nicht besonders gut bestellt). Ja, die Sujets wandern von Volk zu Volk, von Klasse zu Klasse, sogar von Autor zu Autor. Das bedeutet nur, daß die menschliche Phantasie sparsam ist. Eine neue Klasse beginnt nicht die ganze Kultur von vorne zu erschaffen, sondern ergreift von dem Vergangenen Besitz, sortiert es, gruppiert es um, gibt ihm ein neues Gesicht und baut dann erst darauf weiter auf. Ohne diese Verwendung der 'abgetretenen' Garderobe der Jahrhunderte gäbe es im historischen Prozeß überhaupt keine Bewegung nach vorn. Wenn die Sujets der Dramen Ostrovskijs von den Ägyptern über die Griechen zu ihm gelangt sind, so ist auch das Papier, auf dem Ostrovkij sein Sujet entwarf, als Entwicklung des ägyptischen Papyrus über das griechische Pergament zu ihm gekommen. Nehmen wir eine noch näherliegende Analogie: der Umstand, daß die kritischen Denkmethoden der Griechen, der reinen Formalisten ihrer Zeit, das schöpferische Bewußtsein Šklovskijs nachhaltig beeinflußt haben, ändert in keiner Weise die Tatsache, daß Šklovskij selbst das sehr pittoreske Produkt eines bestimmten sozialen Milieus und einer bestimmten Zeit ist.

Šklovskijs Zerschlagung des Marxismus in fünf Punkten erinnert auffällig an jene Aufsätze, die in der guten alten Zeit in der Zeitschrift *Pravoslavnoe Obozrenie* gegen den Darwinismus abgedruckt wurden.[22] Wenn die Lehre von der Abstammung des Menschen vom Affen richtig wäre, schrieb vor dreißig bis vierzig Jahren der gelehrte Nikanor, Bischof von Odessa,[22] dann müßten unsere Großväter deutlich ausgeprägte Anzeichen eines Schwanzes gehabt haben, oder sie müßten sich an solche Merkmale bei ihren Großvätern und Großmüttern erinnern. Zweitens gebären, wie bekannt, Affen immer nur Affen . . . Fünftens aber ist der Darwinismus falsch, weil er dem Formalismus widerspricht oder zumindest den formalen Resolutionen der ökumenischen Konzile. Der 'Vorzug' des gelehrten Mönchs lag in seinem offenen Bekenntnis zum 'ewig Gestrigen', er berief sich auf den Apostel Paulus und nicht auf die Physik, die Chemie, die Mathematik, wie es der Futurist Šklovskij mitunter tut.

Es ist unbestreitbar, daß das Verlangen nach Kunst nicht durch ökonomische Bedingungen erzeugt wird. Aber auch das Ernährungsbedürfnis wird nicht durch die Ökonomie hervorgerufen. Gerade umgekehrt schafft das Bedürfnis nach Essen und Wärme die Ökonomie. Es ist vollkommen richtig, daß man ein Kunstwerk nie ausschließlich nach den Prinzipien des Marxismus beurteilen, ablehnen oder gutheißen kann. Die Produkte künstlerischer Arbeit müssen in erster Linie nach ihren eigenen Gesetzen beurteilt werden, d. h. nach den Gesetzen der Kunst. Aber nur der Marxismus ist fähig zu erklären, warum und woher in einer bestimmten Epoche eine bestimmte Kunstrichtung auftrat, d. h. wer ein Verlangen nach solchen und nicht nach anderen Kunsformen hatte und warum.

Es wäre kindisch zu glauben, daß jede Klasse ihre Kunst voll und ganz aus sich selbst schöpft, und daß speziell das Proletariat befähigt ist, durch isolierte Kunstseminare, Zirkel, proletarische Kulturarbeit und ähnliches eine neue Kunst zu schaffen. Überhaupt ist das Schaffen des historischen Menschen ein Aufeinanderfolgen. Jede neu emporsteigende Klasse stellt sich auf die Schultern ihrer Vorgänger. Aber dieses Aufeinanderfolgen ist dialektischer Natur, d. h., es findet zu sich selbst auf dem Wege inneren Abstoßens und Zerreißens. Die neue Klasse gibt über die Ökonomie Impulse in Form von neuen künstlerischen Bedürfnissen und dem Verlangen nach neuen Methoden in Literatur und Malerei. Geringere Impulse kommen von der neuen Einstellung dieser Klasse unter dem Einfluß ihres wachsenden Reichtums und der Stärke ihrer Kultur. Kunstschaffen ist immer ein kompliziertes Umgestalten alter Formen unter der Einwirkung neuer Impulse, die aus einem Bereich außerhalb der Kunst kommen. In diesem weitgefaßten Sinne ist die Kunst dienend. Das ist kein blutleeres Element, das aus sich selbst lebt, sondern eine Funktion des gesellschaftlichen Menschen, unlöslich verknüpft mit seinem alltäglichen Leben und seiner Ordnung. Es ist symptomatisch – was die Absicht anbetrifft, jedes soziale Vorurteil ad absurdum zu führen –, daß Šklovskij sich gerade in jener Periode unserer russischen Geschichte zu der Idee einer absoluten Unabhängigkeit der Kunst von der sozialen Ordnung verstieg, als die Kunst mit einer nie dagewesenen Klarheit ihre geistige, materielle, die Lebensformen betreffende Abhängigkeit von bestimmten gesellschaftlichen Klassen, Unterklassen und Gruppen demonstrierte.

Der Materialismus negiert nicht die Bedeutung des formalen Moments – weder in der Logik noch im Recht oder der Kunst. Ebenso wie ein Rechtssystem nach seiner inneren Logik und Übereinstimmung beurteilbar sein kann und muß, so kann und muß auch die Kunst vom Standpunkt ihrer formalen Errungenschaften her beurteilbar sein, denn außerhalb dieser kann es keine Kunst geben. Eine juristische Theorie aber, die versucht, eine Unabhängigkeit des Rechts von den sozialen Bedingungen aufzustellen, ist schon in ihrem Ansatz falsch. Die Antriebskraft geht von der Ökonomie, den Klassengegensätzen aus. Das Recht gibt diesen Erscheinungen nur einen geformten und innerlich abgestimmten Ausdruck, nicht in ihrer individuellen Ausschließlichkeit, sondern in ihrer Gemeinsamkeit, Wiederholbarkeit und ihrer Dauer. Gerade in diesen Tagen beobachten wir bei uns selbst mit einer in der Geschichte seltenen Klarheit, wie das neue Recht zustandekommt: nicht auf dem Wege sich selbst genügender Deduktion, sondern durch empirisches Anpassen und Zuschneiden auf die wirtschaftlichen Bedürfnisse der neuen herrschenden Klasse. Die Literatur gibt mit ihren Methoden und Verfahren, die sehr tief in der Vergangenheit wurzeln und die angesammelte Erfahrung sprachlicher Meisterschaft darstellen, den Gedanken, Gefühlen, Stimmungen, Hoffnungen ihrer Epoche und ihrer Klasse Ausdruck. Daran ist nichts zu ändern. Es besteht auch keine Notwendigkeit, scheint es, etwas daran zu ändern – wenigstens nicht für die, die nicht Diener einer schon vergangenen Epoche und überlebten Klasse sind.

Die Verfahren der formalen Analyse sind notwendig, aber nicht ausreichend. Man kann die Alliterationen in Volkssprichwörtern zählen, die Metaphern klassifizieren, die Vokale und Konsonanten eines Lobgesangs rechnerisch erfassen – all dies bereichert zweifellos in irgendeiner Weise unser Wissen über das Kunstschaffen des Volkes; aber wenn man nicht den ländlichen Fruchtwechsel und den damit verbundenen Lebensrhythmus kennt, wenn einem die Rolle des Hakenpfluges unbekannt ist, und wenn man sich nicht mit dem bäuerlichen Kirchenkalender zurechtfindet, d. h. wenn man nicht weiß, zu welcher Jahreszeit der Bauer heiratet, wann die Bäuerin gebärt, dann werden wir nur die Schale der Volkskunst kennen lernen, aber nicht bis zu ihrem Kern vorstoßen. Man kann die Architektur und das Konstruktionsschema des Kölner Doms bestimmen, indem man das Fundament und die Höhe seiner Bögen ausmißt, die drei Dimensionen seiner Schiffe, die Ausmaße und Anordnung der Säulen ermittelt usw. Wenn wir aber nicht wissen, was eine mittelalterliche Stadt ist, was eine Zunft und was die katholische Kirche des Mittelalters bedeutet, dann werden wir den Kölner Dom nie begreifen. Der Versuch, die Kunst vom Leben zu trennen, sie zu einem sich selbst genügenden Handwerk zu deklarieren, beraubt sie ihrer Seele und tötet sie. Schon das Verlangen nach einem solchen Eingriff ist ein untrügliches Symptom geistigen Verfalls.

Die oben kurz erwähnte Analogie zu der theologischen Widerlegung des Darwinismus mag dem Leser oberflächlich und anekdotisch erscheinen. Dem ist gewiß auch so. Aber hier gibt es noch eine tiefere Verbindung. Die Theorie des Formalismus muß einen auch nur halbwegs belesenen Marxisten an den bekannten Refrain einer sehr alten philosophischen Melodie erinnern. Juristen und Moralisten (wir denken z. B. an den Deutschen Stammler und unseren Subjektivisten Michajlovskij[23]) beweisen immer wieder, daß Moral und Recht schon deshalb nicht von der Wirtschaft bestimmt werden können, weil die Wirtschaft selbst außerhalb juristischer und ethischer Normen nicht denkbar ist. Gewiß sind die Rechts- und Moralformalisten nicht so weit gegangen, die völlige Unabhängigkeit des Rechts und der Ethik von der Wirtschaft anzuerkennen; sie erkannten eine gewisse, komplizierte Wechselbeziehung von 'Faktoren' an, wobei diese 'Faktoren', indem sie gegenseitig aufeinander einwirkten, die Eigenschaften selbständiger Substanzen bewahrten, von denen man nicht wußte, woher sie kamen. Die These von einer völligen Unabhängigkeit des ethischen 'Faktors' vom Einfluß sozialer Umstände – in der Manier Šklovskijs – ist schon eine spezifische Extravaganz, die übrigens auch sozial bedingt ist: es ist ein ästhetischer Größenwahn, in dem unsere harte Wirklichkeit auf den Kopf gestellt wird. Läßt man diese Besonderheit beiseite, bleibt in den Entwürfen der Formalisten eine schmähliche Übereinstimmung mit allen möglichen Spielarten des Idealismus. Für den Materialisten stellen die Religion, das Recht, die Moral und die Kunst einzelne Seiten des in seinen Grundzügen einheitlichen Prozesses der gesellschaftlichen Entwicklung dar. Von ihrer Produktionsbasis abgelöst, sich komplizierend, ihre Eigenart festigend und detaillierend, bleiben Politik, Religion, Recht, Ethik, Ästhetik Funktionen des sozial gebundenen Menschen und unterwerfen sich den

Gesetzen der Gesellschaftsstruktur. Der Idealist aber sieht keinen einheitlichen historischen Entwicklungsprozeß, der aus sich selbst die notwendigen Organe und Funktionen hervorbringt, sondern eine Kreuzung, Verknüpfung oder Wechselwirkung gewisser sich selbst genügender Prinzipien – religiöser, politischer, juristischer, ästhetischer und ethischer Substanzen, die allein in ihrer Benennung ihren Ursprung und ihre Erklärung finden. Der hegelianische (dialektische) Idealismus stürzt auf seine Weise diese Substanzen (ewige Kategorie) um, indem er sie auf eine genetische Einheit zurückführt. Ungeachtet dessen, daß diese Einheit bei Hegel der absolute Geist ist, der aus dem Prozeß seines dialektischen Auftretens in Form von verschiedenen ‚Faktoren' emporsprießt, gibt das hegelianische System – nicht, weil es idealistisch, sondern weil es dialektisch ist – in seiner Art keine schlechtere Vorstellung von der historischen Wirklichkeit als ein umgestülpter Handschuh von der Hand des Menschen. Was aber die Formalisten betrifft (der genialste von ihnen ist Kant), so interessiert sie nicht die Dynamik der Entwicklung, sondern deren Querschnitt, am Tage und zur Stunde ihrer eigenen philosophischen Offenbarung. Im Querschnitt zeigen sie die Kompliziertheit und Vielschichtigkeit ihres Objektes auf (nicht eines Prozesses, denn sie denken nicht in Prozessen). Das komplexe Objekt zergliedern und klassifizieren sie. Den Elementen geben sie Bezeichnungen, die sich sofort in deren Wesen verwandeln, in untergeordnete Absoluta ohne Heimat und Herkunft: Religion, Politik, Moral, Recht, Kunst ... Hier haben wir dann schon nicht mehr den umgestülpten Handschuh der Geschichte, sondern die von den einzelnen Fingern abgezogene und bis zur völligen Abstraktion ausgetrocknete Haut, wobei sich die Hand der Geschichte als Produkt der 'Wechselwirkung' von Daumen, Zeige- und Mittelfinger und anderen 'Faktoren' erweist. Der ästhetische 'Faktor' ist der kleine Finger, der kleinste, aber nicht weniger geliebte.

Auf dem Gebiet der Biologie ist der Vitalismus eine Variante derselben zum Fetisch gewordenen Betrachtung der Einzelaspekte des Weltprozesses, ohne das Verstehen seiner inneren Bedingtheit. Die übersoziale Moral oder Ästhetik ohne Ursprung wie auch die metaphysische, ursprungslose 'Lebenskraft' bedürfen nur ... eines einzigen Schöpfers. Die Vielzahl der selbständigen 'Faktoren' ohne

Anfang und Ende ist eine maskierte Vielgötterei. Und wenn Kants Idealismus im historischen Ablauf eine Übersetzung des Christentums in die Sprache der rationalistischen Philosophie ist, so streben andererseits alle Ausläufer des idealistischen Formalismus offen oder unter einer Maske zu Gott als dem Grund aller Gründe. Verglichen mit der idealistischen Oligarchie eines Dutzends untergeordneter Absoluta, erscheint ein einziger und persönlicher Gott schon als Ordnungsprinzip. Das ist der tiefere Zusammenhang zwischen der formalistischen Widerlegung des Marxismus und der theologischen Widerlegung des Darwinismus.

Die formale Schule ist eine von Stubengelehrten präparierte Frühgeburt des Idealismus, auf die Fragen der Kunst angewandt. Auf den Formalisten liegt das Siegel eines frühreifen Popentums. Sie sind Johanniter, für sie *war im Anfang das Wort.*[24] Aber für uns *war im Anfang die Tat.*[25] Das Wort folgte ihr nach als ihr lautlicher Schatten.

DIE ERDROSSELTE REVOLUTION. EIN FRANZÖSISCHER ROMAN ÜBER DIE CHINESISCHE REVOLUTION

André Malraux' Buch *Die Eroberer* hatte ich von verschiedener Seite erhalten, ich glaube in vier Exemplaren; leider habe ich es mit einer Verspätung von anderthalb oder zwei Jahren gelesen.[1] Das Buch ist der chinesischen Revolution gewidmet, d. h. dem größten Thema der letzten fünf Jahre. Der dichte und schöne Stil, das scharfe Auge des Künstlers, die originelle und kühne Beobachtung – alles verleiht dem Roman eine außerordentliche Bedeutung. Wenn ich mich hier dazu äußere, so nicht, weil das Buch eine hohe Begabung erkennen läßt, obgleich dieser Umstand nicht irrelevant ist, sondern weil es eine höchst wertvolle Quelle politischer Unterweisungen darstellt. Stammen sie von Malraux? Nein, sie fließen ohne Wissen des Autors und gegen seine Absicht aus der Erzählung selbst – was den Beobachter und Künstler ehrt, nicht jedoch den Revolutionär. Wir sind indessen auch berechtigt, Malraux aus dieser Perspektive zu beurteilen: in seinem eigenen Namen und besonders im Namen Garines, seines zweiten Ich, hält der Autor mit seinen Urteilen über die Revolution nicht zurück.

Das Buch nennt sich Roman. Wir haben in der Tat eine in Romanform gebotene Chronik der ersten, der Kantoner Periode der chinesischen Revolution vor uns. Die Chronik ist nicht vollständig. Der Darstellung fehlt der gesellschaftliche Zugriff. Dagegen erscheinen vor dem Leser nicht nur leuchtende Episoden der Revolution, sondern auch sauber konturierte Silhouetten, die sich wie gesellschaftliche Symbole fest im Gedächtnis einprägen.

Mit kleinen Farbtupfern nach Art der Pointillisten malt Malraux ein unvergeßliches Bild vom Generalstreik, freilich weder wie er sich unten abspielt, noch wie er gemacht wird, sondern wie er oben gesehen wird: die Europäer müssen auf ihr Mittagsmahl verzichten, die Europäer kommen um vor Hitze – die Chinesen haben aufgehört, in den Küchen zu arbeiten und die Ventilatoren laufen zu lassen. Das ist kein Vorwurf gegenüber dem Autor: der Ausländer und Künstler hätte anders sein Thema wahrscheinlich nicht anfassen können. Aber man kann ihm etwas anderes, Wichtiges, vorhalten: dem Buch fehlt die natürliche Affinität zwischen dem Verfasser – mag er noch so viel wissen und verstehen – und seiner Heldin, der Revolution.

Die – im übrigen lebhafte – Sympathie des Autors für das aufständische China ist nicht zu bezweifeln. Aber diese Sympathie hat etwas Zufälliges. Sie wird zersetzt von den Exzessen des Individualismus und der ästhetischen Kapriziosität. Bei einer sehr aufmerksamen Lektüre des Buches bereitet es einem bisweilen Verdruß, wenn man im Erzählton einen Anflug gönnerhafter Ironie gegenüber den begeisterungsfähigen Barbaren bemerkt. Daß China rückständig ist, daß einige seiner politischen Demonstrationen den Charakter des Primitiven haben, das zu verschweigen verlangt niemand. Jedoch bedarf es der richtigen Perspektive, die alle Objekte an die rechte Stelle rückt. Die Ereignisse in China, vor deren Hintergrund der 'Roman' Malraux' abrollt, sind für das zukünftige Schicksal der menschlichen Kultur unvergleichlich bedeutungsvoller als der eitle und jämmerliche Lärm der europäischen Parlamente und die Berge von literarischen Produkten der stagnierenden Zivilisationen. Malraux hat anscheinend eine gewisse Scheu, sich das einzugestehen. Im Roman finden sich einige in ihrer Gedrängtheit schöne Seiten, die zeigen, wie der revolutionäre Haß aus der Knechtung, der Unerfahrenheit, der Versklavung entsteht und sich härtet wie der Stahl. Diese Seiten hätten in die Anthologie der Revolution aufgenommen werden können, wenn Malraux die Volksmassen freier und kühner angepackt hätte, wenn er nicht in seine Studie einen Anflug blasierten Überlegenheitsgefühls hätte einfließen lassen, als wolle er sich gleichsam der flüchtigen Bindung, die er mit der Erhebung des chinesischen Volkes eingegangen ist, entschuldigen, und zwar vielleicht sowohl vor sich selbst als auch vor den akademischen Mandarinen in Frankreich und den Opiumhändlern des Geistes.

Borodine ist der Vertreter der Komintern und hat den Posten des 'Chefberaters' bei der Kantoner Regierung inne. Garine, der Liebling des Autors, ist mit der Propaganda beauftragt. Die ganze Arbeit wickelt sich im Rahmen der Kuomintang ab. Borodine, Garine, der russische 'General' Gallen, der Franzose Gérard, der Deutsche

Klein u. a. bilden eine originelle Revolutionsbürokratie, die sich über das aufständische Volk erhebt und ihre eigene 'revolutionäre' Politik macht anstatt der Politik der Revolution.

Die lokalen Organisationen der Kuomintang werden so gekennzeichnet: *Vereinigungen einiger offenbar mutiger Fanatiker, einiger Geldleute auf der Suche nach Achtung und Sicherheit, zahlreicher Studenten, Kulis.*[2] Nicht allein treten die Angehörigen der Bourgeoisie in die Organisation ein, sondern sie haben die Partei völlig in der Hand. Die Kommunisten sind von der Kuomintang abhängig. Man überredet die Arbeiter und Bauern, nichts zu unternehmen, was die von der Bourgeoisie hergekommenen Freunde abschreckt. *Das sind die Vereinigungen, die wir kontrollieren (mehr oder weniger übrigens, täuschen Sie sich nicht!).*[3] Ein lehrreiches Eingeständnis! Die Bürokratie der Komintern hat versucht, den Klassenkampf in China zu *kontrollieren,* wie die Internationale der Banken das ökonomische Leben der rückständigen Länder kontrolliert. Aber eine Revolution läßt sich nicht kommandieren. Man kann lediglich ihren inneren Kräften politisch zum Ausdruck verhelfen. Man muß wissen, mit welcher dieser Kräfte man sein Schicksal verknüpft.

Die Kulis entdecken allmählich, daß sie existieren, einfach, daß sie existieren.[4] Das ist treffend gesagt. Aber um zu fühlen, daß sie existieren, müssen die Kulis, Industriearbeiter und Bauern diejenigen, die sie daran hindern, stürzen. Die Fremdherrschaft ist unlöslich mit der Knechtung im Inneren verbunden. Die Kulis müssen nicht nur Baldwin oder MacDonald fortjagen, sondern auch die herrschende Klasse stürzen.[5] Das eine ist ohne das andere nicht zu verwirklichen. So verschmilzt das Erwachen der menschlichen Persönlichkeit in den Massen Chinas, die die Bevölkerung Frankreichs um das Zehnfache übersteigen, unmittelbar mit der Lava der sozialen Revolution. Ein großartiges Schauspiel!

Aber hier betritt Borodine die Szene und erklärt: *In dieser Revolution müssen die Arbeiter die Arbeit der Kulis für die Bourgeoisie übernehmen.*[6] Der Proletarier findet die soziale Versklavung, von der er sich befreien will, in den Bereich der Politik verschoben. Wer hat diese verräterische Operation durchgeführt? Die Bürokratie der Komintern. Indem sie versucht, die Kuomintang zu *kontrol-*

lieren, hilft sie in Wirklichkeit der Bourgeoisie, in ihrem Streben nach *Achtung und Sicherheit* sich die Kulis zu unterwerfen, die existieren wollen.

Borodine, der die ganze Zeit im Hintergrund bleibt, wird im Roman als ein Mann der *Tat* charakterisiert, als ein professioneller *Revolutionär,* als lebendige Inkarnation des Bolschewismus auf dem Boden Chinas.[7] Nichts ist falscher! Hier ist die politische Biographie Borodines: 1903 emigrierte er im Alter von 19 Jahren nach Amerika; 1918 kehrte er nach Moskau zurück, wo er dank seiner englischen Sprachkenntnisse an der *Verbindung mit den ausländischen Parteien mitarbeitete;*[8] er wurde 1922 in Glasgow verhaftet; dann wurde er in der Eigenschaft eines Delegierten der Komintern nach China abgeordnet. Borodine, der Rußland vor der ersten Revolution verlassen hat und nach der dritten zurückgekehrt ist, erscheint als der vollendete Repräsentant jener Staats- und Parteibürokratie, die die Revolution erst nach ihrem Sieg anerkannt hat. Wenn es sich um junge Männer handelt, so ist das manchmal lediglich eine Frage der Chronologie. Bei Männern zwischen vierzig und und fünfzig ist das schon eine politische Charakteristik. Wenn sich Borodine in Rußland glanzvoll der siegreichen Revolution angeschlossen hat, so bedeutet das keineswegs, daß er dazu berufen ist, in China die Revolution zu ihrem Sieg zu führen. Die Männer dieses Schlags eignen sich mühelos Gestik und Tonfall der *professionellen Revolutionäre* an. Viele von ihnen täuschen durch ihren gönnerhaften Anstrich nicht nur die anderen, sondern sich selbst. Am häufigsten verwandelt sich die unbeugsame Entschlossenheit des Bolschewiken bei ihnen in Zynismus des zu allem bereiten Funktionärs. Wenn man nur ein Mandat des Zentralkomitees hätte! Diesen gegeheiligten Schutz hatte Borodine immer in seiner Tasche.

Garine ist kein Funktionär, er ist origineller als Borodine und vielleicht sogar dem Typ des Revolutionärs näher. Aber er hat nicht die erforderliche Ausbildung: Dilettant und Gastspieler, gerät er bei den großen Ereignissen hoffnungslos in Verwirrung und zeigt das auf Schritt und Tritt. Zu den Parolen der chinesischen Revolution äußert er sich so: *demokratisches Geschwätz, Rechte des Volkes* usw.[9] Das hat einen radikalen Ton, aber das ist falscher Radikalismus. Die Parolen der Demokratie sind ekelhaftes Geschwätz im Munde eines Poincaré, Herriot, Léon Blum, den Spitzbuben Frankreichs und Kerkermeistern Indochinas, Algeriens und Marokkos.[10] Aber wenn die Chinesen sich im Namen der *Rechte des Volkes* erheben, so ist das ebensowenig Geschwätz wie die Parolen der französischen Revolution des XVIII. Jahrhunderts. In Hongkong drohten die räuberischen Briten während des Streiks damit, die körperliche Züchtigung wieder einzuführen. 'Menschen- und Bürgerrechte': das bedeutet in Hongkong für die Chinesen das Recht, nicht mit der britischen Knute ausgepeitscht zu werden. Die demokratische Fäulnis der Imperialisten aufdecken, heißt der Revolution dienen; die Parolen aufständischer Unterdrückter Geschwätz nennen, heißt den Imperialisten unfreiwillig helfen.

Eine kräftige Injektion Marxismus hätte den Autor vor den fatalen Irrtümern dieser Art bewahrt. Aber Garine findet im allgemeinen, daß die revolutionäre Doktrin *doktrinärer Wust* sei.[11] Er ist nämlich einer von jenen, für die die Revolution lediglich ein ganz bestimmter *Zustand* ist.[12] Ist das nicht erstaunlich? Aber gerade deswegen, weil die Revolution ein Zustand ist – d. h. eine Phase der gesellschaftlichen Entwicklung, durch objektive und ganz bestimmten Gesetzen unterworfene Ursachen determiniert –, gerade deswegen kann ein wissenschaftlicher Geist die allgemeine Richtung des Prozesses voraussagen. Allein das Studium der Anatomie und Physiologie der Gesellschaft gestattet, auf den Gang der Ereignisse einzuwirken, indem man sich auf wissenschaftliche Vorhersage stützt und nicht auf Vermutungen eines Dilettanten. Der Revolutionär, der die revolutionäre Doktrin 'verachtet', ist nicht mehr wert als der Kurpfuscher, der die ihm verschlossene medizinische Doktrin verachtet, oder der Ingenieur, der die Technologie ablehnt. Die Männer, die ohne Hilfe der Wissenschaft versuchten, jenen *Zustand*, der da Krankheit heißt, zu korrigieren, werden Hexenmeister und Scharlatane genannt und werden vom Gesetz verfolgt. Wenn es für die Hexenmeister der Revolution ein zuständiges Gericht gegeben hätte, wären Borodine ebenso wie seine Moskauer Anstifter wahrscheinlich scharf verurteilt worden. Garine selbst, fürchte ich, wäre bei diesem Prozeß nicht ohne Strafe davongekommen.

Zwei Figuren stehen im Roman wie die beiden Pole der nationalen Revolution einander gegenüber: der alte Tcheng-Dai, die geistige Autorität des rechten Flügels der Kuomintang, der Prophet und Heilige der Bourgeoisie, und Hong, der jugendliche Anführer der Terroristen. Beide sind mit großer Kraft gestaltet. Tcheng-Dai verkörpert die alte chinesische Kultur, in die Sprache der europäischen Kultur übersetzt; durch diese gesuchte Kostümierung 'adelt' er die Interessen aller herrschenden Klassen Chinas. Tcheng-Dai wünscht gewiß die nationale Befreiung, aber er fürchtet die Massen mehr als die Imperialisten; die Revolution haßt er mehr als das Joch der Nation. Wenn er ihr entgegengeht, so nur, um sie zu beschwichtigen, um sie zu zähmen, um sie zu erschöpfen. Er verfolgt eine Politik des passiven Widerstandes an zwei Fronten, gegen den Imperialismus und gegen die Revolution: es ist die Politik Gandhis in Indien, die Politik, die die Bourgeoisie in bestimmten Perioden in der einen oder anderen Form überall auf der Welt verfolgt hat. Der passive Widerstand entsteht aus der Tendenz der Bourgeoisie, die Bewegung der Massen zu kanalisieren und die Massen auszuplündern.

Wenn Garine sagt, daß der Einfluß Tcheng-Dais sich über die Politik hinaushebt, kann man nur mit den Achseln zucken. Die verschleierte Politik des 'Gerechten' drückt in China wie in Indien in ihrer sublimen und abstrakt moralisierenden Form die konservativen Interessen der Besitzenden aus. Die persönliche Uneigennützigkeit Tcheng-Dais steht keinesfalls in Widerspruch zu seiner politischen Funktion: die Ausbeuter benötigen 'Gerechte' wie die Kirchenhierarchie Heilige.

Wer wird von Tcheng-Dai angezogen? Der Roman antwortet mit lobenswerter Präsision: *alte Mandarine, Opiumschmuggler oder Photographen, kultivierte Männer, die Fahrradhändler geworden sind, Advokaten der Pariser Fakultät, Intellektuelle jeder Art.*[13] Hinter ihnen steht eine feste Bourgeoisie, die mit England verbündet ist und die den General Tang gegen die Revolution ausrüstet. In der Erwartung des Sieges schickt sich Tang an, Tcheng-Dai zu seinem Regierungschef zu machen. Alle beide, Tcheng-Dai und Tang, bleiben indes Mitglieder der Kuomintang, der Borodine und Garine dienen.

Als Tang seine Armee die Stadt angreifen läßt und er sich darauf vorbereitet, die Revolutionäre abzuschlachten, und zwar zunächst seine Parteifreunde Borodine und Garine, mobilisieren und bewaffnen letztere mit Unterstützung Hongs die Arbeitslosen. Aber nach dem Sieg über Tang versuchen die Anführer alles beim alten zu belassen. Sie können die Partei, die auf doppelte Weise mit Tcheng-Dai verbunden ist, nicht zerschlagen, weil sie zu den Arbeitern, Kulis, revolutionären Massen kein Vertrauen haben. Sie sind selbst durch die Vorurteile Tcheng-Dais verseucht, dessen schärfste Waffe sie sind. Um die Bourgeoisie 'nicht zu verschrecken', müssen sie den Kampf mit Hong beginnen. Wer ist das und woher kommt er? *Aus dem Elend.*[14] Er gehört zu denen, die die Revolution machen, und nicht zu denen, die sich ihr anschließen, wenn sie gesiegt hat. Als er den Einfall hat, den englischen Gouverneur von Hongkong zu töten, hat er nur eine Sorge: *Wenn ich zum Tode verurteilt werde, wird man den jungen Leuten sagen müssen, sie möchten mir nacheifern.*[15] Hong muß man ein klares Programm vorlegen: die Arbeiter aufwiegeln, zusammenschweißen, bewaffnen und in Opposition zu Tcheng-Dai als ihren Feind bringen. Die Bürokratie der Komintern jedoch sucht Tcheng-Dais Freundschaft, stößt Hong zurück und erbittert ihn. Hong tötet Bankiers und Kaufleute, gerade diejenigen, die die Kuomintang 'unterstützen'. Hong tötet die Missionare: *jene, die die Menschen lehren, das Elend zu ertragen, müssen bestraft werden, christliche Priester oder andere.*[16] Wenn Hong nicht den richtigen Weg findet, so ist das die Schuld Borodines und Garines, die die Bankiers und Kaufleute der Revolution angehängt haben. Hong spiegelt die Masse wider, die schon erwacht ist, die sich aber noch nicht die Augen gerieben und die Hände gelenkig gemacht hat. Mit dem Revolver und dem Dolch versucht er sich für die Masse, die die Agenten der Komintern paralysieren, einzusetzen. Das ist die ungeschminkte Wahrheit über die chinesische Revolution.

Dennoch *pendelt die Kantoner Regierung – und bemüht sich dabei, nicht zu Fall zu kommen – zwischen Garine und Borodine, die Polizei und Gewerkschaften in der Hand haben, und Tcheng-Dai, der nichts hat, jedoch nichtsdestoweniger existiert, hin und her.*[17] Wir haben ein fast vollständiges Bild des Duumvirats. Die Vertreter der

Komintern haben auf ihrer Seite die Arbeitergewerkschaften von Kanton, die Polizei, die Kadettenschule von Wampoa, die Sympathie der Massen, die Hilfe der Sowjetunion. Tcheng-Dai besitzt eine 'moralische Autorität', d. h. er genießt das Ansehen der zu Tode erschrockenen Besitzenden. Tcheng-Dais Freunde sitzen in einer ohnmächtigen Regierung, die von den Kompromißlern wohlwollend gestützt wird.

Aber ist das nicht gerade das Regime der Februarrevolution, das System eines Kerenskij,[18] mit dem einzigen Unterschied, daß die Rolle der Menschewiken von Pseudo-Bolschewiken übernommen ist! Borodine ahnt das nicht, weil er als Bolschewik geschminkt ist und seine Schminke für ernst nimmt.

Der Hauptgedanke Garines und Borodines besteht darin, den auf den Hafen Kanton Kurs nehmenden chinesischen und ausländischen Schiffen die Zwischenlandung in Hongkong zu untersagen. Diese Männer, die sich für realistische Revolutionäre halten, hoffen durch die Handelssperre die englische Vorherrschaft in Südchina zu brechen. Sie glauben übrigens keineswegs, daß es nötig ist, vorher die Regierung der Kantoner Bourgeoisie zu stürzen, die nur darauf wartet, sich gegen England zu erheben. Nein, Borodine und Garine klopfen jeden Tag an die Tür der Regierung, ziehen den Hut und ersuchen um die Verabschiedung des rettenden Erlasses. Einer seiner Leute erinnert Garine daran, daß diese Regierung im Grunde ein Phantom ist. Garine läßt sich nicht aus der Fassung bringen. *Phantom oder nicht,* entgegnet er, *sie soll bestehen bleiben, weil wir sie brauchen.*[19] Ebenso braucht auch der Pope die Reliquie, die er selbst aus Wachs und Watte fabriziert. Was verbirgt sich hinter dieser Politik, die die Revolution erniedrigt und schwächt? Die Rücksicht eines Revolutionärs der Kleinbourgeoisie auf einen durch und durch konservativen Bourgeois. Ebenso ist auch der Roteste der französischen Extremisten bereit, vor Poincaré in die Knie zu gehen.

Aber vielleicht sind die Massen von Kanton noch nicht dazu reif, die Regierung der Bourgeoisie zu stürzen? Aus der ganzen Lage ergibt sich die Überzeugung, daß die Scheinregierung ohne den Widerstand der Komintern schon längst durch den Druck der Massen gestürzt worden wäre. Aber nehmen wir an, daß die Kantoner Arbeiter noch zu schwach seien, um ihre eigene Macht zu begründen. Worin besteht allgemein die Schwäche der Massen? In ihrer Bereitschaft, den Ausbeutern zu folgen. In diesem Fall besteht die erste Pflicht der Revolutionäre darin, ihnen zu helfen, ihr sklavisches Vertrauen abzuschütteln. Die Arbeit der Bürokratie der Komintern stand jedoch hierzu in scharfem Gegensatz. Sie hat den Massen die Notwendigkeit ihrer Unterwerfung unter die Bourgeoisie eingeschärft und erklärt, die Feinde der Bourgeoisie seien ihre Feinde.

Tcheng-Dai nur nicht vor den Kopf stoßen! Wenn aber Tcheng-Dai gleichwohl zurückweicht, was unvermeidlich ist, so bedeutet das nicht, daß Garine und Borodine ihre wohlwollende Abhängigkeit von der Bourgeoisie abgeschüttelt haben. Sie werden dann lediglich als neues Objekt ihrer Taschenspielertricks Chang-Khai-Shek wählen, einen Sohn derselben Klasse und einen jüngeren Bruder Tcheng-Dais. Leiter der Militärschule von Wampoa, die die Bolschewiken errichten, beschränkt sich Chang-Khai-Shek nicht auf passiven Widerstand; er ist bereit, blutige Gewalt anzuwenden, nicht in der plebejischen Form – der der Massen –, sondern in einer militärischen, und nur innerhalb der Grenzen, die der Bourgeoisie gestatten, eine uneingeschränkte Macht über die Armee zu behalten. Indem Borodine und Garine die Feinde bewaffnen, entwaffnen sie die Freunde und stoßen sie beiseite.[20] So bereiten sie die Katastrophe vor.

Überschätzen wir aber nicht den Einfluß der revolutionären Bürokratie auf die Ereignisse? Nein. Sie hat sich stärker erwiesen, als sie es selbst dachte, zwar nicht im Guten, aber im Bösen. Die Kulis, die erst anfangen, politisch zu existieren, brauchen eine mutige Führung. Die Revolution braucht die wache Energie von Millionen. Aber Borodine und seine Bürokraten brauchen Tcheng-Dai und Chang-Khai-Shek. Sie knebeln Hong und hindern die Arbeiter daran, sich zu erheben. In einigen Monaten werden sie den Bauernaufstand ersticken, um die bürgerliche Offiziersclique nicht zu verschrecken. Ihre Macht besteht darin, daß sie den russischen Oktober, den Bolschewismus, die kommunistische Internationale verkörpern. Die Bürokratie, die die Autorität, das Banner und die materiellen Mittel der größten Revolution usurpiert hat, versperrt einer anderen

Revolution den Weg, die ebenfalls alle Chancen hätte, groß zu werden.

Der Dialog zwischen Borodine und Hong ist die fürchterlichste Anklage gegen Borodine und seine Moskauer Anstifter. Hong ist wie immer auf der Suche nach entscheidenden Aktionen. Er verlangt die Bestrafung der exponiertesten Angehörigen der Bourgeoisie. Borodine hat nur diesen Einwand: Man darf die nicht anrühren, die *zahlen. Die Revolution ist nicht so einfach,* meint seinerseits Garine. *Revolution, das heißt die Armee bezahlen*, entscheidet Borodine[21]. Diese Aphorismen enthalten alle Elemente der Schlinge, mit der die chinesische Revolution erdrosselt wurde. Borodine schützte die Bourgeoisie, die als Gegenleistung die 'Revolution' unterstützte. Das Geld floß der Armee Chang-Khai-Sheks zu. Diese Armee Chang-Khai-Sheks rottete das Proletariat aus und liquidierte die Revolution. Konnte man das wirklich nicht voraussehen? Und hatte man das nicht in Wirklichkeit vorausgesehen? Die Bourgeoisie zahlt freiwillig nur der Armee, die im Kampf gegen das Volk nützt. Die Armee der Revolution erwartet keine Entlohnung: sie zwingt zu zahlen. Das nennt man revolutionäre Diktatur.

Hong greift in den Diskussionen der Arbeiterversammlungen erfolgreich ein und schmettert die 'Russen', die Totengräber der Revolution, nieder. Die Wege Hongs selbst führen nicht ans Ziel, aber er hat gegenüber Borodine recht. *Hatten die Führer der Tai-Ping russische Berater? Und die der Boxer?*[22] Hätte man die chinesische Revolution von 1924 bis 1927 sich selbst überlassen, wäre sie vielleicht nicht unmittelbar zum Sieg gelangt; aber sie hätte nicht zu Techniken des Harakiri Zuflucht genommen, sie hätte keine schmählichen Kapitulationen erlebt und hätte revolutionäre Kader herangebildet. Zwischen dem Duumvirat von Kanton und dem von Petersburg besteht der tragische Unterschied, daß in China tatsächlich kein Bolschewismus existierte: unter der Bezeichnung 'Trotzkismus' wurde er zur konterrevolutionären Doktrin erklärt und mit allen Mitteln der Verleumdung und Drohung verfolgt. Wo Kerenskij in den Junitagen erfolglos blieb, hatte Stalin zehn Jahre später in China Erfolg.

Borodine und alle *Bolschewiken seiner Generation*, versichert uns Garine, *sind durch ihren Kampf mit den Anarchisten geprägt.*[23]

Diese Bemerkung war für den Autor notwendig, um den Leser auf den Kampf Borodines mit der Gruppe Hongs vorzubereiten. Historisch gesehen ist sie falsch: der Anarchismus hatte sich nicht deswegen in Rußland nicht erheben können, weil die Bolschewiken ihn mit Erfolg bekämpft hätten, sondern weil sie ihm vorher den Boden unten den Füßen fortgezogen hatten. Der Anarchismus, der nicht innerhalb der vier Wände der Intellektuellencafés oder der Zeitungsredaktionen bleibt, sondern in tiefere Schichten vordringt, ist die psychologische Reaktion der niederen Schichten auf die Verzweiflung und stellt die politische Strafe dar für die Betrügereien der Demokratie und den Verrat des Opportunismus. Die Kühnheit des Bolschewismus in der Bezeichnung der revolutionären Probleme und dem Aufweis ihrer Lösungen hat der Entfaltung des Anarchismus in Rußland keinen Platz gelassen. Wenn aber auch die historische Studie Malraux' nicht exakt ist, zeigt seine Erzählung doch in bewundernswerter Weise, wie die opportunistische Politik eines Stalin und Borodine dem anarchistischen Terrorismus in China den Weg geebnet hat.

Von der Logik dieser Politik gezwungen, willigte Borodine darin ein, eine Verordnung gegen die Terroristen zu erlassen. Nachdem die echten Revolutionäre durch die Verbrechen der Moskauer Führer auf den Weg des Abenteuers gedrängt sind, erklärt sie die mit dem Segen der Komintern versehene Kantoner Bourgeoisie als illegal. Sie antwortet mit Aktionen des Terrorismus gegen die pseudorevolutionären Bürokraten, die die zahlungsfähige Bourgeoisie beschützt. Borodine und Garine bemächtigen sich der Terroristen und rotten sie aus und verteidigen damit nicht mehr die Bourgeoisie, sondern sich selbst. So erreicht die Politik des Kompromisses verhängnisvoller Weise die höchste Stufe des Verrats.

Das Buch nennt sich *Die Eroberer*. Im Geist des Autors bezieht sich dieser doppeldeutige Titel, in dem sich die Revolution mit Imperalismus schminkt, auf die russischen Bolschewiken oder – genauer – auf eine bestimmte Fraktion innerhalb ihrer. Eroberer? Die chinesischen Massen haben sich in einem revolutionären Aufstand erhoben, unter dem unleugbaren Einfluß des Staatsstreichs vom Oktober als eines Beispiels und dem des Bolschewismus als eines Banners. Aber die *Eroberer* haben nichts erobert. Im Gegenteil, sie haben alles dem Feind ausgeliefert. Wenn die russische Revolution die chinesische Revolution ausgelöst hat, haben die russischen Epigonen sie erstickt. Malraux zieht diese Schlußfolgerung nicht. Er ahnt sie anscheinend nicht einmal. Vor dem Hintergrund seines bedeutenden Buches heben sie sich indessen nur noch deutlicher ab.[24]

CÉLINE UND POINCARÉ

Louis-Ferdinand Céline ist in die große Literatur eingetreten, wie andere in ihr eigenes Haus eintreten. Ein reifer Mann im Besitz eines reichen Vorrats an medizinischen und künstlerischen Beobachtungen, in souveräner Gleichgültigkeit gegenüber dem Akademismus, mit einem ausgeprägten Sinn für das Leben und für die Sprache, hat Céline ein Buch geschrieben, das selbst dann noch überleben wird, wenn er noch andere Werke von gleichem Rang schreibt. *Reise ans Ende der Nacht* ist ein pessimistischer Roman, den das Entsetzen vor dem Leben und der Überdruß am Leben, nicht die Empörung, diktiert haben.[1] Ein aktive Empörung ist mit Hoffnung verknüpft. Célines Buch kennt keine Hoffnung.

Ein Pariser Student aus einfacher Familie, ein Rationalist, Antipatriot und Halbanarchist – die Cafés des Quartier Latin wimmeln von solchen Figuren –, verpflichtet sich zu seinem eigenen Erstaunen beim ersten Trompetensignal als Freiwilliger. Er wird an die Front geschickt, und die mechanische Metzelei erweckt in ihm den Neid auf das Los der Pferde, die zwar wie die Menschen krepieren, ohne jedoch hochtrabende Phrasen in den Mund zu nehmen. Nachdem er verwundet und mit einem Orden ausgezeichnet worden ist, wandert er durch mehrere Lazarette, in denen ihn schneidige Ärzte ermahnen, so bald wie möglich wieder auf den *flammenden Friedhof des Schlachtfeldes* zurückzukehren.[2] Da er Invalide ist, wird er vom Militärdienst befreit; er reist in eine afrikanische Kolonie, wo ihn die menschliche Gemeinheit anekelt und die tropische Hitze und die Malaria entkräften. Illegal kommt er nach Amerika, arbeitet bei Ford, findet in der Person einer Prostituierten eine treue Gefährtin (dies sind die zärtlichsten Seiten des Buches). Er kehrt nach Frankreich zurück, wird Arzt der Armen und irrt, in seiner Seele verwundet, durch die Nacht des Lebens, unter Kranken und Gesunden, die alle gleich elend, verkommen und unglücklich sind.

Céline hat keinesfalls die Absicht, die gesellschaftlichen Zustände in Frankreich anzuklagen. Er verschont zwar bei einzelnen

Gelegenheiten weder Klerus noch Generäle oder Minister, nicht einmal den Präsidenten der Republik. Aber seine ganze Erzählung spielt stets beträchtlich unterhalb der Schicht der herrschenden Klassen, in der Welt der einfachen Leute, Beamten, Studenten, Verkäufer, Handwerker, Hausmeister; zweimal begibt er sich zudem außerhalb der Grenzen Frankreichs. Das gegenwärtige Gesellschaftssystem ist ebenso schlecht, stellt er fest, wie alle anderen, vergangenen und zukünftigen. Alles in allem, Céline ist der Menschen und ihres Tuns überdrüssig.

Der Roman ist konzipiert und ausgeführt als ein Panorama der Absurdität des Lebens, seiner Grausamkeiten, Widersprüche und Lügen, eines Lebens, das keinen Ausweg, keinen Hoffnungsschimmer kennt. Ein Unteroffizier, der Soldaten quält, bevor er mit ihnen fällt; eine amerikanische Rentnerin, die ihre Nichtigkeit in europäische Hotels herumführt; französische Kolonialbeamte, die durch ihre Gier abgestumpft sind; New York mit seiner automatischen Gleichgültigkeit gegenüber Menschen ohne Geld, mit seiner vollendeten Technik der Blutsaugerei; dann wieder Paris; die kleinliche und mißgünstige Welt der Gelehrten; der schleichende und apathische Tod eines siebenjährigen Jungen; das Martyrium eines Mädchens; kleine tugendsame Rentner, die aus Sparsamkeitsgründen ihre Mutter ermorden; ein Priester in Paris und ein Priester im dunkelsten Winkel Afrikas, die beide mit gleicher Emsigkeit ihre Nächsten für einige hundert Francs verkaufen, der eine ein Komplice zivilisierter Rentner, der andere ein Komplice von Kannibalen – von einem Kapitel zum anderen, von einer Seite auf die andere setzen sich Bruchstücke des Lebens zu einem Mosaik schmutziger, blutiger, beklemmender Absurdität zusammen. Eine Haltung der Passivität, mit einer hochempfindlichen Sensibilität, ohne eine in die Zukunft reichende Perspektive – das ist der psychologische Nährboden der Verzweiflung, einer aufrichtigen, in ihrem Zynismus verkrampften Verzweiflung.

Céline ist ein Moralist, der mit künstlerischen Mitteln Schritt um Schritt alles das niederreißt, was gemeinhin die höchste Wertschätzung genießt: alle tief verwurzelten gesellschaftlichen Werte vom Patriotismus bis zu persönlichen Bindungen und zur Liebe. Das Vaterland ist in Gefahr? *Man verliert nicht gerade viel, wenn das Haus des Eigentümers niederbrennt* [. . .] *Da wir ja zahlen müssen . . .*[3] Er hat keine Verwendung für historische Kriterien. Dantons Krieg hat keinen höheren Wert als Poincarés: in beiden Fällen wurde die 'patriotische Schuld' mit Blut beglichen. Die Liebe wird durch Eigennutz und Eitelkeit vergiftet. Alle Formen des Idealismus sind nichts als *in hochtrabende Worte gekleidete niedere Instinkte.*[4] Selbst das Bild der Mutter wird nicht verschont: als sie ihren verwundeten Sohn wiedersieht, *winselt sie wie eine Hündin, der man endlich ihr Junges zurückgegeben hat* [. . .] *aber sie stand insofern noch unter einer Hündin, als sie an die Worte glaubte, die man ihr sagte, um ihr den Sohn wieder wegzunehmen.*[5]

Célines Stil ist eine Funktion seines Weltverständnisses. In seiner scheinbar nachlässigen, inkorrekten, leidenschaftlichen Sprache lebt, schwingt und pulsiert der genuine Reichtum der französischen Kultur, die emotionale und intellektuelle Erfahrung einer großen Nation, in ihrem lebendigen Gehalt, in ihren feinsten Nuancen.

Und zugleich schreibt Céline so, als habe er sich überhaupt als erster mit der menschlichen Sprache eingelassen. Der Künstler durchdrischt den gesamten Wortschatz der französischen Literatur. Abgegriffene Wendungen fliegen auf wie Spreu. Auf der anderen Seite erweisen sich Wörter, die von der Moral oder der akademischen Ästhetik geächtet sind, als unersetzlich, um das Leben in seiner Grobheit und Niedrigkeit auszudrücken. Erotische Termini dienen Céline nur dazu, der Erotik den Reiz zu nehmen. Er verfährt mit ihnen in derselben Weise wie mit Wörtern, die die von der Kunst nicht anerkannten physiologischen Funktionen bezeichnen.

Auf der ersten Seite des Romans stößt der Leser wider Erwarten auf den Namen Poincarés: der Präsident der Republik ist eines Morgens auf dem Weg, wie eine der letzten Ausgaben von *Le Temps* berichtet, eine Schoßhundeschau zu eröffnen.

Dieses Detail ist nicht erfunden.[6] Offenkundig gehört das zu den Pflichten des Präsidenten der Republik, und dagegen ist auch nichts einzuwenden. Aber der boshafte Zeitungsbericht hat natürlich nicht die Aufgabe, das Staatsoberhaupt zu verherrlichen.[7]

Nun ist der ehemalige Präsident Poincaré, der prosaischste, trockenste, unempfindlichste von allen Staatsmännern der Republik, ausgerechnet ihr autoritärster Politiker. Seit seiner Krankheit gilt er als Heiliger. Vom rechten Flügel bis zu den Radikalen nennt niemand seinen Namen, ohne ein pathetisches Wort der Verehrung hinzuzufügen. Zweifellos ist Poincaré das reinste Produkt der bürgerlichen Klasse, so wie die französische Nation die bürgerlichste aller Nationen ist, die voller Stolz auf ihren bürgerlichen Charakter in diesem den Quell ihrer Mission gegenüber dem Rest der Menschheit sieht.

Unter ihrer raffinierten äußeren Form stellt die Arroganz der französischen Bourgeoisie den historischen Bodensatz von Jahrhunderten dar. Die Ahnherren, die einst eine große historische Mission zu erfüllen hatten, haben ihren Nachfahren einen reichen Kleiderfundus hinterlassen, der dazu dient, den hartnäckigsten Konservativismus zu verhüllen. Das gesamte kulturelle und politische Leben Frankreichs wird in der Verkleidung der Vergangenheit gespielt.

Wie in Ländern, deren Währungssystem nach außen abgeriegelt ist, so zirkuliert im französischen Leben eine künstliche Währung in vorgeschriebenen Bahnen. Die Formeln des befreienden Messianismus zeigen eine überhöhte Notierung; sie haben längst ihre Deckung mit der objektiven Wirklichkeit eingebüßt. Herkömmliche Verbindlichkeiten scheinen in Fleisch und Blut übergegangen zu sein; sie haben eine unabhängige Existenz.[8] Puder und Schminke mögen noch als bloße Täuschung angesehen werden; für eine Maske gilt das nicht mehr: sie ist ganz einfach ein technisches Gerät. Eine Maske existiert unabhängig vom Körper, Gesten und Stimme müssen sich ihr unterordnen.

Poincaré ist fast eine Symbol der Gesellschaft. Der repräsentative Charakter seines hohen Amtes macht seine Individualität aus. Eine andere hat er nicht. Weder in den Gedichten des Jünglings – er war nämlich einmal jung – noch in den Memoiren des Greises findet sich eine einzige persönliche Note.[9] Die Interessen der Bourgeoisie bilden einen moralischen Panzer, die Quelle seines eisigen Pathos. Die konventionellen Werte der französischen Politik sind ihm in Fleisch und Blut übergegangen. 'Ich bin ein Bourgeois, und nichts von dem, was bourgeois ist, ist mir fremd.'[10] Die politische

Maske ist zu seinem Gesicht geworden. Heuchelei, bis zum Extrem gesteigert, wird zu einer Echtheit eigener Art.

So friedliebend ist die französische Regierung, versichert Poincaré, daß sie unfähig ist, bei ihrem Feind Hintergedanken zu vermuten. 'Erhabenes Vertrauen eines Volkes, das stets den anderen seine eigenen Tugenden zuerkennt.'[11] Das ist nicht mehr Heuchelei oder subjektive Verfälschung, sondern obligatorischer Bestandteil eines Rituals, wie die Versicherung geschätzter Hochachtung am Schluß eines heimtückischen Briefes.

Emil Ludwig stellte zur Zeit der Besetzung des Ruhrgebiets Poincaré folgende Frage: *Glauben Sie nun, wir wollen nicht oder wir können nicht* (sc. zahlen)? Poincaré antwortete: *Niemand will gern zahlen.*[12] Im Juli bat Brüning Poincaré in einem Telegramm um Unterstützung und erhielt die Antwort: 'Lernen Sie zu leiden.'[13]

Aber so wie der persönliche Egoismus sich allmählich selbst verschlingt, wenn er ein bestimmtes Maß überschreitet, geschieht es auch mit dem Egoismus einer konservativen Klasse. Poincaré wollte Deutschland ans Kreuz schlagen, um ein für allemal Frankreich von seiner Angst zu befreien. Indessen sind die durch den – in den Augen Poincarés sträflich milden – Versailler Vertrag erzeugten chauvinistischen Strömungen in Deutschland in der düsteren Figur Hitlers zusammengeflossen. Ohne die Besetzung des Ruhrgebiets wären die Nationalsozialisten nicht so leicht an die Macht gekommen. Und Hitler an der Macht eröffnet die Möglichkeit neuer Kriege.

Die nationale französische Ideologie beruht auf dem Kult der clarté, d. h. der Logik. Aber das ist nicht mehr die kühn waltende Logik des XVIII. Jahrhunderts, die eine Welt umstürzte, sondern die geizende, vorsichtige, kompromißbereite Logik der Dritten Republik. Mit derselben anmaßenden Überheblichkeit, mit der ein alter Meister die Methoden seines Handwerks erklärt, spricht Poincaré in seinen Memoiren von den *schwierigen Operationen des Geistes: der Auswahl, der Klassifikation, der Koordination.*[14] Ohne Frage schwierige Operationen. Dennoch führt Poincaré sie nicht in dem dreidimensionalen Raum der geschichtlichen Entwicklung aus, sondern auf der zweidimensionalen Ebene der Dokumente. Wahrheit ist für ihn nichts als das Resultat eines juridischen Verfahrens, einer rationalen Interpretation von Verträgen und Gesetzen. Der konservative Realismus, der Frankreich regiert, verhält sich etwa so zu Descartes wie die mittelalterliche Scholastik zu Aristoteles.

Die Verherrlichung des *Sinnes für das richtige Maß* hat sich in einen Sinn für das kleine Maß verengt.[15] Das Denken wird auf ein Mosaik beschränkt. Mit welcher Sorgfalt und Liebe beschreibt Poincaré nicht die nebensächlichsten Aspekte des Regierungsgeschäfts! Als ihm der König von Dänemark den Elefantenorden verliehen hat, beschreibt er das Ordenszeichen, wie wenn es sich um eine kostbare Miniatur handelte: Größe, Form, Bild, Farbe dieses lächerlichen Firlefanzes – nichts wird in seinen Memoiren vergessen.[16]

Worte dienen ihm nur dazu, die Höhe der Reparationszahlungen zu beziffern oder eine schöne rhetorische Figur anzuwenden. Er vergleicht seinen Aufenthalt im Elyséepalast mit der Haft Silvio Pellicos in den Kerkern der österreichischen Monarchie.[17] *In diesen Salons von vergoldeter Banalität sprach nichts meine Phantasie an.*[17] Aber diese *vergoldete Banalität* ist der offizielle Stil der Dritten Republik. Und Poincarés Phantasie ist eine Sublimierung dieses Stils.[18]

Am Vorabend des Krieges kehrt Poincaré zu Schiff von Petersburg nach Frankreich zurück; in der ängstlichen Chronik dieser Fahrt läßt er sich nicht die Gelegenheit entgehen, folgendes Stimmungsbild zu malen: *ein trübes, fast ödes, gegenüber den Konflikten der Menschen gleichgültiges Meer.*[19] Wort für Wort ist das derselbe Stil wie in seinen Abituraufsätzen. Als Poincaré über seine patriotischen Sorgen schreibt, zählt er zwischendurch alle Blumenarten auf, die sein Ferienhaus schmücken: zwischen einem chiffrierten Telegramm und einem Telefongespräch der Katalog eines Blumenhändlers. In den kritischen Augenblicken taucht eine siamesische Katze auf, das Symbol des trauten Heims. Es ist unmöglich, diese autobiographischen Protokolle ohne ein Gefühl des Erstickens zu lesen: keine lebendige Gestalt, kein menschliches Gefühl, stattdessen ein *gleichgültiges Meer,* Platanen, Ulmen, Hyazinthen, Tauben und der penetrante Geruch der siamesischen Katze.

Das Leben hat zwei Seiten, die eine ist die öffentliche und offizielle, die scheinbar für das ganze Leben steht, die andere ist die heimliche und eigentlich wichtigste. Dieser Dualismus macht sich sowohl in den privaten Beziehungen bemerkbar als auch in den gesellschaftlichen, in der Familie, in der Schule, im Gerichtssaal, im Parlament, in der Diplomatie. Er ist verankert in der widersprüchlichen Entwicklung der menschlichen Gesellschaft und ist bei allen zivilisierten Nationen und Völkern besonders ausgeprägt. Aber die Formen, die Reichweiten und die Masken dieses Dualismus sind je nach Nationalcharakter deutlich unterschieden.

In den angelsächsischen Ländern liegt der Schwerpunkt dieses Dualismus im Bereich der Religion. Das offizielle Frankreich hat sich dieses bedeutenden Feldes begeben. Während die britische Freimaurerei nicht in der Lage ist, sich ein Universum ohne Gott, ein Parlament ohne König, einen Besitzer ohne Eigentümer vorzustellen, haben die französischen Freimaurer 'den großen Architekten des Universums' aus ihren Statuten gestrichen. Im politischen Geschäft gilt hier: je breiter das Bett, desto größer der Nutzen;[20] irdische Interessen um eines himmlischen Problemes willen aufzugeben, würde der romanischen Luzidität zuwiderlaufen. Indessen benötigen die Politiker wie Archimedes einen Bezugspunkt: der Wille des großen Architekten mußte durch andersartige Werte ersetzt werden. Der erste dieser Werte ist Frankreich.

Nirgendwo spricht man von der 'Religion des Patriotismus' so gern wie in dieser weltlichen Republik. Alle Attribute, mit denen die menschliche Phantasie den Vater, den Sohn und den Heiligen Geist ausgestattet hat, überträgt der französische Bourgeois auf seine Nation. Und weil Frankreich im Französischen weiblichen Geschlechts ist, hat es ebenfalls die Züge der Heiligen Jungfrau angenommen. Der Politiker erscheint als Laienpriester einer säkularisierten Gottheit. Die Liturgie des Patriotismus, die hier ihre höchste Vollendung erlangt hat, stellt einen unerläßlichen Bestandteil des politischen Rituals dar. Es gibt bestimmte Worte und Wendungen, die im Parlament automatisch Beifall hervorrufen, genauso wie bestimmte liturgische Formeln den Gläubigen automatisch zu Kniefall oder Tränenausbruch veranlassen.

Gleichwohl ist ein Unterschied vorhanden. Echte Religiosität hat ihren eigenen Existenzbereich, der von dem des alltäglichen Lebens unabhängig ist; da beide Bereiche ihre Kompetenzen klar abgegrenzt haben, ist eine Kollision hier genauso wenig wahrscheinlich wie etwa der Zusammenstoß eines Flugzeugs mit einem Auto. Im Gegensatz dazu reibt sich die weltliche Religion des Patriotismus ständig mit der alltäglichen Politik. Die Privatinteressen und die Klasseninteressen laufen dem reinen Patriotismus auf Schritt und Tritt zuwider. Glücklicherweise sind die Gegner so gut erzogen und – was noch wichtiger ist – durch wechselseitige Verpflichtungen so fest verbunden, daß sie vor allen heiklen Fällen die Augen verschließen. Regierung und Opposition halten bereitwillig die Spielregeln der Politik ein. Die erste lautet so: 'wie die Bewegung des physikalischen Körpers den Gravitationsgesetzen gehorcht, so ordnet sich die Tätigkeit des Politikers der Vaterlandsliebe unter.'

Nun hat auch die Sonne des Patriotismus ihre Flecken. Ein Maximum an wechselseitiger Rücksichtnahme erzeugt ein Gefühl der Immunität und wischt die Grenzmarkierung zwischen Lobenswertem und Tadelnswertem fort. Dann kommt es zur Verdichtung von Gasen, die gelegentlich explodieren und das politische Klima verpesten. Der Konkurs der Union Générale, Panama, die Dreyfus-Affäre, die Rochette-Affäre, der Konkurs Oustrics sind die denkwürdigen Etappen der Dritten Republik.[21] Clemenceau strauchelte am Panama-Konkurs. Poincaré verstand es persönlich immer, sich abseits zu halten. Aber seine Politik schöpfte aus denselben Quellen. Nicht zu Unrecht bezeichnet er Mark Aurel als seinen Lehrmeister; dessen stoische Tugenden entsprachen den Sitten des verfallenden römischen Imperiums recht gut.

In den sechs ersten Monaten des Jahres 1914, so beklagt sich Poincaré in seinen Memoiren, *bot sich meinem Anblick ein niederträchtiges Schauspiel von Parlamentsintrigen und Finanzskandalen.*[22] Der Krieg freilich fegte alle eigennützigen Beweggründe auf einen Schlag hinweg. Die *heilige Union* läuterte die Herzen.[23] Das heißt: Intrigen und Betrug verschwanden hinter den patriotischen Kulissen, um bis dahin unbekannte Proportionen anzunehmen. Je problematischer, wie Céline berichtet, die Entscheidung des Krieges an der Front wurde, desto verrotteter wurde es hinter der Front. Das Bild, das Céline in seinem Roman von dem Paris während des Krieges zeichnet, ist schonungslos. Politik gibt es kaum noch, aber es gibt etwas anderes: den Nährboden, auf dem sie wächst.

Mag es sich um Justiz-, Finanz- oder Parlamentsskandale handeln, in Frankreich fällt ihr organischer Zusammenhang sofort ins Auge. Von der Zähigkeit und Sparsamkeit des Kaufmanns und Industriellen, von der blinden Habgier des Rentners, von der Gewandtheit des Parlamentariers, vom Chauvinismus der Presse führen unzählige Fäden zu einem Knoten, dessen Gattungsname Panama ist. In dem Gewirr der Beziehungen, Hilfeleistungen, Vermittlungen, vertuschten Schmiergelder gibt es tausend verschiedene Übergänge zwischen sozialer Tugend und Verbrechen. Sobald ein unglücklicher Zwischenfall die untadelige Hülle der politischen Anatomie – wo und wann auch immer – verletzt, erscheint es nötig, eine parlamentarische oder gerichtliche Untersuchung einzuleiten. Aber gerade hier liegt der schwierige Punkt: wo soll man anfangen und wo soll man aufhören?

Nur weil Oustric zu einem ungünstigen Zeitpunkt Bankrott machte, kam man dahinter, daß bei diesem von kleinen Gastwirten abstammenden Argonauten Abgeordnete und Journalisten, ehemalige Minister und Botschafter – unter eigenem Namen oder unter einem Pseudonym – als Laufjungen arbeiteten, daß die Akten, die für den Bankier von Vorteil waren, die Ministerien mit Blitzgeschwindigkeit durchliefen, während jene, die ihm schaden konnten, so lange festgehalten wurden, bis sie nicht mehr schadeten. Dank seiner lebhaften Phantasie, seiner gesellschaftlichen Beziehungen, der Beihilfe der Zeitungen erwarb dieser Finanzmagier ein riesenhaftes Vermögen, entschied er über das Schicksal von Tausenden, kaufte – welch grober, aber unerträglich präziser Terminus –, belohnte, unterstützte und beeinflußte er Presse, Beamte und Parlament, und fast immer so, daß man ihm nichts nachweisen konnte.

Und je mehr sich die Arbeit der Untersuchungskommission ausweitete, desto klarer wurde es, daß ein Ende nicht abzusehen war. Wo man sich der Aufdeckung von Verbrechen nahe glaubte, stieß man lediglich auf die alltägliche Verkettung von Politik und Finanz. Wo man den Eiterherd zu entdecken meinte, fand man nur gesundes Gewebe.

Als Anwalt nahm X. die Interessen von Oustrics Unternehmen wahr; als Journalist setzte er sich für eine Zollpolitik ein, die mit

Oustrics Interessen übereinstimmte; als Volksvertreter spezialisierte er sich auf eine Überprüfung der Zolltarife. Und als Minister? Die Kommission beschäftigte sich immer wieder mit der Frage, ob X. als Minister weiterhin Anwaltshonorare bezog oder ob sein Gewissen zwischen zwei Regierungskrisen so rein wie Kristall blieb.

Wie eng sind doch moralische Pedanterie und Heuchelei miteinander verkettet! Raoul Péret, ehemaliger Präsident der Deputiertenkammer, Kandidat für das Amt des Präsidenten der Republik, entpuppte sich als Kandidat von Kapitalverbrechern.[24] Und doch war er zutiefst davon überzeugt, genauso zu verfahren wie alle anderen, vielleicht nur ein wenig unbesonnener und auf alle Fälle glückloser.[25]

Vor dem Hintergrund des – um Poincaré erneut zu zitieren – *niederträchtigen Schauspiels von Parlamentsintrigen und Finanzskandalen* gewinnt Célines Roman eine doppelte Bedeutung.[26] Nicht zufällig beschuldigte die staatstreue Presse, die sich seinerzeit über die öffentliche Untersuchung empört hatte, Céline sofort der Verleumdung der Nation. Die Parlamentskommission hatte ihre Untersuchung in der geschliffenen Sprache der Kenner geführt, deren sich sowohl Angeklagte als auch Ankläger bedienten (wo die Trennungslinie zwischen ihnen verlief, war nie ganz klar festzustellen). Aber Céline ist an Konventionen nicht gebunden. Mit Entschiedenheit weist er die nichtssagenden Farben der patriotischen Palette zurück. Er hat seine eigenen Farben, die er mit dem Recht des Künstlers dem Leben entrissen hat.

Freilich ist dies nicht das Leben der Welt der Abgeordneten oder hoher Regierungskreise, sondern das Leben in seiner prosaischsten Erscheinung. Aber das erleichtert die Aufgabe keineswegs. Céline legt die Wurzeln frei. Er reißt den oberflächlichen Schleier des Anstands fort und enthüllt Schmutz und Blut. In seinem düsteren Panorama verliert der Mord um eines lächerlichen Vorteils willen den Charakter des Außergewöhnlichen. Er ist ebensowenig von der alltäglichen Mechanik eines Lebens, das nach den Gesetzen des Eigennutzes und der Profitgier abläuft, zu trennen, wie auf höherer Ebene die Oustric-Affäre von der Mechanik moderner Finanzpolitik. Céline zeigt, was ist. Deshalb erscheint er als Revolutionär.

Aber Céline ist kein Revolutionär und will keiner sein. Er hat nicht das – für ihn illusionäre – Ziel, die Gesellschaft zu verändern. Er will lediglich alles das entlarven, was ihn erschreckt und bedrückt. Um angesichts der Geschwüre des Lebens sein Gewissen zu erleichtern, mußte dieser Arzt der Armen neue Stilrezepte verschreiben. Er wurde ein Revolutionär des Romans. Ganz allgemein ist dies das Gesetz der Entwicklung der Kunst: Entwicklung durch den Zusammenprall einander widersprechender Tendenzen.

Es nutzen sich nicht nur Regierungsparteien ab, sondern auch Kunstrichtungen. Die künstlerischen Verfahrensweisen erschöpfen sich und hören auf, auf das menschliche Empfinden einen Reiz auszuüben: das ist das untrügliche Anzeichen dafür, daß die betreffende Schule auf den Friedhof erschöpfter Möglichkeiten gehört, d. h. in die Akademie. Lebendiges Schaffen kommt nur voran, wenn es sich abwendet von der offiziellen Tradition, von den kanonisierten Ideen und Gefühlen, von den mit dem Lack der Gewohnheit bedeckten Bildern und Ausdrücken. Jede neue Kunstrichtung sucht eine engere und aufrichtigere Verbindung von Ausdruck und Empfindung. Der künstlerische Kampf gegen die Unechtheit verschiebt sich stets mehr oder weniger deutlich zu einem künstlerischen Kampf gegen die Verlogenheit der gesellschaftlichen Beziehungen. Denn das versteht sich von selbst: wenn die Kunst ihren Sinn für das Aufspüren der gesellschaftlichen Heuchelei verliert, verfällt sie unweigerlich in Affektiertheit und Manieriertheit.

Je reicher und breiter eine nationale kulturelle Tradition ist, desto heftiger ist der Bruch mit ihr. Célines Kraft liegt gerade darin, daß er mit ungeheurer Anstrengung alle Kanons verwirft und alle Konventionen mißachtet; nicht damit zufrieden, das Leben zu enthüllen, reißt er ihm die Haut fort. Daher rührt die Anschuldigung der Verleumdung.

Aber gerade indem Céline die nationale Tradition radikal verleugnet, erweist er sich als zutiefst national. Wie vor dem Weltkrieg die Antimilitaristen in der Mehrzahl verzweifelte Patrioten waren, so ist Céline, der sich von den offiziellen Masken der Dritten Republik abwendet, in seinem Innersten ein Franzose. Der Célinismus ist ein moralischer und künstlerischer Antipoincaréismus. Darin liegen seine Stärke, aber auch seine Grenzen.

Wenn Poincaré sich mit Silvio Pellico vergleicht, so flößt einem diese Mischung von Eitelkeit und Geschmacklosigkeit Entsetzen ein. Aber zeigt der wahre Pellico, der nicht als Staatschef in einem Palast, sondern als Patriot in Santa Margherita und auf dem Spielberg eingekerkert war, nicht eine andere und erhabenere Seite der menschlichen Natur? Anstelle dieses italienischen Katholiken, der übrigens eher ein Opfer als ein Kämpfer war, hätte Céline den großen Gefangenen des Elyséepalastes an einen anderen Gefangenen erinnern können, der vierzig Jahre in französischen Gefängnissen verbrachte, lange bevor die Söhne und Enkel seiner Kerkermeister einen Pariser Boulevard nach seinem Namen benannten: Auguste Blanqui.[27] Bedeutet das nicht, daß es im Menschen etwas gibt, was ihn über sich selbst hinauswachsen läßt?

Céline wendet sich nur deshalb von Seelengröße und Heroismus, von großen Zielen und Hoffnungen, von all dem, was den Menschen aus der tiefsten Nacht seines abgeriegelten Ich herausführt, ab, weil er zahlreiche gutbezahlte Priester am Altar des heuchlerischen Altruismus hat zelebrieren sehen. Unbarmherzig mit sich selbst, wendet sich der Moralist von seinem eigenen Spiegelbild ab, zerbricht das Glas und verletzt seine Hand. Ein solcher Kampf erschöpft, erzeugt jedoch keine neue Perspektive. Verzweiflung führt zu Resignation. Versöhnung öffnet die Tore der Akademie. Es gibt mehr als ein Beispiel dafür, daß jene, die die literarischen Konventionen durchbrachen, schließlich unter die Unsterblichen aufgenommen wurden.

In der Musik seines Buches gibt es revelatorische Dissonanzen. Indem er nicht nur die Wirklichkeit zurückweist, sondern auch das, was an ihre Stelle zu treten hätte, unterstützt der Künstler die bestehende Ordnung. In dieser Hinsicht ist Céline, ob er das will oder nicht, der Bundesgenosse Poincarés. Er entlarvt jedoch die Lüge und erweist die Notwendigkeit einer harmonischeren Zukunft. Selbst wenn Céline persönlich der Ansicht ist, daß vom Menschen nichts Gutes kommen kann, birgt gerade die Heftigkeit seines Pessimismus sein eigenes Gegengift.

So wie er ist, geht Céline von der französischen Wirklichkeit und vom französischen Roman aus. Er braucht sich seiner Vorgänger nicht zu schämen. Der französische Genius hat im Roman seinen unerreichten Ausdruck gefunden. Von Rabelais angefangen, der ebenfalls Arzt war, verzweigt sich durch vier Jahrhunderte eine herrliche Dynastie von Meistern der epischen Prosa, vom gewaltigen Lachen der Lebensfreude bis zur Verzweiflung und Hoffnungslosigkeit, vom schimmernden Tagesanbruch bis ans Ende der Nacht.

Céline wird kein zweites Buch schreiben, aus dem ein solcher Ekel vor der Lüge und ein solches Mißtrauen gegenüber der Wahrheit sprechen. Diese Dissonanz muß sich auflösen. Entweder wird sich der Künstler an die Dunkelheit gewöhnen oder er wird die Morgenröte erblicken.

KUNST UND REVOLUTION

Sie haben mir liebenswürdigerweise vorgeschlagen, meine Meinung über die aktuelle Situation der Kunst zu äußern. Ich tue das nicht ohne Zögern. Seit meinem Buch *Literatur und Revolution* (1923) habe ich mich nicht mehr mit den Problemen künstlerischen Schaffens befaßt und habe auch nur gelegentlich die jüngsten Entwicklungen auf diesem Gebiet verfolgen können. Ich habe daher keineswegs im Sinn, eine erschöpfende Antwort zu geben. Dieser Brief setzt sich das Ziel, die Frage richtig zu stellen.

Ganz allgemein gesagt, drückt der Mensch in der Kunst sein Verlangen nach einem harmonischen und erfüllten Leben aus, d. h. den kostbarsten Gütern, deren ihn die Klassengesellschaft beraubt. Deswegen enthält jedes echte Kunstwerk immer einen Protest gegen die Wirklichkeit, sei er nun bewußt oder unbewußt, aktiv oder passiv, optimistisch oder pessimistisch. Jede neue künstlerische Richtung hat mit einer Rebellion eingesetzt. Die bürgerliche Gesellschaft zeigte gerade darin während langer Perioden der Geschichte ihre Stärke, daß sie es durch die Verbindung von Unterdrückung und Ermunterung, von Boykott und Schmeichelei verstand, jede 'rebellierende' künstlerische Bewegung zu kontrollieren, zu assimilieren und auf das Niveau der offiziellen 'Anerkennung' zu heben. Aber jede 'Anerkennung' dieser Art bedeutete letztlich das Herannahen ihrer Agonie. In diesem Augenblick erhob sich dann vom linken Flügel der legalisierten Schule her oder von unten, d. h. aus den Reihen einer neuen Generation der schöpferischen Bohème, eine neue rebellierende Bewegung, die dann ihrerseits nach einer bestimmten Zeit die Stufen der Akademie emporstieg.

Diesen Weg gingen Klassizismus, Romantik, Realismus, Naturalismus, Symbolismus, Expressionismus, Dekadenz. Gleichwohl blieb die Koalition von Kunst und Bourgeoisie nur so lange wenn nicht glücklich, so doch beständig, wie die bürgerliche Gesellschaft im Aufsteigen begriffen war und das politische und moralische Regime der 'Demokratie' aufrechtzuerhalten vermochte. Das gelang ihr, indem sie nicht nur den Künstlern die Zügel locker ließ und sie auf jegliche Weise verwöhnte, sondern auch, indem sie den Spitzen der Arbeiterklasse besondere Privilegien gewährte und die Burokratie der Gewerkschaften und Arbeiterparteien beschwichtigte und zügelte. Historisch gesehen, liegen alle diese Erscheinungen auf derselben Ebene.

Der Niedergang der bürgerlichen Gesellschaft bedeutet eine unerträgliche Verschärfung der gesellschaftlichen Widersprüche. Sie verwandeln sich zwangsläufig in individuelle Widersprüche und machen dadurch die Forderung nach einer befreienden Kunst noch brennender. Der dahinsiechende Kapitalismus ist jedoch absolut unfähig, den künstlerischen Richtungen, die unserer Epoche irgendwie entsprechen, die minimalsten Voraussetzungen für ihre Entfaltung zu garantieren. Er ist in abergläubischer Furcht vor jedem neuen Wort befangen, denn es stellt sich für ihn nicht die Frage nach einzelnen Korrekturen und Reformen, sondern die Frage nach Leben oder Tod. Die unterdrückten Massen leben ihr eigenes Leben, und die Bohème ist eine zu schmale Basis: deswegen zeigen die neuen künstlerischen Richtungen immer krampfhaftere Züge, zwischen Hoffnung und Verzweiflung schwankend. Die künstlerischen Schulen der letzten Jahrzehnte, Kubismus, Futurismus, Dadaismus, Surrealismus, lösen einander ab, ohne sich voll zu entfalten. Die Kunst, die den komplexesten, empfindlichsten und verwundbarsten Teil der Kultur darstellt, leidet ganz besonders unter dem Niedergang und Zerfall der bürgerlichen Gesellschaft.

Aus dieser Sackgasse mit den Mitteln der Kunst einen Ausweg zu finden, ist nicht möglich. Die ganze Kultur befindet sich in einer Krise, von der ökonomischen Basis bis zu den höchsten ideologischen Schichten. Die Kunst kann weder der Krise entkommen noch sich von ihr lossagen. Sie kann nicht nur sich selbst retten. Sie wird zwangsläufig verfallen – wie die griechische Kunst unter den Ruinen der Sklavenhalterkultur verfiel –, falls die gegenwärtige Gesellschaft sich nicht zu verändern vermag. Dieses Problem hat einen unbedingt revolutionären Charakter. Aus diesem Grund wird die Funktion der Kunst in unserer Epoche durch ihr Verhältnis zur Revolution bestimmt.

Aber gerade auf diesem Wege hat die Geschichte den Künstlern eine kolossale Falle gestellt. Eine ganze Generation der 'linken' Intelligenz hat während der letzten zehn oder fünfzehn Jahre ihre Augen nach Osten gewandt und ihr Schicksal mehr oder weniger eng, wenn nicht mit dem revolutionären Proletariat, so wenigstens mit der siegreichen Revolution verknüpft. Das ist nicht dasselbe. In der siegreichen Revolution gibt es nicht nur die Revolution, sondern auch jene neue privilegierte Schicht, die sich auf ihren Schultern erhoben hat. In Wirklichkeit hat die 'linke' Intelligenz versucht, ihren Herrn zu wechseln. Hat sie dabei viel gewonnen?

Die Oktoberrevolution hat der sowjetischen Kunst in allen Bereichen einen wunderbaren Aufschwung geschenkt. Die bürokratische Reaktion hat dagegen das künstlerische Schaffen mit ihrer totalitären Hand erstickt. Das ist nicht erstaunlich. Die Kunst ist im Grunde eine Nervenfunktion und verlangt vollständige Aufrichtigkeit. Selbst die höfische Kunst der absoluten Monarchie beruhte auf Idealisierung und nicht auf Verfälschung. Die offizielle Kunst der Sowjetunion – und es gibt dort keine andere – ähnelt der totalitären Justiz, d. h. sie beruht auf Lug und Trug. Ziel der Justiz wie der Kunst ist die Verehrung des 'Führers', die künstliche Erschaffung eines heroischen Mythus. Die Geschichte der Menschheit hat noch nichts gesehen, was dem an Reichweite und Schamlosigkeit gleichkäme. Einige Beispiele werden nicht überflüssig sein.

Der bekannte russische Schriftsteller Vsevolod Ivanov hat 1938 sein Schweigen gebrochen, um begeistert seine Solidarität mit der Justiz Vyšinskijs zu verkünden.[1] Nach Ivanovs Worten erzeugt die totale Ausrottung der alten Bolschewiken, *dieser verfaulten Auswüchse des Kapitalismus,* in den Künstlern einen *schöpferischen Haß*. Ein vorsichtiger Romantiker, ein von Natur aus besonnener Lyriker, stellt Ivanov in mancher Hinsicht eine Kleinausgabe von Gor'kij dar. Da er von Natur aus kein Höfling ist, hat er sich lieber, solange es ihm möglich war, in Schweigen gehüllt, aber der Augenblick kam, wo das Schweigen seinen zivilen und vielleicht auch physischen Tod bedeutet hätte. Nicht ein *schöpferischer Haß,* sondern eine lähmende Angst führte die Hand dieser Schriftsteller.

Aleksej Tolstoj, in dem der Höfling den Künstler vollständig verdrängt hat, hat eigens zu dem Zweck einen Roman geschrieben, um die Heldentaten Stalins und Vorošilovs in Caricyn zu preisen.[2]

In Wirklichkeit bezeugen die Dokumente objektiv, daß die Caricyn-Armee – eine von den zwei Dutzend Revolutionsarmeen – eine ziemlich klägliche Rolle gespielt hat. Die beiden 'Helden' wurden von ihren Posten abberufen.[3] Wenn der aufrechte Čapaev, einer der wirklichen Helden des Bürgerkriegs, in einem sowjetischen Film verewigt worden ist, so nur, weil er die 'Epoche Stalins' nicht mehr erlebt hat: er wäre als faschistischer Agent erschossen worden.[4] Derselbe Aleksej Tolstoj schreibt jetzt ein Stück über das Jahr 1919: *Der Feldzug der vierzehn Mächte.* Die wichtigsten Helden dieses Stücks sind nach den Worten des Autors Lenin, Stalin und Vorošilov. *Ihre* (d.h. Stalins und Vorošilovs) *Bilder, umrankt von Ruhm und Heldenmut, werden das ganze Stück durchziehen.*[5] So ist aus einem begabten Schriftsteller, der den Namen des größten und aufrichtigsten russischen Realisten trägt, ein Verfasser von Mythen auf Befehl geworden.

Am 27. April 1938 druckte das offizielle Regierungsblatt *Izvestija* ein Foto von einem neuen Gemälde ab, das Stalin als den Organisator des Tiflis-Streiks vom März 1902 darstellt. Jedoch ist anhand von Dokumenten, die der Öffentlichkeit seit langem bekannt sind, nachweisbar, daß Stalin damals im Gefängnis saß, und zwar nicht in Tiflis, sondern in Batum. Diesmal war die Lüge zu auffällig. Tags darauf mußte sich die *Izvestija* wegen des bedauerlichen Versehens entschuldigen. Niemand weiß, was aus diesem unglücklichen Gemälde geworden ist, das aus den Mitteln des Staates bezahlt wurde.

Dutzende, Hunderte, Tausende von Büchern, Filmen, Gemälden, Plastiken verewigen und preisen solche 'historischen' Episoden. So zeigen zahlreiche Bilder über die Oktoberrevolution ein revolutionäres 'Zentrum' unter der Leitung Stalins, das niemals existierte.[6] Wir müssen kurz berichten, wie es allmählich zu diesen Fälschungen gekommen ist. Leonid Serebrjakov, der später nach dem Pjatakov-Radek-Prozeß erschossen wurde, machte mich 1924 auf die kommentarlose Veröffentlichung der Pravda von Auszügen aus Protokollen des Zentralkomitees von Ende 1917 aufmerksam. Als ehemaliger Sekretär des Zentralkomitees hatte Serebrjakov zahlreiche Bekannte hinter den Kulissen des Parteiapparats und wußte daher über das Ziel dieser unerwarteten Veröffentlichung Bescheid: dies war der erste noch vorsichtige Schritt auf dem Weg zur Erschaffung eines zentralen Stalinmythus, der heute in der sowjetischen Kunst einen so großen Platz einnimmt.

In historischer Distanz erscheint die Oktobererhebung viel methodischer und monolithischer, als sie es in Wirklichkeit war. In Wirklichkeit fehlten weder Unentschlossenheit und Suche nach Seitenwegen noch spontane Initiativen, die zu nichts führten. So wurde auf der in der Nacht des 16. Oktober improvisierten Sitzung des Zentralkomitees in Abwesenheit der bedeutendsten Mitglieder des Petersburger Sowjets beschlossen, den Stab des Aufstandes durch ein 'Hilfszentrum' der Partei, bestehend aus Sverdlov, Stalin, Bubnov, Urickij und Dzeržinskij, zu ergänzen.

Zum selben Zeitpunkt beschloß der Petersburger Sowjet die Einrichtung eines militärischen Revolutionskomitees, das vom ersten Augenblick an in der Planung des Aufstandes eine so entscheidende Arbeit leistete, daß alle – auch seine Gründer selbst – das am Vortage geschaffene 'Zentrum' vergaßen. Mehr als eine Improvisation dieser Art verschwand im Wirbel dieser Epoche.[7] Stalin wurde niemals Mitglied des militärischen Revolutionskomitees, er erschien nicht im Smol'nyj, d. h. dem Stab der Revolution[8], er hatte an der praktischen Vorbereitung des Aufstandes keinen Anteil: er saß in der Redaktion der *Pravda* und schrieb dort massenweise Artikel, die wenig Leser fanden. In den folgenden Jahren erwähnte niemand das 'Praktische Zentrum'. In den Erinnerungsberichten derer, die am Aufstand teilgenommen haben – und an solchen Berichten besteht kein Mangel –, wird der Name Stalins nicht einmal erwähnt. In seinem Artikel zum Jahrestag der Oktoberrevolution in der *Pravda* vom 7. November 1918, in dem er alle mit der Revolution verbundenen Institutionen und Persönlichkeiten aufzählt, weist Stalin selbst mit keinem Wort auf das 'Praktische Zentrum' hin. Nichtsdestoweniger diente das alte Dokument, das 1924 zufällig entdeckt und falsch interpretiert wurde, der bürokratischen Legende als Grundlage. In allen Handbüchern, biographischen Verzeichnissen, selbst in jüngst herausgekommenen Schulbüchern wird das revolutionäre 'Zentrum' mit Stalin an seiner Spitze erwähnt. Dabei hat niemand, und sei es auch nur aus gewissem Anstandsgefühl, zu erklären versucht, wo und wann dieses Zentrum getagt hat, welche

Befehle und wem es sie gegeben hat, ob Protokolle aufgenommen worden sind und wo sich diese befinden. Wir haben hier alle Elemente der Moskauer Prozesse.

Mit der für sie charakteristischen Servilität hat die sogenannte sowjetische Kunst diesen bürokratischen Mythus zu einem ihrer Lieblingsthemen für das künstlerische Schaffen gemacht. Sverdlov, Dzeržinskij, Urickij und Bubnov werden in Farbe oder Ton, um Stalin sitzend oder stehend und seinen Worten mit verzückter Aufmerksamkeit lauschend, dargestellt. Das Gebäude, in dem das 'Zentrum' tagt, hat absichtlich verschwommene Konturen, um der heiklen Frage nach der Adresse aus dem Wege zu gehen. Was kann man von Künstlern erwarten oder verlangen, die gezwungen sind, die groben Spuren einer für sie selbst evidenten historischen Fälschung mit ihrem Pinsel zu verwischen?

Der Stil der offiziellen sowjetischen Malerei von heute heißt 'sozialistischer Realismus'. Dieser Name ist ihr offenbar von irgendeinem Leiter irgendeiner Kunstsektion gegeben worden. Dieser Realismus besteht darin, die provinziellen Daguerreotypen des dritten Viertels des letzten Jahrhunderts nachzuäffen; der 'sozialistische' Charakter besteht offensichtlich darin, mit den Mitteln einer verfälschenden Photographie Ereignisse darzustellen, die niemals stattfanden. Es ist nicht möglich, ohne ein Gefühl physischen Ekels und Entsetzens sowjetische Verse oder Romane zu lesen oder Reproduktionen sowjetischer Gemälde und Plastiken zu betrachten: in diesen Werken verewigen mit Feder, Pinsel oder Meißel bewaffnete Funktionäre unter der Aufsicht von Funktionären, die mit Mauserpistolen bewaffnet sind, 'große' und 'geniale' Führer, die in Wirklichkeit nicht einen Funken von Größe oder Genialität besitzen. Die Kunst der Stalinepoche wird als schärfster Ausdruck des tiefsten Niedergangs der proletarischen Revolution in die Geschichte eingehen.

Dieser Tatbestand macht an den Grenzen der UdSSR nicht halt. Unter dem Vorwand einer verspäteten Anerkennung der Oktoberrevolution hat der 'linke' Flügel der westlichen Intelligenz vor der sowjetischen Bürokratie einen Kniefall gemacht. Im allgemeinen haben sich die charakterstarken und begabten Künstler abseits gehalten. Aber die Versager, Streber und Nullen haben sich um so bissiger in den Vordergrund gedrängt. Da entrollte sich ein breites

Band von Zentren und Sektionen, Sekretären beiderlei Geschlechts, unvermeidlichen Briefen von Romain Rolland[9], subventionierten Editionen, Banketten und Kongressen, auf denen es schwierig war, die Trennungslinie zwischen Kunst und GPU zu bestimmen. Trotz ihrer mächtigen Aktivität erzeugte diese militante Bewegung auch nicht ein Werk, das fähig wäre, seinen Autor oder seine Inspiratoren aus dem Kreml zu überleben.[10]

Wird die totalitäre Diktatur das, wovon die Zukunft der Menschheit abhängt, noch lange ersticken, zertreten und beschmutzen? Untrügliche Symptome belehren uns, daß das nicht der Fall sein wird. Der schändliche und jämmerliche Zusammenbruch der feigen, reaktionären Politik der Volksfronten in Spanien und Frankreich einerseits, die Verlogenheit der Moskauer Prozesse andererseits kündigen das Herannahen einer großen Wende sowohl im Bereich der Politik als auch in dem weiteren Bereich der revolutionären Ideologie an. Selbst die unglücklichen 'Freunde' – natürlich nicht das intellektuelle und moralische Gesindel der *New Republic* und der *Nation*[11] – werden allmählich des Jochs und der Knute müde. Kunst, Kultur und Politik brauchen eine neue Perspektive. Ohne sie gibt es für die Menschheit keinen Fortschritt. Noch nie waren die Aussichten so bedrohlich und katastrophal wie heute. Aus diesem Grund ist heute die Panik die beherrschende Geisteshaltung der desorientierten Intelligenz. Diejenigen, die dem Moskauer Joch nur eine unverbindliche Skepsis entgegensetzten, wiegen in der Waage der Geschichte nicht schwer. Skepsis ist lediglich eine andere – und keineswegs bessere – Form der Niedergeschlagenheit. Was sich hinter der heute so beliebten gleichmäßigen Distanzierung von der stalinistischen Bürokratie und ihren revolutionären Gegnern verbirgt, ist in neun von zehn Fällen eine jämmerliche Kapitulation vor den Schwierigkeiten und Gefahren der Geschichte. Verbale Ausflüchte und Hinterlist helfen jedoch niemandem. Niemand erhält Aufschub oder Bewährung. Angesichts der herannahenden Periode der Kriege und der Revolutionen gibt es für alle nur eine Antwort: für Philosophen, Dichter, Künstler und für einfache Sterbliche.

In einer Nummer der *Partisan Review* stieß ich auf einen seltsamen Brief eines mir unbekannten Redakteurs einer Chicagoer Zeitschrift. Er weist – ich hoffe, aus Versehen – auf sein Einverständnis mit Ihrer Zeitschrift hin und schreibt: *Dennoch (?) erhoffe ich nichts von den Trotzkisten und anderen blutarmen Splittergruppen, die keine Basis in der Masse haben.*[12] Diese arroganten Worte sagen über den Verfasser mehr, als er vielleicht beabsichtigte. Sie zeigen vor allem, daß die Gesetze der gesellschaftlichen Entwicklung für ihn ein Buch mit sieben Siegeln sind. Nicht eine einzige fortschrittliche Idee begann mit einer *Basis in der Masse*, sonst wäre sie eben nicht fortschrittlich gewesen. Erst in ihrer letzten Phase findet eine Idee ihre Massen, vorausgesetzt natürlich, daß sie den Notwendigkeiten der Entwicklung entspricht. Alle großen Bewegungen haben als *Splittergruppen* älterer Bewegungen begonnen. Das Christentum war anfänglich eine Splittergruppe des Judentums; der Protestantismus eine solche des Katholizismus, d. h. des degenerierten Christentums. Die Marx-Engels-Gruppe entstand als Splittergruppe der linken Hegelianer. Die kommunistische Internationale entstand als Splittergruppe der sozialdemokratischen Internationale. Wenn diese Begründer fähig waren, sich eine Massenbasis zu verschaffen, so nur, weil sie die Isolierung nicht fürchteten. Sie wußten im voraus, daß die Qualität ihrer Ideen sich in eine Quantität umwandeln würde. Diese Splittergruppen litten nicht an Blutarmut; im Gegenteil, sie trugen in sich den Keim der großen historischen Bewegungen von morgen.

In derselben Weise entsteht, wie schon gesagt, in der Kunst eine fortschrittliche Bewegung. Sobald die herrschende Kunstrichtung ihre Energiequelle erschöpft hat, lösen sich von ihr schöpferische Splittergruppen, die die Fähigkeit besitzen, die Welt mit neuen Augen zu sehen. Je kühner die Neuerer in ihren Einfällen und Verfahren sind, desto schärfer stellen sie sich der etablierten Autorität, die sich auf eine konservative Massenbasis stützt, entgegen, und desto eher neigen Gewohnheitsmenschen, Skeptiker und Snobs dazu, in ihnen kraftlose Sonderlinge oder *blutarme Splittergruppen* zu sehen. Aber letztlich werden die Gewohnheitsmenschen, Skeptiker und Snobs entlarvt – und das Leben schreitet über sie hinweg.

Die Thermidorbürokratie, der man ein fast instinktives Wittern der Gefahr und einen ausgeprägten Selbsterhaltungstrieb nicht aberkennen kann, ist keinesfalls geneigt, ihre revolutionären Gegner mit jener großartigen Geringschätzung, die oft mit Leichtsinn und Unbeständigkeit Hand in Hand geht, zu strafen.[13]

In den Moskauer Prozessen setzte Stalin, der von Natur aus kein leichtsinniger Spieler ist, im Kampf gegen den 'Trotzkismus' das Schicksal der Kremloligarchie und sein persönliches Schicksal aufs Spiel. Wie kann man das erklären? Die wütende internationale Kampagne gegen den 'Trotzkismus', zu der man in der Geschichte nur schwer eine Parallele finden wird, wäre absolut unverständlich, wenn die Splittergruppen nicht über eine große Vitalität verfügten. Wer das heute noch nicht sieht, dem werden morgen die Augen geöffnet.

Als wolle er sein Selbstporträt mit einem markanten Strich beenden, gibt der Chicagoer Korrespondent der *Partisan Review* – welch ein Mut! – das Versprechen, Sie in ein zukünftiges faschistisches oder 'kommunistisches' Konzentrationslager zu begleiten.[14] Kein schlechtes Programm! Bei dem Gedanken an ein Konzentrationslager zu zittern, ist gewiß schlimm. Aber ist es viel besser, für sich und seine Ideen schon im voraus diese unwirtliche Zufluchtsstätte zu bestimmen? Mit dem für uns Bolschewiken charakteristischen 'Amoralismus' gestehen wir gern ein, daß die keineswegs blutarmen Gentlemen, die vor dem Kampf und ohne Kampf kapitulieren, wirklich nichts anderes als das Konzentrationslager verdienen.

Es wäre etwas anderes, wenn der Korrespondent der *Partisan Review* lediglich gesagt hätte: auf dem Gebiet der Literatur und der Kunst lassen wir eine Bevormundung durch 'Trotzkisten' ebensowenig zu wie eine Bevormundung durch Stalinisten. Diese Forderung besteht in ihrem Wesen unbedingt zu Recht. Man kann bloß antworten, daß, wenn diese Forderung denen vorgehalten wird, die man 'Trotzkisten' nennt, nur offene Türen eingerannt werden. Der ideologische Kampf zwischen der Dritten und der Vierten Internationale beruht nicht allein auf einem scharfen Gegensatz in dem Ziel der Parteien, sondern in der allgemeinen Auffassung vom materiellen und geistigen Leben der Menschheit. Die gegenwärtige Kulturkrise ist vor allem eine Krise der revolutionären Führung. In dieser Krise bedeutet der Stalinismus die stärkste reaktionäre Kraft. Ohne ein neues Banner und ohne ein neues Programm ist es nicht möglich, eine revolutionäre Massenbasis zu errichten, folglich auch nicht, die Gesellschaft aus ihrer Sackgasse zu befreien. Eine wirklich revolutionäre Partei ist weder in der Lage noch willens, die Aufgabe einer Lenkung, noch weniger, die einer Gängelung der Kunst zu übernehmen, weder vor noch nach ihrem Machtantritt. Eine solche Anmaßung existiert nur in dem Kopf einer unwissenden, schamlosen, machttrunkenen Bürokratie, die zur Antithese der proletarischen Revolution geworden ist. Die Kunst und die Wissenschaft suchen nicht nur keine Lenkung, sondern können von ihrem Wesen her keine dulden. Das künstlerische Schaffen gehorcht seinen eigenen Gesetzen selbst dann, wenn es sich bewußt in den Dienst einer sozialen Bewegung stellt. Echtes geistiges Schaffen ist unvereinbar mit Lüge, Heuchelei und Konformismus. Die Kunst kann nur insoweit ein großer Bundesgenosse der Revolution sein, als sie sich selbst treu bleibt. Dichter, Maler, Bildhauer, Musiker werden selbst ihren Weg und ihre Methode finden, wenn die emanzipatorische Bewegung der unterdrückten Klassen und Völker die Wolken der Skepsis und des Pessimismus verjagt, die heute den Horizont der Menschheit verdunkeln. Die erste Bedingung für eine solche Regenerierung ist die Abschüttelung der erstickenden Vormundschaft der Kremlbürokratie.[15]

FÜR EINE FREIE REVOLUTIONÄRE KUNST

Man kann ohne Übertreibung behaupten, daß die menschliche Kultur noch nie von so vielen Gefahren bedroht worden ist wie heute. Die Vandalen zerstörten mit ihren barbarischen, d. h. sehr unbeständigen Mitteln die antike Kultur in einem begrenzten Teil Europas. Heute zittert die Kultur der ganzen Welt in ihrem gemeinsamen historischen Schicksal unter der Bedrohung reaktionärer, mit der ganzen modernen Technik bewaffneter Kräfte. Wir denken dabei nicht nur an den herannahenden Krieg. Schon jetzt im Frieden ist die Situation der Wissenschaft und der Kunst absolut unerträglich geworden.

Insofern, als sie in ihrem Entstehungsprozeß Charakterzüge des Individuellen bewahrt, als sie subjektive Fähigkeiten aktiviert, um einen bestimmten Sachverhalt zur Geltung zu bringen, der eine objektive Bereicherung nach sich zieht, erscheint eine philosophische, soziologische, naturwissenschaftliche oder künstlerische Entdeckung als die Frucht eines kostbaren *Zufalls*, d. h. als eine mehr oder weniger spontane Manifestation der *Notwendigkeit*.

Man darf einen solchen Zusammenhang nicht außer acht lassen, weder vom Standpunkt der allgemeinen Wissenschaft aus (die danach strebt, die Interpretation der Welt voranzubringen) noch vom revolutionären Standpunkt aus (der verlangt, daß man sich, um eine Veränderung der Welt zu erreichen, eine genaue Vorstellung von den Gesetzen macht, die ihre Bewegung bestimmen). Genauer gesagt, man darf an den geistigen Bedingungen, unter denen dieser Beitrag beständig geleistet wird, nicht achtlos vorübergehen und sollte daher Sorge tragen, daß die Achtung vor den spezifischen Gesetzen, an die das intellektuelle Schaffen gebunden ist, garantiert wird.

In der Welt von heute müssen wir freilich feststellen, daß diese Gesetze in immer größerem Umfang mißachtet werden, welchem Befund notwendigerweise eine immer deutlicher werdende Verachtung nicht nur des Kunstwerks, sondern auch der Künstlerpersönlichkeit entspricht. Nachdem der Faschismus Hitlers alle Künstler, deren Werk das geringste Maß an Freiheitsliebe, und sei es auch nur im formalen Bereich, ausdrückte, aus Deutschland vertrieben hat, hat er diejenigen, die noch damit einverstanden sein mochten, eine Feder oder einen Pinsel in der Hand zu führen, gezwungen, sich zu Lakaien des Regimes zu machen und es im engen Rahmen schlechtester ästhetischer Konventionen auf Befehl zu feiern. Das gleiche gilt, bis auf den Umstand, daß diese Dinge kaum bekannt geworden sind, für die Sowjetunion seit Beginn der fürchterlichen Reaktion, die jetzt ihren Höhepunkt erreicht hat.

Selbstverständlich erklären wir uns nicht einen Augenblick mit der jetzt so beliebt gewordenen Parole 'weder Faschismus noch Kommunismus' solidarisch; sie entspricht dem Charakter des konservativen und verschreckten Philisters, der sich an die Überreste der 'demokratischen' Vergangenheit klammert. Echte Kunst, d. h. Kunst, die sich nicht mit der Variation überkommener Modelle zufrieden gibt, sondern darum bemüht ist, dem inneren Anliegen des Menschen und der Menschheit von heute Ausdruck zu verleihen, ist notwendigerweise revolutionär, d. h. sie erstrebt eine vollständige und radikale Umgestaltung der Gesellschaft, sei es auch nur, um das intellektuelle Schaffen von ihren Fesseln zu befreien und der ganzen Menschheit zu gestatten, sich zu Höhen aufzuschwingen, die bisher nur von einsamen Genies erreicht worden sind. Zugleich stellen wir fest, daß allein die soziale Revolution in der Lage ist, einer neuen Kultur den Weg zu bahnen. Wenn wir hingegen alle Solidarität mit der heute in der Sowjetunion herrschenden Kaste ablehnen, so gerade deswegen, weil sie in unseren Augen nicht den Kommunismus repräsentiert, sondern dessen niederträchtigster und gefährlichster Feind ist.

Unter dem Einfluß des totalitären Regimes der Sowjetunion und durch die Vermittlung der von ihr in den anderen Ländern kontrollierten sogenannten kulturellen Organisationen hat sich über die ganze Welt ein undurchdringliches Dämmerlicht ausgebreitet, das das Aufleuchten jeglichen geistigen Wertes unterdrückt. Ein Dämmerlicht aus Schmutz und Blut, in dem, als Intellektuelle und Künstler verkleidet, all jene Männer treiben, die aus ihrer Servilität ein bewährtes Mittel zum Zweck, aus der Verleugnung ihrer eigenen Grundsätze ein perverses Spiel, aus der käuflichen Falschaussage eine Gewohnheit und aus der Apologie eines Verbrechens ein Vergnügen gemacht haben. Die offizielle Kunst der Stalinepoche spiegelt mit einer in der Geschichte beispiellosen Grausamkeit ihre lächerlichen Bemühungen wider, den Leuten Sand in die Augen zu streuen und ihre wahre Söldnerrolle zu kaschieren.

Die vage Mißbilligung, mit der die Welt der Künstler auf diese schamlose Negation der Prinzipien reagiert hat, denen die Kunst immer gefolgt ist und die so radikal zu bestreiten nicht einmal den Sklavenhalterstaaten eingefallen ist, muß einer unversöhnlichen Verurteilung weichen. Die Opposition der Künstler ist heute eine der Kräfte, die in nützlicher Weise zur Verunglimpfung und Vernichtung jener Regime beitragen können, unter denen zugleich mit dem Recht der ausgebeuteten Klasse, eine bessere Welt anzustreben, jegliches Gefühl für Größe und selbst für menschliche Würde zunichte wird.

Die kommunistische Revolution fürchtet die Kunst nicht. Nach Abschluß der Forschungen, die man über die Entstehung der künstlerischen Berufung in der sich auflösenden kapitalistischen Gesellschaft anstellen kann, weiß sie, daß die künstlerische Berufung genetisch nur als Ergebnis des Konflikts zwischen dem Menschen und einer gewissen Anzahl sich ihm widersetzender gesellschaftlicher Formen angesehen werden kann. Diese Tatsache allein macht den Künstler, abgesehen von dem noch zu erwerbenden Bewußtseinsgrad, zum natürlichen Verbündeten der Revolution. Der Mechanismus der Sublimierung, der hier eine Rolle spielt und den die Psychoanalyse aufgewiesen hat, hat das Ziel, das gestörte Gleichgewicht zwischen dem Ich und den von ihm verdrängten Elementen wiederherzustellen. Diese Wiederherstellung des Gleichgewichts erfolgt zugunsten des Über-Ichs, das gegen die unerträgliche gegenwärtige Außenwelt die Mächte der Innenwelt, des Es, einsetzt, die allen Menschen gemein sind und die sich beständig weiter entfalten.[1] Das Bedürfnis des Geistes nach Emanzipation braucht nur seiner natürlichen Bahn zu folgen, um schließlich in dieser ursprünglichen Notwendigkeit aufzugehen und aus ihr neue Kraft zu schöpfen: dem Bedürfnis des Menschen nach Emanzipation.

Es folgt daraus, daß die Kunst, wenn sie sich nicht selbst aufgeben will, nicht damit einverstanden sein kann, sich einer fremden Weisung zu fügen und willig einen Rahmen zu füllen, den ihr manche äußerst beschränkten pragmatischen Zielen zuliebe glauben zuweisen zu können. Es ist besser, sich auf die Fähigkeit der Ahnung zu verlassen, die jedem wahren Künstler mitgegeben ist und die den (virtuellen) Beginn einer Auflösung der grellsten Widersprüche seiner Epoche impliziert und die Aufmerksamkeit seiner Zeitgenossen auf die Notwendigkeit, eine neue Ordnung herzustellen, lenkt.

Die Vorstellung, die der junge Marx von der Rolle des Schriftstellers hatte, muß heute nachdrücklich ins Gedächtnis zurückgerufen werden. Selbstverständlich muß diese Vorstellung im künstlerischen und wissenschaftlichen Bereich auf die verschiedenen Kategorien der Kunstschaffenden und Forscher ausgedehnt werden. *Der Schriftsteller,* sagt er, *muß allerdings erwerben, um existieren und schreiben zu können, aber er muß keineswegs existieren und schreiben, um zu erwerben.* [. . .] *Der Schriftsteller betrachtet keineswegs seine Arbeiten als Mittel. Sie sind Selbstzwecke, sie sind so wenig Mittel für ihn selbst und für andere, daß er ihrer Existenz seine Existenz aufopfert, wenn's not tut* [. . .] *Die erste Freiheit der Presse besteht darin, kein Gewerbe zu sein.*[2] Es ist heute mehr denn je angezeigt, diese Erklärung gegen diejenigen ins Feld zu führen, die die intellektuelle Aktivität fremden Zwecken unterordnen wollen und allen ihr eigentümlichen historischen Determinierungen zum Trotz im Dienste einer vorgeblichen Staatsraison die Themen der Kunst vorschreiben wollen. Die freie Wahl dieser Themen und die uneingeschränkte Freiheit in seinem Arbeitsfeld bedeuten für den Künstler einen Besitz, auf den er zu Recht unveräußerlichen Anspruch erhebt. Für das künstlerische Schaffen ist es von wesentlicher Bedeutung, daß die Phantasie von jedem Zwang frei ist und sich unter keinem Vorwand die Einhaltung eines Dienstwegs aufdrängen läßt. Denjenigen, die uns, sei es heute oder morgen, bestürmen, darin einzuwilligen, daß die Kunst sich einer Disziplin, die wir für absolut unvereinbar mit ihren Mitteln halten, unterwerfen solle, erteilen wir eine unwiderrufliche Absage und setzen ihnen unseren festen Willen entgegen, uns an folgende Formel zu halten: volle Freiheit für die Kunst[3].

Wir erkennen natürlich dem revolutionären Staat das Recht zu, sich gegen die aggressive bourgeoise Reaktion zu verteidigen, selbst dann, wenn sie sich mit dem Banner der Wissenschaft und der Kunst schützt. Aber zwischen diesen aufgezwungenen und vorübergehenden Maßnahmen revolutionärer Selbstverteidigung und der Anmaßung, das intellektuelle Schaffen der Gesellschaft zu kommandieren, klafft ein Abgrund. Wenn die Revolution um der Förderung ihrer materiellen Produktivkräfte willen gehalten ist, ein sozialistisches Regime mit zentraler Kontrolle zu errichten, muß sie von Anfang an für das künstlerische Schaffen ein anarchistisches Regime persönlicher Freiheit errichten und garantieren. Keine Autorität, kein Zwang, nicht die Spur einer Weisung! Die verschiedenen Gelehrtengesellschaften und Künstlerkollektive, die daran arbeiten werden, so großartige Aufgaben wie nie zuvor zu lösen, können hervortreten und fruchtbaren Arbeitseifer entfalten, allein auf der Basis einer freien schöpferischen Freundschaft, ohne den geringsten Zwang von außen.

Aus dem bisher Gesagten geht eindeutig hervor, daß wir, wenn wir die Freiheit des künstlerischen Schaffens verteidigen, keineswegs den politischen Indifferentismus rechtfertigen wollen, und daß wir nicht im entferntesten daran denken, eine sogenannte reine Kunst, die gewöhnlich den mehr als unreinen Zielen der Reaktion dient, wieder zum Leben erwecken zu wollen. Nein, wir haben von der Leistung der Kunst eine zu hohe Meinung, als daß wir ihr einen Einfluß auf das Schicksal der Gesellschaft abstreiten würden. Wir halten es für die höchste Aufgabe der Kunst in unserer Zeit, bewußt und aktiv an der Vorbereitung der Revolution mitzuwirken. Allerdings kann der Künstler dem emanzipatorischen Kampf nur dann dienen, wenn er subjektiv von dessen gesellschaftlichem und individuellem Gehalt durchdrungen ist, wenn er dessen Bedeutung und Dramatik in seine Nerven aufgesogen hat und wenn er ungezwungen darum bemüht ist, seiner Innenwelt eine künstlerische Inkarnation zu geben.

In der gegenwärtigen Zeit, die durch die Agonie des demokratischen wie faschistischen Kapitalismus gekennzeichnet ist, sieht sich der Künstler, auch ohne daß er seiner abweichenden Überzeugung notwendigerweise manifesten Ausdruck verleiht, infolge des Entzugs aller Publikationsmedien von dem Verlust seines Rechts auf Leben und Fortführung seiner Arbeit bedroht. Es ist natürlich, daß er sich dann den stalinistischen Organisationen zuwendet, die es ihm ermöglichen, seiner Isolierung zu entkommen. Aber sein Verzicht auf alles, was seine persönliche Botschaft ausmachen kann, und die zutiefst entwürdigenden Gefälligkeiten, die diese Organisationen als Gegenleistung für gewisse materielle Vorteile von ihm verlangen, untersagen es ihm, in ihnen zu verbleiben, vorausgesetzt, seine Niedergeschlagenheit ist nicht bereits groß genug, den Widerstand seines Charakters zu brechen. Von diesem Augenblick an muß er begreifen, daß sein Platz woanders ist, nicht bei denen, die die Sache der Revolution und zwangsläufig zugleich die Sache des Menschen verraten, sondern bei denen, die in unerschütterlicher Treue an den Prinzipien dieser Revolution festhalten, bei denen, die mithin allein in der Lage sind, sie zu ihrer Vollendung zu führen und durch sie dann den freien Ausdruck aller Arten menschlichen Genies zu garantieren.

Das Ziel dieses Aufrufs besteht darin, eine Plattform zu finden, um die revolutionären Verfechter der Kunst zusammenzuschließen, der Revolution mit den Mitteln der Kunst zu dienen und die Freiheit der Kunst gegen die Usurpatoren der Revolution zu verteidigen. Wir sind zutiefst davon überzeugt, daß diese Plattform breit genug ist für die Begegnung einigermaßen verschiedener ästhetischer, philosophischer und politischer Richtungen. Marxisten können hier mit Anarchisten Hand in Hand gehen, unter der Bedingung, daß die einen wie die anderen unerbittlich mit dem reaktionären Polizeigeist brechen, sei er nun in der Person Josef Stalins vertreten oder seines Vasallen García Oliver.[4]

Tausende und Abertausende isolierter Denker und Künstler, deren Stimme von dem widerwärtigen Tumult angeworbener Fälscher erstickt wird, sind heute über die ganze Welt verstreut. Zahlreiche kleine lokale Zeitschriften bemühen sich darum, junge Kräfte, die nach neuen Wegen suchen und nicht nach Subventionen, um sich zu versammeln. Jede fortschrittliche Richtung in der Kunst wird von dem Faschismus als Entartung gegeißelt. Alles freie Kunstschaffen wird von den Stalinisten als faschistisch erklärt. Die freie revolutionäre Kunst muß sich zum Kampf gegen die reaktionären Verfolgungen vereinigen und ihre Existenzberechtigung laut verkünden. Eine solche Vereinigung ist das Ziel der 'Internationalen Föderation freier revolutionärer Kunst', deren Gründung wir für nötig halten.

Wir haben keinesfalls die Absicht, jede der in diesem Aufruf enthaltenen Ideen, die wir selbst nur für einen ersten Schritt auf dem neuen Wege halten, anderen aufzudrängen. Alle Repräsentanten der Kunst, alle ihre Freunde und Verteidiger, die sich der Einsicht in die Notwendigkeit dieses Aufrufs nicht verschließen können, fordern wir auf, unverzüglich ihre Stimme zu erheben. Wir richten dieselbe Aufforderung an alle unabhängigen linken Organe, die bereit sind, an der Gründung der Internationalen Föderation und an der Beratung über ihre Themen und Aktionspläne mitzuwirken.

Sobald ein erster internationaler Kontakt durch Presse und Korrespondenz hergestellt ist, werden wir zur Organisation bescheidener lokaler und nationaler Kongresse übergehen. Der nächste Schritt wird die Veranstaltung eines Weltkongresses sein, der offiziell die Gründung der Internationalen Föderation vornehmen soll.

Was wir wollen:

die Freiheit der Kunst – für die Revolution;

die Revolution – für die endgültige Befreiung der Kunst.

Mexiko, am 25. Juli 1938 André Breton, Diego Rivera.[5]

ZUR AUSGABE

Die Aufsätze Nr. 1, 2, 3, 4 und 7 sind von Herrn Thomas Kunke übersetzt worden, die Aufsätze Nr. 8, 9, 10 und 11 vom Herausgeber. Die satztechnische Einrichtung aller Aufsätze, auch der Nr. 5 und 6, weicht von der der Vorlagen ab: auf die häufige und vielfältige Hervorhebung durch Sperrungen, Anführungszeichen usw. wurde zumeist verzichtet; Kursivsatz meint hier ausschließlich das Zitat. Die Identifizierung der Zitate, deren Quellen Trockij nur ganz vereinzelt im Text selbst oder in Fußnoten angibt, war um so schwieriger, als Trockij Anführungszeichen nicht nur für Zitate verwendet, oft ungenau zitiert und gelegentlich ein Zitat überhaupt nicht kennzeichnet. Für die Zitate aus der deutschen Literatur wurde selbstverständlich der deutsche Originaltext eingesetzt; bei Zitaten aus anderen Sprachen wurde die jeweilige Quelle herangezogen, mit Ausnahme zweier skandinavischer Werke; indessen konnte für die Ibsen-Zitate die vom 'Dichter autorisierte' deutsche Werkausgabe benutzt werden. Die Orthographie der russischen Eigennamen entspricht der in wissenschaftlichen Veröffentlichungen üblichen Transliteration.

Der Herausgeber möchte sich an dieser Stelle für die Hilfe bedanken, die ihm von verschiedener Seite erwiesen worden ist. Herr Prof. Dr. Herbert Jelitte und Herr Dr. Erich Kolb haben freundlicherweise bei dem Nachweis einzelner Zitate mitgewirkt. Besonderen Dank schuldet der Herausgeber Frau Vera von Hlynowski, die ihm bei mehreren sprachlichen Problemen, und Herrn Louis Sinclair, der ihm bei zahlreichen bibliographischen Fragen geholfen hat. Der Dank gilt auch dem Amsterdamer Instituut voor Sociale Geschiedenis für die angenehme Arbeitsmöglichkeit und die freundliche wissenschaftliche Beratung.

Gießen, im Juni 1972 U. M.

BIBLIOGRAPHIE

Die unter A, D und E genannten Werke werden in den Anmerkungen nur nach dem Namen des Verfassers bzw. Herausgebers zitiert, bei mehrbändigen Werken wird zusätzlich der Band angegeben (z. B. DEUTSCHER, III). Bei den unter B und C genannten Schriften Trockijs folgt in den Anmerkungen dem Verfassernamen die betreffende, hier in Klammern beigefügte römische Ziffer (z. B. TROCKIJ VII). Bibliographische Hinweise zu den Aufsätzen sind den Anmerkungen jeweils vorangestellt; für alle weitere bibliographische Information sei auf das grundlegende Werk von Louis Sinclair verwiesen.

A) Bibliographie

L. SINCLAIR, Trotsky: A Bibliography, Stanford, California, 1972, 1089 S. (Hoover Bibliographical Series, 50).

B) L. D. TROCKIJ: Schriften (russisch)

L. D. TROCKIJ, Sočinenija, Moskva 1925–1927,
Bd. XX: Kul'tura starogo mira. [I]
Bd. XXI: Kul'tura perechodnogo vremeni. [II]

–, Literatura i revoljucija, Moskva 1923. [III]

C) L. D. TROCKIJ: Schriften (übersetzt)

L. TROTZKI, Literatur und Revolution, Wien 1924. [IV]

–, Mein Leben, Berlin 1930, [V]
Neuauflage Frankfurt 1961.

–, Tagebuch im Exil, Mit einem Vorwort von Carola Stern, Köln/Berlin 1960, [VI]
Taschenbuchausgabe: München 1962 (dtv, 87).

L. TROTZKIJ, Literatur und Revolution, Berlin 1968, [VII]
Taschenbuchausgabe: München 1972 (dtv, 851).

L. TROTZKI, Gesammelte Werke 1, Frankfurt 1971, [VIII]
Bd. I, II: Schriften über Deutschland, Herausgegeben von Helmut Dahmer, Eingeleitet von Ernest Mandel.

L. TROTSKY, Littérature et Révolution, Préface de Maurice Nadeau, Paris 1962. [IX]

–, Le Mouvement communiste en France (1919–1939), Textes choisis et présentés par Pierre Broué, Paris 1967. [X]

–, Literature and Revolution, New York 1957. [XI]

–, The Basic Writings, Edited and introduced by Irving Howe, New York 1963. [XII]

–, Problems of the Chinese Revolution, With a new Foreword by Max Shachtman, Ann Arbor 1967. [XIII]

L. TROTSKI, Obras 1: Literatura y revolución, Otros escritos sobre la literatura y el arte, 2 Bde, Paris 1969. [XIV]
–, Sobre arte y cultura, Madrid 1971 (El Libro de Bolsillo, Alianza Editorial, 327). [XV]
L. TROTZKIJ, Letteratura, Arte, Libertà, Milano 1958. [XVI]

D) Biographien
I. DEUTSCHER, The Prophet Armed, Trotsky: 1879–1921, New York/London 1954.
–, The Prophet Unarmed, Trotsky: 1921–1929, London/New York 1959.
–, The Prophet Outcast, Trotsky: 1929–1940, London/New York 1963. Deutsche Übersetzung dieses Werks: Stuttgart 1962/63, Taschenbuchausgabe: Stuttgart 1972 (Urban-T., 158–160).
H. WILDE, Leo Trotzki in Selbstzeugnissen und Bilddokumenten, Reinbek 1969 (Rowohlts Monographien, 157).

E) Neuere Werke zur (marxistischen) Literatursoziologie
G. LUKÁCS, Schriften zur Literatursoziologie, Ausgewählt und eingeleitet von Peter Ludz, Neuwied 1961 (Soziologische Texte, 9).
L. LÖWENTHAL, Literatur und Gesellschaft, Neuwied/Berlin 1964 (Soziologische Texte, 27).
Literatursoziologie I, II, alternative 49/50 (1966), 71 (1970).
H. N. FÜGEN (Hrsg.), Wege der Literatursoziologie, Herausgegeben und eingeleitet von H. N. F., Neuwied/Berlin 1968 (Soziologische Texte, 46).
F. J. RADDATZ (Hrsg.), Marxismus und Literatur, Eine Dokumentation, Herausgegeben von F. J. R., 3 Bde, Reinbek 1969 (Rowohlt Paperback, 80–82).
P. DEMETZ, Marx, Engels und die Dichter, Ein Kapitel deutscher Literaturgeschichte, Frankfurt/Berlin 1969 (Ullstein Buch, 4021/22).
L. GOLDMANN, Soziologie des modernen Romans, Neuwied/Berlin 1970 (Soziologische Texte, 61).
V. ŽMEGAČ (Hrsg.), Marxistische Literaturkritik, Herausgegeben und eingeleitet von V. Ž., Bad Homburg 1970 (Ars poetica, 7).
H. GALLAS, Marxistische Literaturtheorie, Neuwied/Berlin 1971 (Sammlung Luchterhand, 19).
Literaturwissenschaft und Sozialwissenschaften. Grundlagen und Modellanalysen, Stuttgart 1971.
J. STRELKA, Die gelenkten Musen. Dichtung und Gesellschaft, Wien 1971.
F. VASZEN, Methoden der Literaturwissenschaft II: Marxistische Literaturtheorie und Literatursoziologie, Düsseldorf 1972 (Grundstudium Literaturwissenschaft).

(Abkürzungen: BjullOpp = Bjulleteń Oppozicii; NRF = Nouvelle Revue Française; Tr. = Trockij; VostOboz = Vostočnoe Obozrenie; s. auch die BIBLIOGRAPHIE.)

Einleitung

[1] TROCKIJ V, S. 65.

[2] TROCKIJ VI, S. 69.

[3] TROCKIJ V, S. 325.

[4] Ebd., S. 122.

[5] Vgl. D. Macdonald, Trotski is dead. An attempt at an appreciation, Partisan Review VII, 5 (1940) S. 344.

[6] TROCKIJ V, S. 123, vgl. S. 149.

[7] Plechanovs Buch 'Über die Entwicklung der monistischen Geschichtsauffassung' (1895) hat er wahrscheinlich erst in Sibirien gelesen.

[8] TROCKIJ V, S. 96.

[9] N. G. Tschernyschewski, Ausgewählte philosophische Schriften, Moskau 1953, S. 471.

[10] N. G. Černyševskij, Polnoe sobranie sočinenij, III, Moskau 1947, S. 301.

[11] TROCKIJ V, S. 123.

[12] TROCKIJ V, S. 220: "Über Wedekind schrieb ich einen großen sozialkritischen Aufsatz".

[13] TROCKIJ VII, S. 178.

[14] Hier, S. 57.

[15] H. Ibsen, Sämtliche Werke in deutscher Sprache, Berlin o. J., X, S. 290.

[16] W. I. Lenin, Lew Tolstoi als Spiegel der russischen Revolution, in: Lenin, Über Kultur und Kunst, Berlin 1960, S. 102 f., und RADDATZ, I, S. 238.

[17] G. W. Plechanov, Verwirrung der Begriffe (1910), Karl Marx und Leo Tolstoi (1911), Nochmals über Tolstoi (1911), in: Plechanov, Kunst und Literatur, Berlin 1955, S. 752 ff., 773 ff., 786 ff., 806 ff. – Beiden ist L. I. Axelrod (Tolstois Weltanschauung und ihre Entwicklung, Stuttgart 1902), die Plechanov zitiert (aaO., S. 806), vorangegangen.

[18] Ausgangspunkt: Kant, Kritik der ästhetischen Urteilskraft, § 46.

[19] N. Dobroljubov, Izbranie sočinenija, Moskau 1947, S. 130.

[20] AaO. (Anm. 9), S. 426.

[21] S. Anm. 14.

[22] Hier, S. 58.

[23] Hier, S. 65 und 55; TROCKIJ VII, S. 51.

[24] Hier, S. 104 und 83.

[25] Trockij VII, S. 61.

[26] Trockij II, S. 260, vgl. S. 430.

[27] Trockij VII, S. 186. – Karl Radek (1885–1939), damals einer der führenden Politiker der UdSSR, wurde 1927 als Mitglied der linken Opposition aus der Partei ausgeschlossen, später nach langjähriger stalintreuer Aktivität im zweiten Moskauer Prozeß (1937) verurteilt.

[28] V. Erlich, Russischer Formalismus, München 1964, besonders S. 109 ff.

[29] Trockij VII, S. 52.

[30] Hier, S. 113 f.

[31] Hier, S. 114.

[32] Hier, S. 107.

[33] Hier, S. 114.

[34] Trockij VII, S. 123 und 196; vgl. hier, S. 106.

[35] K. Marx, Texte zu Methode und Praxis, III, S. 35 (Rowohlts Klassiker 218/219).

[36] Trockij XIV, S. 130 f. (Sinclair 240509); vgl. auch Trockij VII, S. 190. Tr.s Rede liegt jetzt in deutscher Übersetzung vor: H. C. Buch (Hrsg.), Parteilichkeit der Literatur oder Parteiliteratur, Reinbek 1972, S. 124 ff.

[37] Trockij VII, S. 111.

[38] 'Engagement' bedeutet hier (wie im Aufsatz Nr. 7) die offene Parteinahme des Autors; mit der Verwendung des französischen Terminus übernehmen wir selbstverständlich nicht die Sartresche Theorie der littérature engagée. Tr.s Termini sind 'tendencija' und 'napravlenčestvo', s. Trockij III, S. 51, 123 ff. u. ö.

[39] Trockij VII, S. 172 u. ö.

[40] Trockij VII, S. 193.

[41] Lukács, S. 116, Raddatz, II, S. 145.

[42] Lukács, S. 117, Raddatz, II, S. 146.

[43] Lukács, S. 118 f., Raddatz, II, S. 147.

[44] Lenin, Parteiorganisation und Parteiliteratur, in: Über Kultur und Kunst, S. 59 ff., und Raddatz, I, S. 230 ff.

[45] Nacheinander: Trockij VII, S. 184; hier, S. 153; Trockij XIV, S. 138; hier, S. 153.

[46] Die Verwendung des Terminus technicus 'Verfahren' (priëm), der gelegentlich in Tr.s späteren Aufsätzen begegnet, ist sehr wahrscheinlich durch die Formalisten angeregt.

[47] Nicht Diego Rivera, s. Breton, Entretiens, Paris 1952, S. 190, und drs., La Clé des champs, Paris 1953, S. 41, Anm. 1: aus taktischen Gründen habe Tr. gebeten, seine Unterschrift durch die des mexikanischen Künstlers zu ersetzen; vgl. auch 'Visite à Léon Trotsky', ebd., S. 42 ff. (1967^2, S. 50 ff.), wo Breton u. a. berichtet, daß sich Tr. (1938) zweimal zum Problem der Voraussetzungen für das Kunstschaffen geäußert habe, nämlich in einer Nummer der Quatrième Internationale (= französische Version des Aufsatzes Nr. 10) und in einem noch ungedruckten "Inter-

view". Der Text dieses "Interview", aus dem Breton zitiert, ist identisch mit Tr.s Bemerkungen über 'La bureaucratie totalitaire et l'art' (La Lutte ouvrière, 22. VII. 1938, S. 2; vgl. TROCKIJ XI, S. 352 f.), die nichts anderes als eine starke Raffung des Aufsatzes Nr. 10 darstellen. Die TROCKIJ XI, S. 349–351, veröffentlichte Rede 'L'art révolutionnaire et la IVe Internationale' ist nach einer Angabe des Autorenkatalogs der Bibliothèque Nationale (Bd. CXCIV, S. 1040) nicht von Tr., sondern von Diego Rivera. Es ist richtig, daß Tr. sie so nicht gehalten haben kann, da sich der Redner als Maler ausgibt (aaO., S. 350); aber auch sie enthält praktisch nur Versatzstücke aus Tr.s Aufsatz Nr. 10.

[48] Sartre, Qu'est-ce que la littérature?, Paris 1964, S. 233, 369 (Collection Idées, 58).

[49] BjullOpp 74 (1939) S. 15.

[50] Worauf Malraux neuerdings in seinen 'Antimémoires' mehrfach hinweist.

[51] DEUTSCHER, III, S. 370; vgl. Tr.s Entgegnungen in La Lutte ouvrière (26. III. 1937, 9. IV. 1937, vgl. TROCKIJ X, S. 598 ff., TROTZKIJ IX, S. 344 f.).

[52] BjullOpp 23 (1931), S. 20 ff. (vgl. hier, S. 177).

[53] NRF XIX, 1 (1931), S. 501 ff.

[54] Vgl. GOLDMANN, S. 115 und Anm.

[55] DEUTSCHER, III, S. 269.

[56] Vgl. hierüber unseren demnächst in Zeitschrift für französische Sprache und Literatur erscheinenden Beitrag.

Nr. 1: Das letzte Drama Hauptmanns und Struves Erläuterungen dazu (Mai 1901)
SINCLAIR [010505]
VostOboz 99, 102 (5., 9. V. 1901) – TROCKIJ I, S. 170 ff. (Vorlage).

[1] Žizń ('Leben'), eine Zeitschrift für Literatur und Politik, wurde 1897 in Petersburg gegründet. Noch im Verlauf des Jahres 1901 wurde sie verboten.

[2] Mir Božij ('Göttliche Welt'), eine literarische und populärwissenschaftliche Monatsschrift, wurde 1892 in Petersburg gegründet. 1906 wurde sie verboten. – P. B. Struve (1870–1944), russischer Politiker, zunächst Marxist, als solcher Verfasser des Manifests des ersten Kongresses der russischen sozialdemokratischen Arbeiterpartei (1898), rückte bereits 1900 vom Marxismus ab. Tr.s Auseinandersetzung mit Struve beginnt in diesem frühen Artikel auf dem literarisch-ideologischen Feld; in den folgenden Jahren ist Struve einer der von Tr. am heftigsten angegriffenen politischen Gegner; vgl. auch TROCKIJ IV, S. 113.

[3] 'Sozialfrage ist Magenfrage': deutsch im russischen Text. – Der deutsche Nationalökonom Albert Schäffle (1831–1903), u. a. Verfasser des mehrbändigen Werkes 'Bau und Leben des socialen Körpers' (Tübingen

1875 ff.), eines Entwurfs, wie der Untertitel der ersten Ausgabe sagt, "einer realen Anatomie, Physiologie und Psychologie der menschlichen Gesellschaft", spricht in seiner antisozialdemokratischen Schrift 'Die Quintessenz des Socialismus' (1874 u. ö.) von der "Angelegenheit" des Sozialismus als einer – "wenigstens in erster Linie" – "Magenfrage" (Gotha [13]1891, S. 2).

[4] Struve, Mir božij, 1901, I, S. 14.

[5] Mt. 4, 4.

[6] In vier Dezemberausgaben (1900) des VostOboz, neu herausgegeben in: Trockij I, S. 147 ff.

[7] Gerhart Hauptmann, Sämtliche Werke, Frankfurt/Berlin 1966, I, S. 1122.

[8] AaO., S. 1129.

[9] 'durch und durch': deutsch im russischen Text.

[10] AaO., S. 1116.

[11] AaO., S. 1115.

[12] AaO., S. 1127.

[13] AaO., S. 1128.

[14] AaO., S. 1131.

[15] AaO., S. 1130.

[16] AaO., S. 1130 f.

[17] AaO., S. 1132.

[18] AaO., S. 1117.

[19] Samuel Smiles (1812–1904), englischer liberalkonservativer Moralschriftsteller, dessen in diesem Gedankengang interessierende 'Self-help' (1859), 'Thrift' (1875), 'Duty' (1880) oder 'Life and Labour' (1887) oft aufgelegt und in mehrere Sprachen übersetzt worden sind, berichtet bereits in 'Self-help' von mehreren Schustern, deren Fleiß, Sparsamkeit, Redlichkeit und Energie die Grundlage für ihre späteren Leistungen gewesen seien.

[20] AaO., S. 1130.

[21] AaO., S. 1135.

[22] AaO., S. 1134.

[23] AaO., S. 1156 f.

[24] 'Michael Kramer' wurde am 21. 12. 1900 im Deutschen Theater in Berlin uraufgeführt.

[25] Tr. zitiert diesen Passus aus dem 'Gerhard Grim' (1897) des schwedischen Dramatikers Tor Hedberg (1862–1931) nach einer 1899 erschienenen russischen Übersetzung.

Nr. 2: Über Ibsen (Juni 1901)
Sinclair [010603]
VostOboz 121, 122, 126 (3., 4., 9. VI. 1901) – Trockij I, S. 181 ff. (Vorlage).

[1] Tr. teilt in einer Fußnote mit: "Auszüge aus diesen 'Erinnerungen' wurden in den Teilen, die sich auf Henrik Ibsen beziehen, im Mir Božij, III, 1901, abgedruckt und gaben uns Anlaß zu der vorliegenden Schrift." – Zur Zeitschrift Mir Božij vgl. 1, Anm. 2.

[2] John Paulsen (1851–1924), Erindringer, 3 Bde, 1900–1903; die 1907 in Berlin erschienenen 'Erinnerungen an Henrik Ibsen' basieren nicht auf den 'Erindringer', sondern sind die Übersetzung von Paulsens 'Samliv med Ibsen' (1906).

[3] Französisch im russischen Text. Diese Redensart begegnet in Frankreich häufiger in der Formulierung 'la plus jolie fille du monde ne peut donner que ce qu'elle a'.

[4] Jonas Lie (1833–1908), norwegischer Schriftsteller.

[5] Henrik Ibsen, Sämtliche Werke in deutscher Sprache, 10 Bände, Berlin 1898 ff.; nach dieser Ausgabe wird im folgenden zitiert. Die von Tr. zitierte Stelle ist Ibsens Brief an den dänischen Literaturhistoriker Georg Brandes (1842–1927) vom 20. 12. 1870, übrigens einen der Herausgeber der eben genannten Werkausgabe, entnommen: X, S. 156.

[6] Ein Volksfeind, VII, S. 210.

[7] Ebd., S. 196.

[8] Rosmersholm, VIII, S. 30.

[9] Ebd., S. 98.

[10] Baumeister Solneß, VIII, S. 435.

[11] Ebd., S. 412. – Tr. fügt in einer Fußnote an: "Folgender Umstand ist nicht ohne originelle Bedeutung für eine Charakterisierung der Persönlichkeit Ibsens: Als er voll Entrüstung seine Heimat verließ und ins freiwillige Exil ging, forderte er vom Parlament eine 'Literaturpension' und erhielt sie. Es ist offensichtlich schwer, sich durch eine Anstrengung 'von innen', einen 'geistigen Umschwung', vom Äußeren zu befreien, sei es auch nur von einer für diesen Geist erniedrigenden finanziellen Anhängigkeit!"

[12] Tr. fügt in einer Fußnote an: "'Ich war mit seinen Werken gut bekannt', sagt Paulsen, 'las sie immer wieder aufs neue, konnte aber nicht immer in ihre verborgenen Tiefen eindringen ... So viele Sonntage saß ich da und zerbrach mir den Kopf über irgendeine dunkle Stelle'. Wie primitiv stellt sich uns hier die Beziehung zum Kunstwerk dar – wie zu einem Bilderrätsel oder zu einer apokalyptischen Offenbarung!"

[13] Baumeister Solneß, VIII, S. 387 f.

[14] Die Stützen der Gesellschaft, VI, S. 159.

[15] Ein Volksfeind, VII, S. 133.

[16] Ebd., S. 104.

[17] Die Stützen der Gesellschaft, VI, S. 238.

[18] Ein Volksfeind, VII, S. 147.

[19] Ebd., S. 123.

[20] Die zum geflügelten Wort gewordene Formel charakterisiert den Mymrecov ("er zerrte gewöhnlich dorthin, wo man durchaus nicht hinwollte, und er ließ niemanden dorthin, wo man am liebsten hinwollte") aus Uspenskijs 'Budka' ('Wächterhäuschen'), s. G. I. Uspenskij, Sobranie sočinenij, II, Moskau 1955, S. 331 f.

[21] Ein Volksfeind, VII, S. 138 u. ö.

[22] Die Stützen der Gesellschaft, VI, S. 236.

[23] Ebd., S. 174.

[24] Tr.s Quelle für dieses Zitat, dessen erster Teil uns in der englischen Version besonders geläufig ist, konnte nicht ermittelt werden.

[25] 1. Kor. 11, 3; Eph. 5, 22–24.

[26] Ein Volksfeind, VII, S. 161.

[27] Gespenster, VII, S. 29 f.

[28] J. S. C. Welhaven (1807–1873), norwegischer Schriftsteller und Literarhistoriker.

[29] Guy de Maupassant, Solitude, in: Monsieur Parent, Paris (Conard) 1931, S. 262.

[30] Ein Volksfeind, VII, S. 213.

[31] Baumeister Solneß, VIII, S. 404.

[32] John Gabriel Borkman, IX, S. 117.

[33] Ein Volksfeind, VII, S. 177.

[34] Ebd., S. 180.

[35] Deutsch im russischen Text; s. Gustav Schmoller, Über einige Grundfragen der Socialpolitik und der Volkswirtschaftslehre, Leipzig 1898, S. 70 ff.

[36] Schmoller spricht von einer "Aristokratie der Bildung und Gesittung" bzw. von einer "Aristokratie, d. h. Elite der Bildung und des Charakters", aaO., S. 8, 146.

[37] Rudolf Stammler, Wirtschaft und Recht nach der materialistischen Geschichtsauffassung. Eine sozialphilosophische Untersuchung, Leipzig 1896, S. 588 ff. Über dieses Buch spricht Tr. im Zusammenhang mit seiner Gefängnislektüre 1898, s. Trockij V, S. 116.

[38] AaO., S. 572 ff.

[39] Die Stützen der Gesellschaft, VI, S. 250.

[40] Ebd., S. 249.

[41] Aleksandr Veselovskij (1838–1906), russischer Literaturhistoriker, erster und bedeutendster Komparatist in Rußland.

[42] Max Nordau, Entartung, II, Berlin 1893, S. 153 ff. ('Der Ibsenismus'); vgl. 6, Anm. 13. Tr. fügt in einer Fußnote hinzu: "Die Hinweise des Arztes Nordau bezüglich Ibsens falscher Darstellung verschiedener Krankheitsverläufe behalten natürlich ihr ganzes Gewicht – aber, Schuster, bleib bei deinem Leisten!"

Nr. 3: N. V. Gogol' (Februar 1902)
SINCLAIR [020221]
VostOboz 43 (21. II. 1902) – TROCKIJ I, S. 9 ff. (Vorlage).
Übersetzt: TROCKIJ XII, TROCKIJ XIV, TROCKIJ XV.

[1] Die Anspielungen beziehen sich der Reihe nach auf folgende Werke: 'Die Nase', 'Die toten Seelen', 'Schreckliche Rache' ('Abende auf dem Vorwerk'), 'Aufzeichnungen eines Wahnsinnigen' ('Arabesken'), 'Heirat', 'Die toten Seelen'.

[2] V. G. Belinskij (1811–1848), bedeutender russischer Kritiker und Publizist (s. W. G. Belinskij, Ausgewählte philosophische Schriften, Moskau 1950).

[3] N. G. Černyševskij, Polnoe sobranie sočinenij, III, Moskau 1947, S. 201; der von Tr. zitierte Passus findet sich auch in: N. G. Tschernyschewski, Ausgewählte philosophische Schriften, Moskau 1953, S. 591.

[4] M. V. Lomonosov (1711–1765), G. R. Deržavin (1743–1816), N. M. Karamzin (1766–1826), A. D. Kantemir (1711–1744), D. I. Fonvizin (1745–1792), I. A. Krylov (1768–1844); A. S. Griboedov (1795–1829), Verfasser der Komödie 'Verstand schafft Leiden'.

[5] Die Formel ist dem ersten Satz des Zweiten Bandes der 'Toten Seelen' entnommen.

[6] 'Meisterstück': deutsch im russischen Text.

[7] V. G. Belinskij, Polnoe sobranie sočinenij, Moskau 1953–1959, I, S. 271.

[8] Belinskij, aaO., I, S. 261.

[9] Belinskij, ebd., S. 262.

[10] A. A. Bestužev (1797–1837), russischer Kritiker und Novellist; Tr. denkt hier an seine seit 1830 unter dem Pseudonym Marlinskij erschienenen Novellen.

[11] Belinskij, I, S. 290.

[12] Belinskij, VI, S. 323.

[13] Quelle dieses Zitats ist nicht ein Brief des russischen Schriftstellers und Publizisten A. I. Gercen (Herzen; 1812–1870) an seinen Freund N. P. Ogarëv (1813–1877), sondern sein Turgenev-Aufsatz 'Eščë raz Bazarov' (Noch einmal Bazarov), s. A. I. Gercen, Sobranie sočinenij v tridcati tomach, XX, 1, Moskau 1960, S. 348.

[14] Figur aus den 'Toten Seelen'.

[15] Der Autor des satirischen Romans 'Zeitgenössische Idylle' ist M. E. Saltykov-Ščedrin (1826–1889).

[16] Wendungen aus dem Schlußkapitel des Ersten Bandes der 'Toten Seelen', s. N. V. Gogol', Sobranie chudožestvennych proizvedenij, Moskau [2]1959, V, S. 320.

[17] Figuren aus den 'Toten Seelen'.

[18] Antaios, Sohn der Gaia (Erde), von Herakles besiegt.

[19] Dieses Werk erschien 1847 unter dem (vollständigen) Titel 'Ausgewählte Stellen aus dem Briefwechsel mit Freunden'.

[20] Der Imker ist der fiktive Erzähler bzw. Herausgeber der 'Abende'.

[21] Der Verfasser des "älteren gescheiten Artikels", einer Rezension der 1857 in Petersburg erschienenen Werk- und Briefausgabe Gogol's (in der Zeitschrift Sovremennik, 1857, Nr. 8) ist Černyševskij; die Selbstcharakteristik Gogol's ist ebenfalls aus diesem Artikel zitiert, s. Černyševskij, aaO., IV, Moskau 1948, S. 627.

[22] O. Miller, Russkie pisateli posle Gogolja, 1886 (Anm. Tr.s). Manilovismus (Manilovščina) meint (nach der Figur aus den 'Toten Seelen') zielloses, träumerisches Dahinleben.

[23] Gogol', Das Bekenntnis (Avtorskaja ispoved'), in: Sočinenija, Moskau 1884, IV, S. 793.

[24] H. H. Baženov, Bolezń i smert' Gogolja, Russkaja Mysl' 1902 (Anm. Tr.s).

[25] Tr. fügt in einer Fußnote hinzu: "'Die erstaunliche Kraft des unmittelbaren Schaffens', sagt Belinskij, 'schadet Gogol' sehr. Sie verstellt ihm sozusagen den Blick für Ideen und moralische Fragen, die unserer Zeit auf den Nägeln brennen, und zwingt ihn, seine Aufmerksamkeit hauptsächlich auf Fakten zu lenken und sich mit ihrer objektiven Beschreibung zufriedenzugeben' (Belinskij, aaO., VI, S. 428). Der Gedanke ist frappierend: das Leibeigenenrecht, mit dessen Saft alle Scheußlichkeiten, Greuel und Entsetzen des damaligen Lebens in Rußland genährt wurden, existiert für Gogol' nur als Faktum, nicht als Problem."

[26] Figur aus dem 'Revisor'.

[27] Belinskij, aaO., III, S. 453.

[28] Gogol', Die Auflösung des 'Revisor' (Razvjaska 'Revizora'), aaO. (Anm. 16), IV, S. 208 ff. Die allegorische Interpretation trägt der Erste Schauspieler dieses Stücks, das Gogol' seiner für die Armen bestimmten Neuausgabe des 'Revisor' beigegeben hat (1846), in seiner Schlußrede vor.

[29] Belinskij, aaO., V, S. 567.

[30] Belinskij, VI, S. 431.

[31] Hauptfigur in Gogol's 'Mantel'.

Nr. 4: Über Arthur Schnitzler (Mai 1902)
Sinclair [020518]
VostOboz 114, 115 (18., 19. V. 1902) – Trockij I, S. 215 ff. (Vorlage).

[1] Der dritte Vers des Mottos ist in der russischen Prosaübersetzung ohne Entsprechung (vgl. jedoch weiter unten und Anm. 18): Arthur Schnitzler, Paracelsus, in: Gesammelte Werke, Die Theaterstücke in vier Bänden, Berlin o. J. (1912), II, S. 57. Nach dieser Ausgabe werden Schnitzlers Stücke im folgenden zitiert, seine Erzählungen hingegen nach der Ausgabe: Die erzählenden Schriften, Frankfurt 1961.

[2] Tr. faßt die drei Einakter 'Paracelsus', 'Die Gefährtin', 'Der grüne Kakadu', die, unter dem Titel des letztgenannten Stücks vereinigt, 1899 in einer Buchausgabe erschienen, unter der nicht authentischen Bezeichnung 'Trilogie' zusammen.

[3] Zur Zeitschrift Mir Božij, s. 1, Anm. 2.

[4] Der Vestnik Inostrannoj Literatury ('Bote der ausländischen Literatur'), eine von 1891 bis 1916 in Petersburg erscheinende Monatsschrift, informierte über Ereignisse der mittel- und westeuropäischen Literatur durch Übersetzungen und Kritik.

[5] Wie Schnitzler in Rußland, so brachte es sein russischer Zeitgenosse, der Erzähler und Dramatiker A. P. Čechov (1860–1904) gegen Ende des 19. Jahrhunderts in Deutschland und Frankreich zu großer, freilich bis heute andauernder, Beliebtheit.

[6] Schnitzler, der seinen 'Leutnant Gustl' im Dezember 1900 als Weihnachtsbeilage der Neuen Freien Presse und Anfang 1901 bei Fischer als Buch veröffentlichte, wurde bereits im April desselben Jahres vor das Disziplinargericht zitiert; am 26. April wurde ihm der Offiziersrang aberkannt, vgl. das Folgende.

[7] G. I. Uspenskij (1843–1902), Das kranke Gewissen (Bol'naja sovesť), in: Sobranie sočinenij, III, Moskau 1956, S. 304 f. – Ein Arschin beträgt 0,71 m.

[8] Schnitzler, aaO., I, S. 340.

[9] AaO., I, S. 273.

[10] Ebd., S. 324.

[11] Adolf Bartels, Die deutsche Dichtung der Gegenwart, Leipzig [3]1900, S. 257.

[12] Vgl. 2, Anm. 3.

[13] Deutsch im russischen Text: entstelltes Faust-Zitat (Goethe, Faust, V. 409: "Das ist deine Welt! das heißt eine Welt!").

[14] Daß Tr. mit diesem Ausdruck auf Nietzsche anspielt, ist für den deutschen Leser klarer als weiter unten bei dem Ausdruck "übermenschliche Sicht"; vgl. auch 1, Anm. 6, wo Tr.s Aufsatz über Nietzsche ("Etwas über die Philosophie des Übermenschen") bibliographisch nachgewiesen ist.

[15] Friedrich Nietzsche, Also sprach Zarathustra, Stuttgart (Kröner) 1969, S. 31.

[16] AaO., II, S. 32.

[17] Ebd.

[18] Vgl. das Motto und Anm. 1.

[19] Tr. gibt die Reihenfolge der "Bilder" nicht korrekt wieder; Bianca erscheint im dritten ('Episode'), Annie im fünften ('Abschiedssouper'), Ilona im siebten ('Anatols Hochzeitsmorgen').

[20] AaO., II, S. 68.

[21] AaO. (s. Anm. 15), S. 70.

[22] AaO., I, S. 17.

[23] Ebd., S. 24.

[24] AaO., II, S. 369.

[25] Vaudeville: französisches meist einaktiges komisches Subgenus in Prosa oder Versen, mit Gesangseinlagen, das in z. T. farcenhafter Stilisierung Szenen aus dem alltäglichen Leben bringt; es erfreute sich im letzten Drittel des 18. und ersten Drittel des 19. Jahrhunderts besonderer Beliebtheit (Théâtre du Vaudeville, Théâtre des Variétés, in Paris).

[26] Im Neuabdruck dieses Aufsatzes (Trockij I, S. 224) fügt Tr. an dieser Stelle folgende Fußnote an (sie trägt das Datum: Juni 1922): "Ist es nicht kurios, daß der Grüne Kakadu von den sowjetischen Bühnen zum revolutionären Repertoire gezählt wird – überall führt man ihn als echtes revolutionäres Stück auf!"

[27] Der englische Titel dieser Erzählung von Edgar Allan Poe (1809 bis 1849) lautet: 'The pit and the pendulum'.

[28] Arnold Böcklin (1827–1901): 'Selbstbildnis mit dem fidelnden Tod'.

[29] AaO., I, S. 313.

[30] Ebd., S. 314.

[31] Ebd., S. 318.

N. 5: Frank Wedekind (Februar/April 1908)
Sinclair 080214, [080400(1)]
1. Fassung: Literaturnyj raspad, I, 1908 – Trockij I, S. 401 ff. – Trockij III, S. 324 ff.
Übersetzt: Trockij VII.
2. Fassung: Die Neue Zeit XXVI, 2 (1908), S. 63 ff. (Vorlage).

[1] Karl Kautsky (1854–1938), Sozialdemokrat, in dem Lenin bis zum Ersten Weltkrieg "den wahren Fortsetzer der Sache von Marx und Engels" sah, wie Tr. in seinem Nachruf vom 8. November 1938 mitteilt (Trockij VIII, S. 750), war in diesen Jahren "unumstrittene Autorität" der Zweiten Internationale (Trockij IV, S. 204). Kautsky war seit 1883 Redaktor der Neuen Zeit, in der dieser Aufsatz Tr.s erschien.

[2] Frank Wedekind, Die vier Jahreszeiten, Winter: Vergänglichkeit, V. 37–40, in: Gesammelte Werke, München/Leipzig [2]1919, I, S. 116. Wo nicht anders angegeben, wird nach dieser Werkausgabe zitiert.

[3] Heinrich Heine, Das Hohelied, V. 1–4.

[4] Mine-Haha oder Über die körperliche Erziehung der jungen Mädchen, I, S. 317 ff.

[5] Eine ähnliche Formulierung in analogem Kontext findet sich in Wedekinds 'Feuerwerk: Die Liebe auf den ersten Blick', I, S. 280 f.

[6] Mine-Haha, I, S. 322.

[7] Die vier Jahreszeiten, Herbst: Lulu, V. 5 f., I, S. 96.

[8] Die vier Jahreszeiten, Winter: Das tote Meer, V. 5–8, I, S. 126.

[9] Frühlings Erwachen. Eine Kindertragödie, II, S. 93 ff.

[10] Erdgeist. Tragödie in vier Aufzügen, III, S. 1 ff.

[11] Die Büchse der Pandora. Tragödie in drei Aufzügen mit einem Prolog, III, S. 99 ff.
[12] Die Vorlage hat: "Jack den Aufschlitzer".
[13] Die vier Jahreszeiten, Winter: Erdgeist, V. 1 f., I, S. 120.
[14] S. Anm. 12.
[15] Totentanz (Tod und Teufel), Text nach dem Erstabdruck in: Die Fackel, VII (1905) Nr. 183/184, S. 30 (abweichender Text in V, S. 33).
[16] Die Zensur. Theodicee in drei Szenen, in: Der Morgen, Wochenschrift für deutsche Kultur, II (1908) S. 82 ff., 108 ff. (vgl. V, S. 105 ff.).
[17] AaO., S. 85 (vgl. V, S. 116).
[18] Ebd., S. 114 (vgl. V, S. 139).
[19] Die vier Jahreszeiten, Winter: Abschied, V. 9–12, I, S. 121.
[20] AaO., S. 110 (vgl. V, S. 127).
[21] Ebd., S. 110 f. (vgl. V, S. 129).
[22] Ebd., S. 114 (vgl. V, S. 140).

Nr. 6: Lev Tolstoj (September 1908)
Sinclar [080915]
Die Neue Zeit XXVI, 2 (1908) S. 900 ff. (Vorlage) – Trockij I, S. 249 ff.
Übersetzt: Trockij IX, Trockij XIV, Trockij XV, Trockij XVI.

[1] L. Tolstoj, Ispoved' ('Beichte'), in: L. N. Tolstoj, Polnoe sobranie sočinenij, Moskau 1935–1958, XXIII, S. 32; nach dieser neunzig Bände umfassenden Werkausgabe zitieren wir auch im folgenden.
[2] 'Fabrikarbeiter': so auch im russischen Text.
[3] Novodvorov ist eine Figur in Tolstojs 'Auferstehung', Riccaut de la Marlinière eine in Lessings 'Minna von Barnhelm'.
[4] Tolstoj, Progress i opredelenie obrazovanija ('Der Fortschritt und die Definition der Bildung'), VIII, S. 341.
[5] Zu diesem Zitat vgl. die Byline (= volkstümliches Heldenlied) 'Il'ja Muromec i Svjatogor', in: Byliny, Izd. Mosk. Univ., 1957, S. 216, Z. 51.
[6] Narodničestvo: von der russischen Intelligenz getragene anarchistisch-sozialistische Strömung des letzten Drittels des 19. Jahrhunderts, die den Kapitalismus ablehnte und die bäuerliche Gemeinde idealisierte. Einige ihrer Anhänger, der Narodniki ('Volkstümler'), bekämpften in den neunziger Jahren den heraufkommenden Marxismus, vgl. auch 7, Anm. 23.
[7] Tolstoj, Vojna i mir ('Krieg und Frieden'), XII, S. 50 (Erstes Buch, Erster Teil, Kap. 13).
[8] Figur in 'Krieg und Frieden'.
[9] Mužik: 'Bauer'.
[10] F. Dostoevskij, Podrostok ('Jüngling'), in: Sobranie sočinenij, Moskau 1957, VIII, S. 625 (Dritter Teil, Kap. XIII, 3).
[11] In der Gestalt des Erziehers Nikolaj Semënovič.
[12] Dostoevskij, aaO., S. 622 f.

[13] Max Nordau, Entartung, 2 Bde, Berlin 1892/1893. Dies Werk ist dem italienischen Mediziner und Anthropologen Cesare Lombroso (1836 bis 1909) gewidmet. Die von Tr. gemeinten Ausführungen Nordaus über den "Tolstoismus" stehen in I, S. 225 ff.; vgl. Anm. 42. – Zu Smiles, s. 1, Anm. 19.

[14] Wilhelm Freiherr von Hammerstein (1838–1904), einer der Führer der Deutsch-Konservativen, seit 1881 Redakteur der Neuen Preußischen (Kreuz-)Zeitung. – M. O. Men'šikov (geb. 1859), russischer Publizist, in den neunziger Jahren reaktionärer Mitarbeiter der Petersburger Tageszeitung Novoe Vremja ('Neue Zeit').

[15] Tolstoj, Ispoved' (vgl. Anm. 1), XXIII, S. 8; Progress (vgl. Anm. 4), VIII, S. 333.

[16] Tolstoj, Rabstvo našego vremeni ('Die Sklaverei unserer Zeit'), XXXIV, S. 166.

[17] Tolstoj, Čto takoe isskustvo? ('Was ist Kunst?'), XXX, besonders S. 151 ff., 175 ff. (vgl. die deutsche Ausgabe: Lew Tolstoi, Gesammelte Werke in zwanzig Bänden, ed. E. Dieckmann und G. Dudek, XIV, Berlin 1968, besonders Kap. 16, S. 187 ff., Kap. 18, S. 217 ff.). Bereits in einem Brief an Fet vom 17./29. X. 1860, also fast vierzig Jahre früher, formuliert Tolstoj: "Kunst ist Lüge, und ich kann die schöne Lüge schon nicht mehr lieben", LX, S. 358.

[18] Vgl. z. B. Tolstoj, XXV, S. 633 f., wo Karl Marx und Frédéric Bastiat (1801–1850) zusammen genannt und ihre – wie die eines Mill, Lassalle, Proudhon – Thesen als "lügnerisch" bezeichnet werden.

[19] Tr. meint Tolstojs Schrift 'Odumajtes'' ('Besinnt euch'), XXXVI, S. 100 ff. – Gustave de Molinari (1819–1912), belgischer Nationalökonom; H. Hardouin, französischer Journalist, Korrespondent des Pariser Matin im russisch-japanischen Krieg 1904–1905.

[20] Nach den Indices der Werkausgabe zu urteilen, zitiert Tolstoj Adolf Harnack in zwei Briefen von 1895 und 1902. Der russische Kommentator (TROCKIJ I, S. 540) verwechselt Harnack mit Harpagos(!); es ist nicht ausgeschlossen, daß Tr. seinerseits nicht Harnack, sondern Eduard Hartmann meint, den Tolstoj häufig nennt, auch mit Konfutse zusammen, z. B. XXV, S. 182 ff.

[21] Vgl. z. B. Tolstoj, V čëm moja vera? ('Worin besteht mein Glaube?'), XXIII, S. 304 ff.

[22] Mt 5, 37: der ganze Passus ist sicher eine Engels-Reminiszenz; Engels sagt in seiner 1906 in russischer Übersetzung erschienenen 'Entwicklung des Sozialismus von der Utopie zur Wissenschaft' von dem "Metaphysiker": "Er denkt in lauter unvermittelten Gegensätzen; seine 'Rede ist ja, ja, nein, nein, was darüber ist, das ist vom Übel' usw."; diese Engels-Stelle zitiert Plechanov in: Karl Marx und Leo Tolstoj (1911), s. G. W. Plechanov, Kunst und Literatur, Berlin 1955, S. 788.

[23] Die Quelle dieses Zitats konnte nicht ermittelt werden.

[24] Tolstoj, Ne mogu molčat' ('Ich kann nicht schweigen'), XXXVII, S. 83 ff.

[25] Es mag hier angefügt werden, daß Tr. einige der Grundgedanken dieses Aufsatzes in dem zwei Jahre später in seinem Blatt Pravda (20. XI. 1910) veröffentlichten Nachruf auf Tolstoj wieder aufnimmt; dieser Nachruf ist in Trockij I, S. 260 ff., abgedruckt.

Nr. 7: Die Formale Schule der Dichtung und der Marxismus (Juli 1923)
Sinclair 230719
Pravda 166 (26. VII. 1923) – Trockij III, S. 119 ff. (Vorlage).
Übersetzt: Trockij VII, Trockij IX, Trockij XI, Trockij XIV, Trockij XV, Trockij XVI.

[1] V. Šklovskij, Chod konja ('Rösselsprung'), Berlin/Moskau 1923, S. 39.

[2] R. Jakobson, Novejšaja russkaja poėzija. Nabrosok pervyj ('Moderne russische Dichtung. Erste Skizze'), Prag 1921, S. 10; diese Schrift Jakobsons ist mit deutscher Übersetzung neu herausgegeben von W.-D. Stempel, Texte der russischen Formalisten, II, München 1972, S. 18 ff.

[3] Zitiert bei Jakobson, aaO., S. 8. – A. E. Kručënych (geb. 1886) ist als Dichter des Futurismus einer der Wegbereiter des Formalismus.

[4] Jakobson, aaO., S. 10 f. – V. Chlebnikov (1885–1922), ebenfalls Dichter des Futurismus.

[5] Jakobson, aaO., S. 7.

[6] Jakobson, aaO., S. 16; Fragezeichen von Tr.

[7] Ebd., S. 16.

[8] 'Wolke in Hosen': lyrisches Gedicht V. Majakovskijs (1893–1930) aus dem Jahre 1915.

[9] Dieser von Jakobson, S. 16, zitierte Vers ist Majakovskijs lyrischem Gedicht 'Liebe' aus dem Jahre 1913 entnommen.

[10] Jakobson, aaO., S. 16 f.

[11] Nach dem von ihm in Anführungszeichen gesetzten 'inkriminiert' fügt Tr. in Parenthese – seltsamerweise, weil man den entgegengesetzten Sinn erwartet – hinzu: "Dieses Wörtchen paßt ganz und gar nicht!"

[12] Narodniki: s. 6, Anm. 6, vgl. hier Anm. 23.

[13] Der ersten der hier genannten russischen Dichterinnen des beginnenden 20. Jahrhunderts hat der Formalist B. Ejchenbaum, der auf den vorliegenden Aufsatz Tr.s eine Erwiderung schrieb (vgl. Einleitung), 1923 eine Monographie gewidmet; vgl. auch die folgende Anm.

[14] Der 'Domostroj' ('Hausordnung', die die Pflichten des Hausvaters und Familienvorstands beschreibt) ist um die Mitte des 16. Jahrhunderts verfaßt worden. – Der Akmeismus, dem u. a. die Achmatova angehört, ist die neoklassische Gegenbewegung gegen den russischen Symbolismus.

[15] Vierbändiges Wörterbuch der russischen Sprache (1861–1868) des Schriftstellers, Arztes und Philologen V. I. Dal' (Dahl) (1801–1872).
[16] Šklovskij, aaO. (Anm. 1).
[17] Ebd.
[18] Ebd.
[19] D. S. Moor (eigentlich Orlov) (1883–1946), seit 1919 Karikaturist der Pravda, und V. N. Deni (eigentlich Denisov) (1893–1946): russische Lithographen und Zeichner vornehmlich des satirischen Fachs.
[20] Šklovskij, aaO.
[21] A. N. Ostrovskij (1823–1886), bedeutender russischer Dramatiker.
[22] 'Orthodoxe Rundschau'. – Die in dieser Zeitschrift veröffentlichten Aufsätze des Bischofs hat Tr. im Odessaer Gefängnis gelesen, vgl. Trockij V, S. 113 f.
[23] Rudolf Stammler: s. 2, Anm. 37. – N. K. Michajlovskij (1842–1904), Publizist und Soziologe, einer der bedeutendsten Theoretiker des Narodničestvo (vgl. Anm. 12), Gegner der ersten russischen Marxisten; Tr. setzt sich in seinen frühen Schriften häufig mit ihm auseinander, besonders in dem Aufsatz über G. I. Uspenskij, Trockij I, S. 41 ff.
[24] Jh. 1, 1.
[25] Goethe, Faust, V. 1237.

Nr. 8: Die erdrosselte Revolution. Ein französischer Roman über die chinesische Revolution (Februar 1931)
Sinclair 310209
BjullOpp 21/22 (Mai/Juni 1931) S. 30 ff. (Vorlage).
Übersetzt: NRF XIX, 1 (1931) S. 488 ff., Trockij IX, Trockij XIII, Trockij XIV, Trockij XV, Trockij XVI; Les critiques de notre temps et Malraux. Présentation par Pol Gaillard, Paris (Garnier) 1970.
Malraux' Antwort: NRF XIX, 1 (1931) S. 501 ff., Les critiques de notre temps usw.
Trockijs Erwiderung (Sinclair 310613): BjullOpp 23 (August 1931) S. 20 ff.
Übersetzt: Trockij IX, Trockij XIII, Trockij XIV, Trockij XV.

[1] André Malraux, Les Conquérants, Paris (Grasset) 1928. Die Anm. 2, 3, 11 nachgewiesenen Zitate beziehen sich auf diese Ausgabe (zu Malraux' Textänderung vgl. die Einleitung), die übrigen auf die Ausgabe der Bibliothèque de la Pléiade, Paris 1966.
[2] AaO., S. 29 f. (s. Anm. 1).
[3] Ebd., S. 29.
[4] AaO., S. 15.
[5] J. R. Macdonald (1866–1937), Führer der Labour Party, Premierminister Januar–November 1924 und Juni 1929–August 1931; St. Bald-

win (1867–1947), Führer der Konservativen, Premierminister Mai 1923 bis Januar 1924 und November 1924–Juni 1929.

[6] Tr. verweist an dieser Stelle (BjullOpp 21/22, S. 31) auf den 'Brief an alle Parteigenossen' (1929) des Generalsekretärs der kommunistischen Partei Chinas, Ch'en Tu-hsiu, den er in BjullOpp 15/16 (Sept./Okt. 1930) S. 19–23 in russischer Übersetzung veröffentlicht hatte. Der Passus lautet: "Der Delegierte der Komintern (= Borodin) sagte offen: 'Die jetzige Periode ist so, daß die Kommunisten die Arbeit der Kulis für die Komintern übernehmen müssen.' [...] Borodin war nur ein Agent Stalins [...] Stalin verwandelte die chinesischen Arbeiter in politische Kulis der Bourgeoisie" (BjullOpp 15/16, S. 21).

[7] AaO., S. 16.

[8] Quelle konnte nicht ermittelt werden; der Biographie wäre hinzuzufügen, daß Borodin bis 1927 das Amt des Chefberaters in Kanton innehatte.

[9] AaO., S. 18; Tr. legt diese Worte fälschlich Garine in den Mund.

[10] Raymond Poincaré (1860–1934), französischer Präsident der Republik 1913–1920, Premierminister 1912, 1922–1924, 1926–1929 (vgl. den folgenden Aufsatz); Edouard Herriot (1872–1957), Führer der französischen Radikalsozialisten ('juste milieu'); Léon Blum (1872–1950), Führer der sozialdemokratischen Partei Frankreichs.

[11] AaO., S. 94 (s. Anm. 1).

[12] AaO., S. 48.

[13] Ebd., S. 68.

[14] Ebd., S. 22.

[15] Ebd., S. 21.

[16] Ebd., S. 101.

[17] Ebd., S. 35.

[18] A. Kerenskij (1881–1970), nach der Februarrevolution 1917 zunächst Justizminister in der liberalen Provisorischen Regierung unter dem Fürsten Lvov (März bis Juli), dann selbst Ministerpräsident bis Oktober.

[19] AaO., S. 58.

[20] Der russische Text bietet statt 'entwaffnen' ein zweites Mal 'bewaffnen', was sicher ein Druckfehler ist; schon die erste französische Übersetzung hat 'désarment'.

[21] AaO., S. 106.

[22] Ebd., S. 110.

[23] Ebd., S. 17; nicht Garine, sondern Gérard spricht (vgl. Anm. 9).

[24] Zur Antwort Malraux' und Replik Tr.s, vgl. die Einleitung.

Nr. 9: Céline und Poincaré (Mai 1933, vgl. DEUTSCHER III, S. 267, Anm. 2)
SINCLAIR 330510
The Atlantic Monthly CLVI (1935) S. 413 ff. (Vorlage), TROCKIJ IX, TROCKIJ XII, TROCKIJ XIV, TROCKIJ XV, TROCKIJ XVI; Les Cahiers de l'Herne 5 (1965) S. 146 f. (gekürzt).
Das russische Original dieses Aufsatzes ist bisher nicht veröffentlicht. Die englische Fassung, deren Text wir unserer Übersetzung zugrunde gelegt haben, unterscheidet sich erheblich von der französischen Fassung (TROCKIJ IX). Einmal ist sie kürzer, zum anderen erscheint in ihr anstelle des Namens Oustric stets Stavisky. Nun zeigt aber der Gedankengang auch der englischen Fassung, daß Oustric, und nicht Stavisky, gemeint ist. Da beide Fassungen nachweislich aus dem Russischen übersetzt worden sind, muß man die Existenz einer zweiten (gekürzten) russischen Version annehmen, in der der Name Oustric oberflächlich durch Stavisky ersetzt worden ist. Das kann natürlich erst nach dem im Dezember 1933 durch den Bankrott von Alexandre Stavisky (1886–1934) ausgelösten Finanzskandal, der Anfang 1934 tiefe politische Unruhen nach sich zog, geschehen sein.

[1] Der Roman 'Voyage au bout de la nuit' erschien 1932 bei Denoël & Steele in Paris. Wir zitieren im folgenden nach dem unveränderten Text der Ausgabe der Bibliothèque de la Pléiade, Paris 1968.

[2] AaO., S. 51.

[3] Ebd., S. 54.

[4] Ebd., S. 82.

[5] Ebd., S. 94.

[6] Zusatz der französischen Version: "Die jüngste Ausgabe von Le Temps, die ich in Prinkipo erhielt, bringt folgende Nachricht: 'Herr Albert Lebrun, Präsident der Republik, besuchte heute morgen in Begleitung des Obersten Rupied vom Generalstab eine Hundeschau'."

[7] Zusatz der französischen Version: "Es wäre für einen Phrenologen in der Tat schwierig, in dem jungen Autor auch nur den Schimmer von Ehrerbietung zu entdecken."

[8] Dieser Satz fehlt in der französischen Version.

[9] Raymond Poincaré, Au service de la France. Neuf années de souvenirs, 10 Bde, Paris 1926–1933. Im folgenden wird nach dieser Ausgabe zitiert.

[10] Variation des lateinischen Verses 'Homo sum, humani nihil a me alienum puto' (Terenz, Heautontimoroumenos, I, 1).

[11] Quelle des Zitats (?) nicht ermittelt.

[12] Emil Ludwig, Geschenke des Lebens. Ein Rückblick, Berlin 1931, S. 671; das Gespräch fand 1930 in Poincarés Pariser Wohnung statt.

[13] Quelle des Zitats (?) nicht ermittelt; es ist schwer vorstellbar, daß der deutsche Reichskanzler Heinrich Brüning Poincaré, der im Sommer 1929

wegen Krankheit demissionierte und seitdem politisch völlig zurückgezogen lebte, im Juli 1931 um Unterstützung ersucht haben soll.

[14] AaO., IV, S. 61.

[15] Häufige Formel Poincarés, s. z. B. aaO., IV, S. 108.

[16] Zusatz der französischen Version: "Mit der ganzen Umständlichkeit eines Polizeiberichts schildert Poincaré seinen Besuch des Pferderennens in Begleitung des britischen Herrscherpaares. Das Publikum 'wendet sich der Tribüne zu, vergißt die Wetten, läßt die Pferde unbeachtet und betrachtet uns ständig im Fernglas' (aaO., IV, S. 112). Die Pferde unbeachtet lassen, weil König und Präsident da sind – welch hohes Maß von Patriotismus! Der literarische Stil Poincarés ist ohne Leben, wie das älteste Grab der Pharaonen."

[17] AaO., IV, S. 26. – Der italienische Dichter Silvio Pellico (1789–1854) wurde 1820 in Mailand als Carbonaro festgenommen; die folgenden zehn Jahre verbrachte er im Gefängnis Santa Margherita in Mailand, in den Bleikammern von Venedig und dann auf dem Spielberg (Le mie prigioni, 1833).

[18] Zusatz der französischen Version: "Seine Artikel und Reden lassen an ein mit Papierblumen und Goldflitter geschmücktes Stacheldrahtgestell denken."

[19] AaO., IV, S. 328.

[20] Die französische Version bietet einen völlig anderen Text: "[...] les mensonges sont d'autant plus efficaces qu'ils sont plus gros" (Trockij IX, S. 337); die englische hat: "[...] the wider the couches are, the better the service" (aaO., S. 416). Sicher ist dies das Richtige; der französische Übersetzer hat möglicherweise lože 'Bett' aus lož' 'Lüge' verlesen.

[21] Während der Konkurs der Société de l'Union Générale 1882 vor allem eine finanzielle Katastrophe für Frankreich bedeutete, hatte der Panama-Skandal – die von Ferdinand de Lesseps 1880 gegründete Compagnie universelle du canal interocéanique machte 1888 Bankrott; die Strafverfolgungen zogen sich bis 1897 hin – unmittelbare politische und ideologische Folgen: Regierungskrise, Anwachsen der parlamentarischen Opposition und zunehmender Antisemitismus, der der ganz Frankreich erschütternden Dreyfus-Affäre (1894–1899) den Weg bereitete. Der Konkurs des Finanzmaklers Henri Rochette 1908 zog einen langjährigen Prozeß nach sich, 1910 wurde eine parlamentarische Untersuchungskommission eingesetzt, 1914 kam die Sache erneut vors Parlament. Die Spekulationen des Bankiers Albert Oustric (Sohn eines Gastwirts aus Carcassonne) führten am 4. XI. 1930 zum Bankrott einer größeren Regionalbank, der nicht nur den Ruin anderer Geldinstitute bedeutete, sondern ebenfalls – weil mehrere Abgeordnete, zwei Staatssekretäre und der Justizminister Raoul Péret (s. Anm. 24) in die Affäre verwickelt waren – politische Konsequenzen hatte (Sturz des Kabinetts Tardieu am 4. XII. 1930).

[22] AaO., IV, S. 1.

[23] "Union sacrée" nannte Poincaré in seiner Rede vom 4. VIII. 1914 die Einigkeit und Einmütigkeit des französischen Volks angesichts des Krieges mit Deutschland, s. aaO., IV, S. 541.

[24] Raoul Péret, Präsident der Deputiertenkammer von 1920 bis 1924, Justizminister im Kabinett Tardieu (1930), möglicher Nachfolger des Präsidenten Doumergue, dessen Amtszeit im folgenden Jahr 1931 ablief, demissionierte nach dem Oustric-Konkurs (s. Anm. 21) am 17. XI. 1930. Auch mit diesem Finanzskandal hatte sich eine parlamentarische Untersuchungskommission zu befassen.

[25] Zusatz der französischen Version: "Schluß! schreien die aufgebrachten Patrioten. Der Vorhang fällt. Der Tugendkult wird wieder aufgenommen, und das Wort Ehre löst auf den Abgeordnetenbänken des Palais Bourbon stürmischen Beifall aus."

[26] S. Anm. 22.

[27] Der französische Sozialist Louis Auguste Blanqui (1805–1881), der zahlreiche Aufstände (1839, 1848, 1871) organisierte und 1871 Mitglied der Pariser Kommune war, verbrachte im ganzen siebenunddreißig Jahre im Gefängnis.

Nr. 10: Kunst und Revolution (Juni 1938)
Sinclair 380618(1)
BjullOpp 77/78 (Mai/Juni/Juli 1939) S. 4 ff. (Vorlage).
Übersetzt: The Partisan Review V, 3 (August/September 1938) S. 3 ff., Trockij IX, Trockij XIV, Trockij XV, Trockij XVI.

[1] Die im folgenden Satz von Tr. zitierte Äußerung des russischen Erzählers Vsevolod Ivanov (1895–1963) ist in seine Werkausgabe (Sobranie sočinenij, Moskau 1958–1960, 8 Bde), die gleichwohl mehrere Reden und Aufsätze abdruckt, nicht aufgenommen. – A. Vyšinskij (1883–1954), seit 1935 Generalstaatsanwalt der UdSSR, war der Ankläger bei den Moskauer Prozessen.

[2] Aleksej Tolstojs (1883–1945) Roman 'Brot' (Chleb), offenbar eine Auftragsarbeit Stalins, schildert die Verteidigung von Caricyn (Stalingrad) durch Stalin und Vorošilov. Die Verherrlichung der letzteren war gegen Tr. gerichtet, vgl. Tolstojs eigenen Bericht 'O romane Chleb' ('Über den Roman Brot') in: Polnoe sobranie sočinenij, Moskau 1949, XIII, S. 541–543.

[3] Tr. verweist hier in einer Fußnote auf den Aufsatz von N. Markin "Vorošilov und die Rote Armee" in seinem Buch 'Stalinskaja škola fal'sifikacij' ('Die Stalinsche Schule der Verfälschung'), Berlin 1932; vgl. die amerikanische Ausgabe The Stalin School of Falsification, New York 1937, und Stalin. Eine Biographie, Reinbek 1971, II, S. 146 ff.

[4] V. I. Čapaev (1887–1919), General der Roten Armee.

[5] Vgl. Tolstojs Berichte 'Novaja P'esa' ('Ein neues Stück') und 'P'esa o

Lenine' ('Ein Stück über Lenin'), aaO., S. 524 und 543 f. Das Stück, das wie der Roman 'Brot' dem Bürgerkrieg gewidmet war, hatte zunächst den Titel 'Lenin', dann 'Der Feldzug der vierzehn Mächte' und schließlich 'Der Weg zum Sieg' (aaO., X, S. 359 ff.).

[6] Vgl. zum Folgenden Tr., Geschichte der russischen Revolution, Oktoberrevolution, Berlin 1933, Anhang 1: Legenden der Bürokratie, besonders S. 666 ff. Über den russischen Film 'Lenin im Oktober', die stalinistische Darstellung der Oktoberereignisse, zumal der Rolle des weiter unten erwähnten 'Zentrums', vgl. das Referat von D. Macdonald, The Soviet Cinema: 1930–1938 (Part II), Partisan Review V, 3 (1938), S. 55.

[7] Tr. verweist hier in einer Fußnote auf das in Anm. 6 genannte Buch und Kapitel.

[8] Smol'nyj (Institut): ehemals Schule für adlige Mädchen, 1917 Hauptquartier des Aufstandes, bis 1918 Regierungsgebäude.

[9] Romain Rolland (1866–1944), der bereits 1917 die russische Revolution begrüßt hatte, schwärmt auch nach seinem Rußlandbesuch 1935 und während der Moskauer Prozesse für Stalin und seine Politik, wie zahlreiche Zeitungsaufsätze und offene Briefe zeigen (z. B. Lettre à Staline, L'Humanité, Juli 1935, Pour la défense de la paix, Commune, April 1936, oder Le Message du grand Romain Rolland, L'Humanité, Januar 1937).

[10] In der englischen Fassung dieses Aufsatzes (Partisan Review) folgt hier ein längerer Abschnitt über den mexikanischen Maler Diego Rivera (1886–1957): "Auf dem Felde der Malerei hat die Oktoberrevolution ihre besten Interpreten nicht in der UdSSR, sondern im fernen Mexiko gefunden, nicht unter den offiziellen Freunden, sondern in der Person eines bekannten Volksfeindes, den die Vierte Internationale voll Stolz zu den Ihren rechnet. Geprägt durch die Kunst aller Völker und Epochen, verstand es Diego Rivera im innersten Kern seines Genius, Mexikaner zu bleiben. Was ihn in seinen großartigen Fresken inspiriert hat, was ihn über die gesamte Kunsttradition hinaushebt, über die zeitgenössische Kunst und in gewissem Sinn über sich selbst, ist der mächtige Atem der proletarischen Revolution. Ohne den Oktober hätte seine schöpferische Fähigkeit, die Epopöe der Arbeit, der Versklavung und der Revolte zu erfassen, niemals eine solche Kraft und Tiefe erreichen können. Möchten Sie die verborgenen Triebfedern der sozialen Revolution mit Ihren eigenen Augen sehen? Betrachten Sie die Fresken Riveras! Möchten Sie wissen, was revolutionäre Kunst ist? Betrachten Sie die Fresken Riveras! Treten Sie ein wenig näher heran! Dann werden Sie auf einigen dieser Fresken Kratzer und Flecken erkennen, die von Vandalen stammen: Katholiken und anderen Reaktionären, unter ihnen natürlich Stalinisten. Diese Kratzer und Schrammen vermitteln den Fresken eine noch größere Lebendigkeit. Wir haben nicht bloß ein Gemälde vor uns, einen Gegenstand passiver ästhetischer Anschauung, sondern ein lebendiges Stück des Klassenkampfes. Und es ist zugleich ein Meisterwerk! Allein die geschichtliche Jugend dieses Landes, das das Stadium des Kampfes für nationale Unabhängigkeit noch nicht

überschritten hat, hat es dem revolutionären Pinsel Riveras gestattet, die Mauern der öffentlichen Gebäude Mexikos zu bemalen. In den Vereinigten Staaten stieß das auf größere Schwierigkeiten. Gerade so, wie die mittelalterlichen Mönche – freilich aus Unkenntnis – die antiken literarischen Texte von den Pergamenten schabten, um diese dann mit ihren scholastischen Hirngespinsten zu bedecken, so bedeckten die Lakaien Rockefellers – diesmal allerdings mit böser Absicht – die Fresken des großen Mexikaners mit ihren dekorativen Banalitäten. Dieser neue Palimpsest wird der Nachwelt das Schicksal der von der verfallenden bürgerlichen Gesellschaft gedemütigten Kunst vor Augen führen. Die Situation ist indessen im Lande der Oktoberrevolution keineswegs erfreulicher. Obgleich das auf den ersten Blick unglaubwürdig erscheint, gibt es für die Kunst eines Diego Rivera weder in Moskau noch in Leningrad Platz, noch irgend woanders in der UdSSR, wo die aus der Revolution geborene Bürokratie ihre gewaltigen Paläste und Denkmäler errichtete. Wie sollte denn auch die Kremlclique in ihrem Reich einen Künstler dulden, der weder Ikonen mit dem Bildnis des Führers malt noch lebensgroße Porträts von Vorošilovs Pferd? Die Tatsache, daß sich die sowjetischen Tore vor Diego Rivera schließen, brandmarkt die totalitäre Diktatur mit unauslöschlicher Schande."

[11] Da Tr.s Artikel als Brief an die Redaktion der Partisan Review verfaßt ist, nennt Tr. beispielhaft zwei amerikanische Kulturzeitschriften: The New Republic (seit 1914 bestehend) und die wie Partisan Review in New York erscheinende Nation (seit 1865 bestehend).

[12] S. J. Harris, der Herausgeber der Chicagoer Zeitschrift The Beacon, in einem Leserbrief (The Partisan Review, V, 1, 1938, S. 64); Fragezeichen von Tr.

[13] In der totalitären Reaktion der Politik Stalins sieht Tr. eine historische Parallele zu der durch Robespierres Sturz (9. Thermidor des Jahres II = 27. Juli 1794) eingeleiteten, von August 1794 bis Oktober 1795 andauernden Phase der sogenannten Réaction Thermidorienne, die die extremen demokratischen Parteien politisch ausschaltete; vgl. Tr., Stalin (s. Anm. 3), II, Nachtrag: Die thermidorianische Reaktion, S. 222 ff.

[14] AaO. (Anm. 11), S. 64.

[15] In der englischen Fassung dieses Aufsatzes (vgl. Anm. 9) fügt Tr. hier folgende Schlußbemerkung an: "Möge Ihre Zeitschrift ihren Platz in der siegreichen Armee des Sozialismus einnehmen und nicht in einem Konzentrationslager!"

Nr. 11: Für eine freie revolutionäre Kunst (Juli 1938)
SINCLAIR 380725(2)
Pour un art révolutionnaire indépendant, Mexico 1938 (Vorlage); The Partisan Review VI, 1 (Herbst 1938), S. 49 ff.; A. Breton, La Clé des champs, Paris 1953, S. 36 ff. (1967, S. 42 ff.); TROCKIJ VII, TROCKIJ IX (gekürzt), TROCKIJ XIV, TROCKIJ XVI.

[1] Dieser Satz, für den sicher Breton verantwortlich ist, gibt in den beiden Relativsätzen Freuds Theorie falsch wieder.

[2] Karl Marx/Friedrich Engels, Werke, I, Berlin [4]1961, S. 70 f.

[3] Breton berichtet, daß Tr. bei der gemeinsamen Redaktion des Aufrufs Bretons Formulierungsvorschlag "Toute licence en art, sauf contre la révolution prolétarienne" ohne Zögern um den zweiten Satzteil gekürzt hat, s. Breton, La Clé des champs, Paris 1967, S. 63.

[4] Juan García Oliver (geb. 1901) war einer der politischen Führer der 1927 gegründeten anarchistischen Organisation FAI (Federación Anarquista Ibérica), die die Gewerkschaft CNT (Confederación Nacional del Trabajo) kontrollierte. Der blinde Aktionismus und die Wahlenthaltungsparolen der CNT-FAI haben im November 1933 das Erstarken der Rechten mitverschuldet. An dem Oktoberaufstand 1934 beteiligten sich die Anarcho-Syndikalisten nicht. Erst 1936 unterstützten sie die Volksfrontregierung. García Oliver war Justizminister im zweiten Kabinett Caballero (November 1936–Mai 1937).

[5] Zur Verfasserschaft, s. die Einleitung.

NAMENVERZEICHNIS

Das Verzeichnis erfaßt die Namen, die in der Einleitung, den Aufsätzen und den Trockij-Zitaten der Anmerkungen begegnen, jedoch nicht die Namen literarischer Figuren. Unter den Verfassernamen erscheinen hier nicht nur die Stellen, an denen die betreffenden Autoren namentlich erwähnt werden, sondern auch solche, an denen Trockij lediglich ihre Werktitel nennt oder aus ihren Werken zitiert.

INHALTSVERZEICHNIS

UTB

Uni-Taschenbücher GmbH
Stuttgart

40. Jurij Striedter, Hrsg.: Russischer Formalismus
Texte zur allgemeinen Literaturtheorie und zur Theorie der Prosa. Einsprachig deutsche Sonderausgabe. Mit einer kommentierenden Einleitung. Zus. 345 S. DM 12.80.
ISBN 3-7705-0626-X (Fink)

80. Franz von Kutschera: Sprachphilosophie
406 S. mit 13 Schemata im Text. DM 19.80
ISBN 3-7705-0628-6 (Fink)

81. und 82. Jochen Vogt, Hrsg.: Der Kriminalroman
Zur Theorie und Geschichte einer Gattung. 2 Bde. mit 307 bzw. 287 S. je DM 12.80
81: ISBN 3-7705-0625-1/82: ISBN 3-7705-0629-4 (Fink)

103. Jurij M. Lotman: Die Struktur literarischer Texte
Übersetzt von Rolf-Dietrich Keil. 430 S. DM 12.80
ISBN 3-7705-0631-6 (Fink)

105. Umberto Eco: Einführung in die Semiotik
Autorisierte deutsche Ausgabe von Jürgen Trabant. 474 S. mit zahlreichen Tabellen und 4 Abb. auf Kunstdruck. DM 19.80
ISBN 3-7705-0633-2 (Fink)

127. Manfred Brauneck, Hrsg.: Die rote Fahne
Kritik, Theorie, Feuilleton. Mit einem kritischen Kommentar von Manfred Brauneck. 480 S. DM 19.80
ISBN 3-7705-0641-3 (Fink)

131. Annamaria Rucktäschel, Hrsg.: Sprache und Gesellschaft
405 S. DM 19.80
ISBN 3-7705-0639-1 (Fink)

132. Eike Barmeyer, Hrsg.: Science Fiction
Theorie und Geschichte. 382 S. DM 16.80
ISBN 3-7705-0642-1

Gerhard Beckers: Religiöse Faktoren in der Entwicklung der südafrikanischen Rassenfrage

Münchner Universitäts-Schriften, Reihe der Philosophischen Fakultät, Bd. 7. 162 S. kart. DM 28,–

Horst Denkler: Restauration und Revolution

Politische Tendenzen im deutschen Drama zwischen Wiener Kongreß und Märzrevolution (1815–1848/49). 400 S. Ln. DM 48,–; Paperback DM 36,–

Ludwig Giesz: Phänomenologie des Kitsches

Zweite, erweiterte Auflage. *Theorie und Geschichte der Literatur und der Schönen Künste*, Bd. 17. 104 S. Ln. DM 16,80; Paperback DM 9,80

Manfred Hahn: Bürgerlicher Optimismus im Niedergang

Studien zu Lorenz Stein und Hegel. 224 S. kart. DM 24,–

F. A. Hayek: Die Irrtümer des Konstruktivismus

Und die Grundlagen legitimer Kritik gesellschaftlicher Gebilde. 34 S. kart. DM 6,80

Gerhard Hess: Gesellschaft – Literatur – Wissenschaft

Zum 60. Geburtstag des Verfassers hrsg. von Hans Robert Jauß und Klaus Müller-Daehn. Gesammelte Schriften 1938–1966. Gr. 8°. 344 S. mit Frontispiz, Ln. mit Schutzumschlag DM 32,–

Vladimír Karbusicky: Widerspiegelungstheorie und Strukturalismus

Zur Entstehungsgeschichte und Kritik der marxistisch-leninistischen Ästhetik. 128 S. Paperback DM 12,80